마흔에 읽는

사기 인문학

史記

마흔에 읽는 사기 인문학

한정주 지음

인생의 역경을 돌파하는
3천 년 역사의 지혜

다산
초당

돌파하는 힘, 사기 인문학

"너무 재미있어서 계속 더 알고 싶은 역사는 처음이에요."

지난 수년간 다양한 고전에 대해 강의를 해왔지만, 그중에서도 언제나 가장 뜨거운 반응을 보인 것이 바로 사마천司馬遷의 『사기史記』입니다. 처음에는 저도 조금 신기했습니다. 『사기』가 워낙 흥미로운 책이기는 하지만, 왜 우리 고전도 아닌 중국의 역사를 다룬 고전에 그토록 많은 사람이 관심이 있을까 하고요.

물론 우리나라와 중국은 오랫동안 '한자 문화권', '동아시아 문명'으로 묶일 만큼 밀접한 관계 속에서 많은 영향을 주고받았습니다. 우리가 일상에서 쓰는 단어에는 한자어가 많고, 사자성어도 중국의 고사故事에서 유래한 것이 많지요. 따라서 평소에 역사를 잘 모르는 사람들도 『사기』가 다루는 인물과 사건을 접하면, 왠지 고개를 끄덕이게 되고 낯설게만 느껴지지 않을 것입니다.

그런데 이러한 해석만으로는 수강자 분들이 보인 열띤 관심과 지적 갈증의 원인이 완벽하게 해석되지 않습니다. 저는 『사기』에는 그보다 훨씬 강력한, 인간이라면 누구나 반드시 끌릴 수밖에 없는 이유가 있다는 사실을 알게 됐습니다.

치욕을 감수하고 피눈물로 써 내려간 역사서

『사기』의 저자인 사마천은 사성史聖이라 불리며 동양 역사학의 시조로 일컬어지는 인물이지만, 특이하게 환관들에게도 상징적인 시조로 추앙받았습니다. 그가 궁형宮刑을 당했기 때문이지요. 궁형은 죄인의 생식기를 제거하는 형벌로 그 자체의 고통도 엄청나지만, 무엇보다 고대 사회에서는 감당하기 힘든 치욕스러운 형벌이었습니다. 사마천은 친구인 임안任安에게 보낸 편지에서 자신이 겪은 고통을 다음과 같이 전합니다.

저는 비참한 처지에 놓인 더럽혀진 불구자일 뿐입니다. 움직이기만 해도 허물이 드러나고, 나아지려고 해도 오히려 나빠지기만 합니다. 그런 까닭에 홀로 근심해 우울해할 뿐 함께 이야기를 나눌 벗도 없습니다. … 고향에서는 비웃음거리가 되고 돌아가신 부모님을 욕되게 했습니다. 무슨 염치가 있어서 부모님 산소에나 찾아뵐 수 있겠습니까? 하루에도 아홉 번씩 장이 끊어지는 듯하고, 집 안에서는 망연자실 넋을 놓고 있으며, 집 밖에서도 갈 곳을 찾을 수 없습니다.

－「임안에게 보내는 편지報任安書」

여름에는 환부에서 나는 썩는 냄새로 가족들마저 피했고, 주변 사람은 물론 옛 친구들까지 그가 명예를 더럽혔다며 멸시했습니다. 사마천은 대체 어떤 죄를 지어 이런 참혹한 형벌을 받게 된 걸까요?

당시 한나라의 가장 큰 적은 흉노匈奴였습니다. 그런데 그들과 전쟁 도중, 장군 이릉李陵이 흉노에 투항하는 사건이 벌어집니다. 분노한 무제武帝는 그의 가족들을 몰살하려 했고, 대신들이 침묵을 지키는 가운데 사마천 혼자 이릉을 변호하고 나섰습니다. 이릉이 항복한 것은 중과부적衆寡不敵으로 오히려 열세에 놓인 병력으로 수차례 승리를 거둔 것을 감안해 죄를 용서하고 나중에 나라에 보답할 수 있게끔 해야 한다는 것이었습니다.

그러나 무제는 사마천을 옥에 가두고 극형을 명했습니다. 위기에 몰린 그에게 놓인 선택지는 세 가지였습니다. 50만 전의 막대한 벌금을 내든지, 사형을 당하든지, 아니면 궁형을 받든지. 그리고 그는 우리가 알고 있는 것처럼 세 번째 선택을 하게 됩니다. 차라리 죽는 것이 나을 법한 치욕적인 처벌을 감수한 것은, 그에게 아버지 사마담^{司馬談}에게 물려받은 사명이 남아 있었기 때문입니다. 바로 역사서 『사기』의 완성이었습니다.

> 사람은 단 한 번 죽을 뿐이지만, 어떤 죽음은 태산보다 무겁고 어떤 죽음은 깃털보다 가볍습니다. 죽음을 사용하는 방법이 다른 까닭입니다.
>
> – 「임안에게 보내는 편지」

사마천에게는 목숨이나 명예보다 중요한 일이 있었습니다. 오직 그 목적만을 위해 자신의 모든 것을 기꺼이 내던졌던 것입니다. 그리고 그것은 "『사기』는 2천 년이 지난 오늘날까지 위대한 유산으로 칭송을 받지만 한무제 유철이란 이름은 누가 거들떠나 보는가?"라는 후대 역사가의 평가처럼 궁극적으로 인류의 역사에 남을 최고의 선택이 됐습니다.

역사가의 붓으로 세상을 밝히다

사마천의 고향인 중국의 산시성 한청현(옛 용문^{龍門})에 가면 그의 사당이 있습니다. 그 입구에는 '사필소세史筆昭世'라는 현판이 크게 걸려 있는데, 바로 '역사가의 붓이 세상을 밝힌다'는 뜻입니다. 사마천은 『사기』에 어떤 내용들을 담으려고 했을까요? 그것을 통해 무엇을 이루려고 했던 걸까요? 그는 집필 목적을 다음과 같이 밝히고 있습니다.

> 지난날 일어났던 일들을 대략 되돌아봄으로써 그 시작과 끝을 종합해 흥망성쇠의 이치를 살피려 합니다. 황제 헌원 시대부터 오늘날까지, 「표表」 10편, 「본기本紀」 12편, 「서書」 8편, 「세가世家」 30편, 「열전列傳」 70편 등 모두 130편을 지어 하늘과 인간의 관계를 탐구하고 과거와 지금의 변화를 통찰해 일가의 문장을 이루고자 했습니다.
>
> ─「임안에게 보내는 편지」

사마천은 『사기』를 통해 그야말로 성공과 실패의 법칙, 부와 권력의 비밀, 인간과 사회에 관한 '모든 것'을 밝혀내려 했던 것입니다. 여기서 모든 것이란 표현은 결코 과장이 아닙니다. 『사기』에는 황제나 고관대작, 영웅과 권세가뿐 아니라 상인과 농사꾼, 심지어 자객과 도굴꾼에 이르기까지 그야말로 '모든' 종류의 인간이 등장하니까요.

황제의 역사를 다룬 「본기」, 주요 사건의 연대를 기록한 「표」,

당대의 풍속과 제도를 다룬 「서」, 제후들의 일대기를 다룬 「세가」, 그리고 마지막으로 다양한 방식으로 세상에 이름을 떨친 '보통 사람들'에서부터 멀리 이민족의 역사를 다룬 「열전」까지 읽고 나면, 이 책에서 다루지 않은 유형의 인간은 없겠다는 생각이 들 정도입니다.

사마천은 그들을 함부로 예단하지 않습니다. 그저 때로는 냉철하게 때로는 뜨겁게 자신이 바라본 그들의 삶의 의미를 문장 속에 담아내려 노력했습니다. 「열전」의 첫 편인 「백이열전伯夷列傳」을 보면 그의 이러한 고민과 집필 방향이 드러납니다.

어떤 사람이 말하기를, "하늘의 도리에는 사사로움이 없으며 항상 선한 사람과 함께한다"라고 한다. 그런데 백이와 숙제는 지극히 선한 사람인데도 굶어 죽었다. 공자에게는 70명의 제자가 있었다. 공자가 오직 안연만이 배우기를 좋아한다고 할 정도였지만, 가난으로 자주 굶었고 술지게미와 쌀겨조차 배불리 먹지 못하다가 끝내 젊은 나이에 굶어 죽었다. 하늘이 착한 사람에게 하는 짓이 어찌 이런가?

도척이란 자는 무고한 사람들을 죽이고 사람의 간을 씹어 먹었다. 포악하고 방자해 수천 무리를 모아 천하를 들쑤시고도 제 수명대로 살다가 죽었다. 이것은 어떤 덕을 따른 것인가? … 나는 정말 당혹스럽다. 이른바 하늘의 도리라는 것이 대체 옳은가 그

른가?

-『사기』「백이열전」

착한 사람이 복을 받고 악한 사람이 벌을 받아야 정의라고 할
수 있을 것입니다. 하지만 어디 세상의 이치가 그렇습니까? 사마천
본인도 억울하게 화를 입지 않았던가요. 하지만 그는 현실에 좌절
한 채 세상을 원망만 하지 않았습니다. 이제 그가 생각하는 역사의
의미는 단순히 과거에 있던 사실들을 모으는 것에서 보다 확장됩
니다.

공자는 "날이 추워진 후에야 소나무와 잣나무가 늦게 시드는 것
을 안다"라고 말했다. 세상이 모두 혼탁할 때 청렴한 사람이 드
러나는 것이다. … 백이, 숙제가 비록 현자지만 공자를 통해서야
그 이름을 떨치게 됐고, 배우기를 좋아한 안연의 독실함 역시 성
인을 통해 그 행적이 드러났다.

-『사기』「백이열전」

사마천은 자신의 붓으로 세상의 부조리와 시간의 흐름 속에서
억압받고 잊힌 인간적 가치들을 되살려 후세에 전하려 했던 것입
니다. 바로 '역사'라는 이름으로 말이지요.
이때 그가 전하려 한 가치는 백이나 숙제가 지닌 것 같은 고결

하고 훌륭한 것만이 아닙니다. 『사기』에는 돈을 벌어 크게 성공한 사람들의 이야기인 「화식열전貨殖列傳」도 실려 있는데, 범려范蠡와 같은 유능한 부자들뿐 아니라 우직하게 농사를 지어 부자가 된 사람과 칼을 갈아 부자가 된 사람, 심지어 도굴꾼과 도박꾼의 이름도 거론됩니다. 이렇듯 다양한 군상에 대한 묘사를 따라가노라면, 인간의 삶 자체에 대한 사마천의 따스한 애정이 느껴집니다.

최고의 인간학 교과서, 『사기』

이 글의 서두에서 누구나 반드시 『사기』를 읽어야 할 이유가 있다고 말씀드렸습니다. 이제 지금까지 살펴본 장점들을 통해 그 이유를 밝히려 합니다. 무려 2천 년이 지난 오늘날까지 『사기』가 '위대한 책'으로 널리 사랑받는 이유는, 바로 이 책이 인간에 대한 탁월한 이해와 깊은 애정에서 우러나온 최고의 인간학 교과서이기 때문입니다. 특히 사마천 본인이 가장 절실하게 경험했듯이, 인간이라면 누구나 겪을 수 있는 좌절을 어떻게 돌파해내서 마침내 위대한 삶으로 승화시킬 수 있는지 책 곳곳에서 놀라울 만큼 풍부한 사례와 날카로운 통찰을 보여줍니다.

이 책 『마흔에 읽는 사기 인문학』에서는 이런 메시지를 보다 명확하게 전달하기 위해 다음 여섯 가지 시선을 통해 『사기』를 재

구성하고 재해석했습니다.

1부에서는 '성공과 실패를 결정하는 역사의 절대 법칙'에 대해 다뤘습니다. 유능했던 주왕紂王과 환공桓公이 왜 실패하게 됐는지, 어떻게 '영웅' 항우項羽가 몰락하고 '시정잡배'에 불과하던 유방劉邦이 제국을 건설할 수 있었는지, 성공을 이루고 실패를 피하는 방법들을 살펴보았습니다.

2부에서는 '창업의 전략과 수성의 전략'을 다뤘습니다. 진시황이 통일 제국을 건설한 과정과 이후 자신의 제국을 멸망으로 몰아넣은 과정을 통해 창업과 수성의 전략이 어떻게 달라야 하는지 살펴보았습니다.

3부와 4부에서는 '싸우지 않고 적을 물리치는 필승의 비법'과 '최고의 조직은 어떻게 만들어지는가'를 다뤘습니다. "상대를 알고 나를 알면 백 번 싸워도 위태로워지지 않는다"라는 말처럼 인생의 무대에서 성공한 사람들의 노하우를 살펴보았습니다.

마지막 5부와 6부에서는 '휘둘리지 않고 부를 다스리는 법'과 '인간과 권력의 본질에 대해' 다뤘습니다. 어떻게 부를 얻을 수 있는지, 우리가 제대로 살기 위해 되새겨야 할 다양한 인간적 가치에는 어떤 것들이 있는지 살펴보았습니다. 처음 『사기』를 접하는 분들도 어려움 없이 재미를 느낄 수 있도록 중요 부분을 직접 번역해 인용했고, 다양한 인물과 에피소드 중심으로 쉬우면서도 실용적으로 이해할 수 있도록 했습니다.

사마천이 끔찍한 고통과 치욕을 감수하면서 한 자 한 자 써 내려간 130권 52만 6천 500자 속에는 무려 3천 년의 역사가 담겨 있습니다. 거기에는 지금까지 이야기한 것처럼 온갖 군상이 경험한 기쁨과 슬픔, 고통과 쾌락, 관계와 사건 등 그야말로 인간사 모든 양상과 법칙이 아로새겨 있지요. 이것이 『사기』의 어떤 부분을 펼쳐 읽어도 '지금 여기'의 삶에 그대로 적용할 수 있는 빛나는 통찰과 교훈이 가득한 이유입니다.

중국 근대문학의 거장이자 위대한 사상가 루쉰魯迅은 『사기』를 인간이 쓸 수 있는 가장 훌륭한 문장이라고 말했습니다. 또한 현대 중국을 만든 혁명가이자 정치가 마오쩌둥毛澤東은 전쟁터에서도 항상 『사기』를 무기처럼 들고 다녔다고 합니다. 이들에게 그 책은 단순한 역사서를 넘어서 최고의 인간학 교과서이자 생존에 꼭 필요한 실용서였던 것이지요. 그래서 저는 마지막으로 이 책을 집어 든 독자들께 이렇게 말하고 싶습니다. "사마천의 『사기』를 읽은 사람은 절대 적으로 돌리지 말라!"라고요.

새해를 눈앞에 둔 겨울, 북한산 자락 집필실에서
고전연구가 한정주

차
례

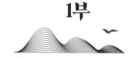

1부

성공과 실패를 결정하는
역사의 절대 법칙

왜 '영웅' 항우가 아닌 '시정잡배' 유방이 천하를 얻었는가

2부

창업의 전략과
수성의 전략

최초의 황제 진시황의 성공과 몰락

3부

싸우지 않고
적을 물리치는 필승의 비법

손자, 오기, 한신에게 배우는 백전백승 천하를 평정하는 법

4부

최고의 조직은
어떻게 만들어지는가

한무제, 상앙, 소하에게 배우는 승리하는 리더와 실패하는 리더

5부

휘둘리지 않고
부를 다스리는 법
범려, 백규 등 역사 속 부자들이 말하는 부의 법칙

6부

권력을 가질 때
주의해야 할 것들

이사, 진섭, 여태후가 보여주는 권력의 본질

1부

성공과 실패를 결정하는 역사의 절대 법칙

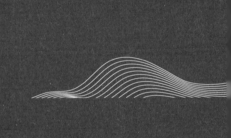

왜 '영웅' 항우가 아닌
'시정잡배' 유방이 천하를 얻었는가

1강

큰 실패는 무능한 사람이 아니라 유능한 사람이 겪는다

은나라 주왕과 제나라 환공의 몰락

사마천은 성공하고 몰락한 수많은 인물의 산 경험을 낱낱이 기록하고 그 의미를 살폈습니다. 우리는 그 정수인 『사기』를 통해 그들의 성공과 몰락의 이유를 알 수 있고, 거기서 삶의 지혜를 깨칠 수 있지요. 세상에는 성공에 대한 이야기가 많이 있지만 실패에 대한 이야기는 별로 없기 때문에, 여기서는 먼저 실패의 법칙에 대해 살펴보려고 합니다.

사람들은 보통 실패의 원인을 능력 부족에서 찾기 쉽습니다. 하지만 사마천의 『사기』에 등장하는 큰 실패를 경험한 사람 중에는 오히려 당대 최고의 영웅으로 불리거나, 천하를 호령했던 패자霸者도 많습니다. 그 이유는 무엇일까요? 사마천은 바로 지나친 자만심을 꼽습니다. 『사기』에 등장하는 수많은 인물 가운데 지나친 자만심으로 몰락한 첫 사례는 바로 중국 고대 삼왕조三王朝 중 하나 인 은殷(또는 상商)나라의 폭군 주왕입니다.

유능한 폭군, 주왕이 저지른 잘못

대개 사람들이 생각하는 폭군의 이미지는 신하와 백성을 핍박하는 난폭하고 무식한 임금입니다. 하지만 폭군 중에는 똑똑하고 능력 이 뛰어난 사람이 적지 않습니다. 역설적이게도 폭군은 바로 그 이 유로 실패의 구렁텅이에 빠지게 됩니다. 사마천은 주왕이 얼마나 뛰어난 재능을 갖춘 인물이었는지 이렇게 밝히고 있습니다.

> 태어날 때부터 변별력이 뛰어나고 생각하는 것이 매우 영리하 고 민첩했다. 힘은 보통 사람을 능가해 맨손으로 맹수와 싸울 수 있었다. 지혜는 다른 사람의 간언이 필요하지 않을 정도였고, 말 재주는 자신의 허물을 교묘하게 꾸미기에 충분했다.
>
> ─『사기』「은본기殷本紀」

주왕은 다른 사람의 간언이 필요 없을 만큼 지혜로웠기 때문에 오직 자신의 재능과 지혜를 뽐내려고만 했습니다. 또한 뛰어난 말

재주 때문에 천하의 여론을 경계하지 않고 오직 자신의 명성만 드높이는 데 집중했습니다. 스스로 천하에서 가장 지혜롭고 뛰어나다고 여겼기에 모든 사람이 자기보다 못하다고 업신여기게 됐습니다. 남보다 뛰어난 재능은 마음속에 자만심을 싹 틔웠습니다. 그것이 성장해 점차 온 마음을 뒤덮게 되자, 주왕은 귀신도 우습게 여기면서 모든 일을 제멋대로 하기 시작했습니다. 귀신조차 우습게 아는 사람이 여론과 민심을 무서워하겠습니까?

주왕은 자기 욕심을 채우기 위해 백성에게 무거운 세금을 매겨 호화로운 생활을 즐겼습니다. 술과 음악을 좋아하고 여자를 탐했던 주왕은 자신의 욕망을 만족시키기 위해 술로 연못을 만들고 나무에 고기를 매달아 숲을 만든 다음 밤새도록 춤을 추고 노래를 연주하며 그 안에서 벌거벗은 남녀들과 술을 마시고 서로 쫓아다니며 온갖 난잡한 행위를 일삼았습니다. 바로 주지육림酒池肉林의 고사가 여기서 나왔습니다.

주왕은 자신의 폭정에 등을 돌린 제후와 비판하는 신하, 원망하는 백성이 점점 늘어나자 반성하기는커녕 오히려 형벌을 더욱 강화했습니다. 마음에 들지 않는 신하가 있으면 기름을 칠한 미끄러운 구리 기둥 아래에 뜨거운 불을 지피고 그 기둥 위를 걸어가게 하는 잔혹한 형벌을 자행했고, 은나라의 최고위 벼슬인 삼공三公의 자리에 있던 구후九侯와 악후鄂侯를 죽여 그 시체를 포를 뜨고 소금에 절이는 만행을 일삼았습니다. 심지어 숙부인 비간比干이 간언하자 "옛말에 성인聖人의 심장에는 일곱 개의 구멍이 있다고 들었다"라면서 그를 살해하고 심장을 꺼내는 극악무도한 짓도 아무렇지도 않게 저질렀습니다.

스스로 세상에서 가장 뛰어나고 지혜롭다고 자만하는 사람은 자신의 말과 행동에 대해 이렇다 저렇다 비판하는 사람을 가장 싫어합니다. 자기보다 못난 사람들이 감히 어떻게 허물을 지적할 수 있느냐고 생각하기 때문입니다. 그런 사람들이 좋아하는 사람은 자신을 무조건 훌륭하다고 칭찬하는 사람입니다.

주왕 역시 예외가 아니었습니다. 주왕은 충심으로 간언하는 사람은 죽이거나 내쫓고, 아첨하고 아부하는 자만 곁에 두고 아꼈습니다. 진심으로 주왕을 섬겼던 사람들은 점차 사라지고, 주변에는 사사로운 욕심을 채우려고 아부하는 사람만 가득하게 됐습니다. 그렇다면 주왕의 최후는 어땠을까요?

방탕하고 잔인무도한 행위가 점점 더 심해지자 나라의 모든 제후와 신하와 백성은 주왕에게 더 이상 희망이 없다고 여기게 됐습니다. 그리고 천하를 안정시킬 새로운 희망을 찾아, 당시 선정善政으로 크게 민심을 얻고 있던 서백西伯 창昌(훗날의 문왕)에게 몰려가게 됩니다. 결국 서백 창을 계승한 무왕은 이러한 천하 민심에 힘입어 군대를 일으켰고, 마침내 목야牧野(지금의 허난성 치현 남쪽에 위치한 지역) 전투에서 주왕의 군대를 크게 물리칩니다. 주왕의 군대는 70만 명이나 되는 대군이었는데, 싸우기는커녕 하나같이 빨리 주왕을 무찔러주기만 바랐다고 합니다. 사람들의 마음을 잃은 제왕의 자리는 모래 위에 지은 누각에 불과하다는 것을 여실히 보여주는 대목입니다. 사마천은 당시 상황을 이렇게 기록하고 있습니다.

> 주왕은 무왕이 쳐들어왔다는 소식을 듣고, 70만 대군을 보내 무왕에게 맞서게 했다. 주왕의 군대는 비록 대군이었지만 모두 한결같이 무왕에게 맞서 싸울 마음이 없었다. 오히려 마음속으로 무왕이 빨리 와주기만을 바랐다. 주왕의 군사들은 모두 무왕의 편이 되어서 길을 열어줬다. 무왕이 군대를 이끌고 돌격하자 주왕의 군사들은 한순간에 무너지면서 주왕을 저버리고 배반했다.
>
> -『사기』「주본기周本紀」

전투에서 대패한 주왕은 도망쳐서 자신의 궁궐로 피신했습니다. 이길 가망이 없다고 생각한 주왕은 결국 백성의 고혈을 짜낸 돈으로 가득 채운 녹대鹿臺라는 누대 위에 올라가서 보옥으로 장식한 옷을 뒤집어 쓴 채 불 속에 뛰어들어 죽었습니다. 500여 년의 역사를 지닌 은나라는 이렇게 폭군 주왕의 죽음과 함께 멸망하고 맙니다. 그의 몰락은 지나친 자만심이 빚은 비극이었습니다.

주왕과 같은 폭군뿐만 아니라 역사상 위대한 업적을 이룬 현명한 제왕 중에도 자만심 때문에 비참한 일을 겪은 사람이 적지 않습니다. 그 대표적인 경우가 「제태공세가齊太公世家」에 나오는 환공입니다.

환공이 빠진 성공의 함정

제齊나라 환공은 명재상 관중管仲의 보좌를 받아 춘추시대 최초로 제후들의 우두머리인 패자가 되는 위대한 업적을 이뤘습니다. 그가 패자가 되어 높은 지위와 큰 영광을 누릴 수 있었던 까닭은 현명한 신하 관중의 조언에 늘 귀 기울였기 때문입니다. 그런데 패자의 지위에 오른 뒤부터 환공의 마음속에는 '내가 천하 최고'라는 오만이 자리하게 됐습니다. 환공은 제후의 신분에 걸맞지 않은, 스스로 천자나 된 듯한 행동을 하는 등 정치적 야심을 거리낌 없이 드러냈습니다. 그렇지만 관중이 살아 있을 때에는 그의 간곡한 간언으로 과도한 행동은 하지 못했습니다.

　그러던 어느 날 관중이 병이 나서 죽음을 눈앞에 두자, 환공은 그에게 누구를 후임 재상으로 삼아야 할지 물었습니다. 먼저 환공은 역아易牙를 재상으로 삼으면 어떻겠냐고 물었습니다. 관중은 역아가 자식을 죽여서 임금의 비위를 맞추려고 한 간악한 자이므로 불가하다고 답했습니다.

역아는 요리의 달인으로 음식을 담당하는 관리였는데, 환공의 입맛을 맞추려고 자신의 아들을 삶아 바친 일화로 유명한 인물입니다. 인간으로서 도저히 할 수 없는 일을 한 것입니다. 이렇게까지 임금의 비위를 맞추려고 하는 사람은 권력을 얻고 사욕을 채우기 위해서라면 수단 방법을 가리지 않는 극악한 자입니다. 관중은 이 점을 염려해 강력하게 반대했던 것입니다.

이에 환공은 개방開方은 어떠냐고 물었습니다. 관중은 개방이 어버이를 저버리면서까지 임금의 총애를 받으려 한 자이므로 불가하다고 답했습니다. 개방 역시 환공이 총애하는 신하였는데, 환공을 섬겨야 한다는 이유로 무려 15년 동안이나 부모님을 찾아뵙지 않은 불효자였습니다. 이러한 행동 역시 자기 권력을 위해 인정과 도리를 거스르는 일이므로, 군주는 그런 자에게 재상 자리를 주고 가까이해서는 안 된다는 것이 관중의 뜻이었습니다.

역아와 개방 모두 안 된다고 하자, 환공은 다시 수도竪刀는 어떠냐고 물었습니다. 수도는 환공을 측근에서 모신 환관입니다. 관중은 스스로 거세하면서까지 충성하는 인물도 가까이하면 안 된다고 충고했습니다. 과도하게 충성하려는 자의 마음속에는 사사로운 욕망과 야심이 들끓고 있어, 권력을 얻게 되면 어떤 일을 벌일지 알 수 없다고 여겼기 때문입니다. 그럼 환공은 관중의 말을 따랐을까요? 그러지 않았습니다. 관중이 죽자 환공은 이들을 모두 중용했고, 제나라의 정치는 이 세 사람의 손에서 좌지우지됐습니다.

환공은 평소 여색을 밝혀 수많은 희첩(姬妾)을 뒀는데, 이들 중 부인 예우를 받는 여섯 여인에게서 얻은 아들만 여섯 명이 있었습니다. 처음에는 정희(鄭姬)와의 사이에서 낳은 공자 소(昭)를 태자로 삼았는데, 관중이 죽고 나자 나머지 다섯 공자가 모두 앞다투어 태자가 되려고 했습니다. 이때 이들 다섯 공자와 결탁해 제나라를 분열과 혼란의 구렁텅이로 몰아넣은 장본인이 바로 역아와 개방, 그리고 환관 수도입니다.

환공이 병석에 눕자 이들은 저마다 파당을 만들어서 다음 제후 자리를 놓고 다투었습니다. 결국 환공이 죽자 역아는 궁궐로 쳐들어가 수도와 함께 수많은 대부들을 살해하고 위희(衛姬)의 아들 공자 무궤(無詭)를 임금의 자리에 앉혔습니다. 이처럼 제후의 자리를 둘러싸고 여섯 공자가 파당을 지어 서로를 공격하는 바람에 어느 누구도 환공의 시신을 입관(入官)조차 하려고 하지 않았습니다. 결국 환공의 시신은 무려 67일 동안이나 침상에서 방치됐고, 썩은 환공의 시체에서 나온 구더기가 문밖까지 기어 나올 정도였습니다. 겨우 시신을 입관하고 죽음을 세상에 알린 뒤로도 살육전은 멈추지 않았고, 결국 장례를 치르고 안장(安葬)까지 마친 것은 환공이 죽은 지 10개월이나 지난 뒤였습니다. 춘추시대 최초로 패자의 영광을 누린 위인의 최후치고는 너무나 비참하지 않습니까?

환공이 이토록 비참한 최후를 맞고, 제나라가 혼란의 수렁에 빠지게 된 까닭은 다른 데 있지 않습니다. 성공을 이루기 전 겸손하고 삼가는 마음이 자리하고 있을 때, 환공은 관중의 간언을 경청했습니다. 하지만 성공을 이루자 마음속에는 점차 자만이 자리했고, 환공은 관중의 충언을 더 이상 귀담아듣지 않았습니다. 스스로 최고라는 생각에 도취되어 자기 행동과 잘못을 날카롭게 꼬집는 말들을 더는 중요하지 않다고 여긴 그 순간부터, 성공은 그에게 큰 독이 되어 끔찍한 최후를 초래했던 것입니다.

2강

성공을 경계하는 사람이 성공한다

노나라 주공의 선택

성공에 도취된 지나친 자만이 몰락을 낳는 원인이라면, 사마천이 꼽은 성공의 원인은 무엇일까요? 바로 겸손과 경계의 덕목입니다. 사마천은 〈주본기周本紀〉와 〈노주공세가魯周公世家〉에 등장하는 주공周公 단旦을 그 대표 인물로 꼽습니다.

주공 단은 주周나라의 기틀을 세운 문왕의 아들이자, 은나라의 폭군 주왕을 정벌한 무왕의 동생입니다. 대개 문왕과 무왕을 보좌해 주나라를 개국하는 데 결정적인 역할을 한 일등 공신으로 세 사람을 꼽습니다. 태공망太公望 여상呂尙, 주공 단, 소공召公 석奭이 바로 그들입니다. 특히 주공 단은 형인 무왕을 도와 주나라를 개국하는 공적을 세운 데 그치지 않고, 무왕이 사망한 이후 어린 조카 성왕成

王을 도와 섭정攝政을 하면서 주나라를 튼튼한 반석 위에 올려놓은 사람입니다. 주나라를 개국한 사람이 무왕이라면, 주나라를 나라답게 만든 사람은 주공 단이었습니다.

3천 년 넘게 존경받은 리더의 표본

은나라가 멸망하고 주나라가 개국한 지 불과 3년 만에 무왕이 갑작스럽게 죽자, 주나라는 큰 정치적 소용돌이에 휩싸이게 됩니다. 무왕의 뒤를 이어 천자의 자리에 오른 성왕은 겨우 '강보에 싸인 어린아이'였기 때문입니다. 이런 어린 조카를 대신해 주공 단이 섭정을 하는 것에 조정 안팎의 반발이 만만치 않았습니다. 우리가 잘 알고 있는 어린 조카 단종을 쫓아낸 세조의 이야기처럼, 주공 단이 힘없는 아이에 불과한 성왕을 쫓아내고 천자의 자리를 찬탈할 것이라고 의심하는 사람들이 적지 않았기 때문입니다.

사실 그것은 합리적인 의심이었습니다. 첫째, 신분과 지위로 따지면 주공은 문왕의 아들로 천자의 자리에 오르는 데 명분상 아무런 문제가 없었습니다. 둘째, 주공은 당시 태공망 여상을 제외하고는 당대 어느 누구도 대적할 사람이 없을 정도로 능력이 뛰어났습니다. 셋째, 주공은 어진 성품으로 신하와 백성 사이에 덕망이 매우 높았습니다. 게다가 이미 섭정으로 천자의 자리를 대신하는 막

강한 권력까지 손에 쥐고 있었기 때문에, 누구라도 주공이 마음만 먹으면 천자의 자리를 쉽게 차지할 수 있을 것이라고 의심할 수밖에 없었습니다.

하지만 주공은 이러한 주위의 의심에 아랑곳하지 않고 오직 어린 조카를 보좌해 정치를 안정시키고 나라의 기틀을 바로잡는 데 온 힘을 쏟았습니다. 사마천은 주공의 모습을 이렇게 묘사하고 있습니다.

> 성왕의 나이가 너무 어리고, 천하를 평정한 주나라 또한 개국 초기였다. 그래서 주공은 제후들이 다시 주나라를 저버리고 배반할까 봐 두려웠다. 이에 주공은 섭정하며 나랏일을 도맡았다.
>
> ―『사기』「주본기」

> 무왕이 죽었을 때, 성왕은 강보에 싸인 어린아이에 불과했다. 주공은 사람들이 무왕이 죽었다는 소식을 듣고 주나라를 배신할까 두려워했다. 이에 주공은 천자만이 설 수 있는 섬돌에 서서 성왕을 대신해 섭정하면서 나랏일을 이끌었다.
>
> ―『사기』「노주공세가」

그럼에도 여러 왕실 사람들은 주공에 대한 의심을 거두지 않았습니다. 관숙管叔은 사욕을 품고 "주공은 성왕에게 해로운 사람이다"라는 유언비어까지 퍼뜨렸습니다. 그리고 주공이 천자의 자리를 찬탈하는 것을 막겠다는 명분을 내세워 형제인 채숙蔡叔, 그리고 멸망한 은나라 주왕의 아들인 무경武庚과 손잡고 반란까지 일으켰습니다. 주공은 즉시 군대를 보내 관숙과 무경을 죽이고 채숙을 멀리 내쫓았습니다. 이 반란 사건이 진압되자 마침내 제후들은 모두 승복하며 주공의 뜻을 받들었습니다.

만약 주공이 정말로 흑심이 있었다면 이 반란을 진압하는 데 멈추지 않고, 이를 빌미로 자신의 반대 세력을 발본색원한 다음 천자의 지위까지 찬탈했을 것입니다. 하지만 주공은 반란을 진압한 다음 본래의 자리로 돌아가 예전처럼 섭정의 역할만을 충실하게 수행할 뿐 다른 마음을 품지 않았습니다. 그리고 성왕이 즉위한 지 7년째 되는 해, 마침내 주공은 섭정의 자리를 내놓고 신하의 자리에서 성왕을 모셨는데, 그 말과 행동이 늘 공경하고 삼갔다고 합니다.

성왕이 성장해 직접 나랏일을 들을 수 있게 됐다. 이에 주공은 성왕에게 천자의 권력을 돌려줬다. 성왕은 조정에 나아가 나라를 다스렸다. 주공이 섭정으로서 성왕을 대신해 나라를 다스릴 때는 자리를 남쪽으로 향하고 뒤로는 병풍을 둘러 제후들을 만났다. 그러나 성왕이 즉위한 지 7년이 지나고 주공이 성왕에게 천자의 권력을 돌려준 뒤로는, 북쪽으로 향하고 신하의 자리에 섰다. 이때 주공이 성왕에게 공경하고 삼가는 태도가 마치 두려워하는 것 같았다.

-『사기』「노주공세가」

주공은 천자의 자리를 찬탈할 수 있는 충분한 힘을 갖고 있었고 기회도 있었습니다. 하지만 어린 조카 성왕을 중심으로 묵묵히 보좌하며 개국 초기 주나라의 정치적 혼란을 잠재우고 어지러운 민심을 어루만지며 나라의 제도와 질서를 바로 세웠습니다. 그 덕분에 주나라는 정치적 안정과 성공을 이룰 수 있었고, 주공 역시 후대에 그 이름을 떳떳하게 남길 수 있었습니다.

성공을 지키는 비결

주공이 이렇게 처신할 수 있었던 까닭은 무엇일까요? 그가 겸손과 경계의 덕목을 지니고 있었기 때문입니다. 이는 주공이 자신의 맏아들 백금伯禽에게 한 말에도 잘 나타나 있습니다. 주공은 노魯나라의 제후였지만 성왕을 대신해 천하를 다스려야 했기 때문에 자신의 봉지封地로 떠날 수 없었습니다. 이에 맏아들 백금을 보내 노나라를 다스리게 했습니다. 주공은 노나라로 떠나는 맏아들에게 이런 훈계를 내렸습니다.

나는 문왕의 아들이자, 무왕의 동생이며, 성왕의 숙부로서 천하에서 신분이 낮지 않다. 그러나 한 번 머리 감다가도 머리채를 양 손으로 움켜쥐고 맞이하기를 세 번씩, 한 번 밥을 먹다가도 세 번이나 바로 뱉어내고 일어서면까지 선비를 우대했다. 그렇게 하면서도 오히려 천하의 현명한 사람들을 잃지 않을까 걱정했다. 너 역시 노나라에 가더라도 나라를 가졌다고 교만하지 말고 늘 다른 사람에게 삼가도록 해라.

-『사기』「노주공세가」

항상 다른 사람을 겸손하게 대하고 어진 사람을 잃을까 경계했기 때문에, 주공은 누구보다 다른 사람들의 말을 잘 경청했습니다. '이청득심以聽得心'이라는 말처럼, 다른 사람의 말을 경청하면 그 사람의 마음을 얻을 수 있습니다. 주공은 겸손했기 때문에 다른 사람의 말을 늘 경청했고, 이로써 자신의 잘못을 경계하고 고쳐 다른 사람의 마음까지 얻을 수 있었습니다. 이렇게 되면 주위에는 자연스레 능력 있는 인재가 모여들고 민심을 얻게 됩니다. 인류의 역사를 통틀어 훌륭한 인재와 천하의 민심을 얻고도 자신의 뜻을 이루지 못한 사람은 없습니다.

중국사에는 네 차례의 태평성세가 있다고 합니다. 첫 번째는 주나라의 성왕과 강왕康王이 다스린 시대를 일컫는 '성강지치成康之治'입니다. 두 번째는 한漢나라의 문제文帝와 경제景帝가 다스린 시대인 '문경지치^{文景之治}'이고, 세 번째는 당^唐나라 태종^{太宗}이 다스린 시대를 가리키는 '정관지치^{貞觀之治}', 마지막 네 번째는 청^淸나라 초기 강희제^{康熙帝}와 옹정제^{雍正帝}, 그리고 건륭제^{乾隆帝}가 다스린 강건성세^{康乾盛世}입니다. 그중에서도 첫 번째로 꼽히는 시대가 바로 주공이 닦은 반석 위에서 펼쳐진 성강지치입니다. 성왕의 정치적 성공은 숙부인 주공의 성공 비결인 겸손과 경계의 덕목을 적극적으로 벤치마킹한 덕분이라고 단언할 수 있습니다. 성왕이 어릴 때부터 주공은 틈날 때마다 겸손과 경계의 덕목을 몸과 마음에 깊이 새기도록 가르쳤습니다. 당시 주공의 가르침은 「무일^{毋逸}」과 「다사^{多士}」라는 글에 잘 나타나 있습니다.

> 부모가 창업한 것이 오래되면 자손은 교만하고 사치해져서 그것을 잊고 집안을 망치게 됩니다. 어찌 자식들이 정녕 삼가야 할 일이 아니겠습니까? 옛 성왕들은 모두 하늘의 뜻을 공손하게 받들고 경외했으며, 스스로 법을 지키면서 백성을 다스렸습니다. 삼가고 두려워하면서 감히 나랏일을 그르치거나 편안함에 빠지지 않았습니다.
>
> ─『사기』「노주공세가」

앞서 은나라 주왕과 제나라 환공의 사례처럼, 오만으로 가득 찬 사람은 다른 사람의 말을 귀담아듣지 않고 제멋대로 행동합니다. 그들의 가장 큰 허물은 자신의 실수나 잘못을 아예 깨닫지 못하거나, 비록 깨달았다고 해도 고치지 않는다는 것입니다. 실패나 몰락은 어느 한순간에 일어나는 일이 아닙니다. 실수와 잘못을 거듭해서 저지르고도 고치지 않아 쌓이게 되면 결국 실패와 몰락의 수렁에 빠지게 됩니다.

그러나 매사 겸손하고 경계하는 사람은 항상 자신이 부족하다고 여겨 다른 사람의 말을 귀 기울여 듣고 행동을 하나하나 조심합니다. 이런 사람들은 비록 일시적으로 실수나 잘못을 저지른다고 해도 반드시 이를 반성하고 고칩니다. 그럴 때 실수나 잘못은 허물이 되기는커녕 오히려 지속적인 성공의 밑거름이 됩니다. 성공은 그것을 이루는 것도 어렵지만, 오랫동안 지켜내는 것은 더욱 어렵습니다. 늘 다른 이들의 비판에 귀를 기울이면서 실수나 잘못을 고치고 또 고치는 것만이 지속적인 성공을 이끌고 실패를 피할 수 있는 비결입니다.

사마천은 은나라 주왕과 노나라 주공의 사례를 통해 한때의 성공과 자만을 경계하고 늘 겸손하고 삼가면서 다른 사람의 말을 경청해야 한다는, 성공과 실패의 가장 기본적인 법칙을 이야기하고 있습니다. 이제 다음 장부터는 『사기』에서 가장 유명한 두 인물인 항우와 유방의 이야기를 통해 성공과 실패의 법칙들에 대해 좀 더 자세히 알아보겠습니다.

3강

승리하는 리더와 실패하는
리더의 세 가지 차이

초패왕 항우와 한고조 유방 ①

무려 3천 년의 역사를 다루고 있는 『사기』에서 가장 드라마틱한 시대는 언제일까요? 아마 많은 분들이 항우의 초나라와 유방의 한나라가 천하의 패권을 다툰 '초한 시대^{楚漢時代}'를 들 것입니다. 그런데 사실 이 시기는 불과 5년밖에 되지 않습니다. 이렇게 짧은 시기를 사람들은 왜 가장 드라마틱하게 느끼는 걸까요? 바로 사마천이 『사기』를 통해 보여주는 인간학·인문학의 정수, 즉 인간의 본성, 흥망성쇠의 법칙, 인간관계와 권력의 원리, 전쟁의 법칙과 삶의 근본 문제들, 리더십과 조직의 원리 등 인간이 역사에서 배울 수 있는 모든 메시지를 가장 압축적으로 보여주는 시기이기 때문입니다.

역사상 가장 강력한 라이벌 중 하나인 항우와 유방이지만, 『사기』와 다른 모든 기록을 뒤져서 비교해 봐도, 객관적인 조건으로는 처음부터 유방이 항우의 적수가 될 수 없었다는 의외의 사실을 알 수 있습니다. 진秦나라가 갓 멸망한 직후에는 유방의 목숨조차 천하를 호령하던 서초패왕西楚覇王 항우의 손에 달려 있었습니다. 그렇다면 대체 어떻게 유방은 이러한 절대적 열세를 극복하고 마침내 항우에게 승리할 수 있었을까요?

사람을 포용하는 리더와 내치는 리더

그 첫 번째 이유는 바로 두 인물의 타고난 성정性情의 차이에서 찾을 수 있습니다. 먼저 사마천은 항우의 성정에 대해 다음과 같이 기록했습니다.

> 항적項籍(적은 항우의 이름)은 어릴 적 글을 배웠으나 끝까지 마치지 않았다. 검술을 배울 때도 마찬가지였다. 숙부인 항량項梁이 화를 내자 그가 대답했다. "글은 이름과 성을 적을 수만 있으면 만족합니다. 검 또한 겨우 한 사람을 대적하는 기술이라 깊게 배울 가치가 없습니다. 저는 만 명을 대적할 수 있는 방법을 배우겠습니다." 이에 항량이 병법을 가르치자 비로소 항적은 크게 기뻐했다. 하지만 대략이나마 병법의 뜻을 깨치게 되자 또다시 끝까지

배우려 하지 않았다. … 이때 항량은 항적을 빼어난 인물로 여겼다. 항적은 키가 8척이 넘고 힘은 청동 솥鼎을 가볍게 들어 올릴 수 있었으며, 재주는 다른 사람을 뛰어넘어 오吳나라 안의 젊은 이들은 모두 항적을 두려워했다.

-『사기』「항우본기項羽本紀」

사람들은 일반적으로 힘이 센 사람은 머리는 좀 모자라다는 편견을 갖고 있습니다. 항우는 어떨까요? 힘은 산을 뽑을 만하고 기운은 세상을 덮을 만하다는 '역발산기개세拔山氣蓋世'의 천하장사 이미지 때문에 지혜가 모자란 인물로 여겨지지만, 사마천의 기록을 보면 그것이 잘못된 이미지라는 것을 알 수 있습니다.

항우를 빼어난 인물이라고 평가한, 항우의 막내 작은아버지 항량은 병법에 능통하고 정치력도 뛰어난 기재奇才였습니다. 사마천이 오나라 안의 어진 선비와 대부가 모두 걸출한 능력과 지혜를 지녔지만, 전부 항량보다는 못하다고 말할 정도였으니까요. 이런 항량이 볼 때도 항우는 다른 사람을 뛰어넘는 탁월한 기량을 지녔습니다. 하지만 이처럼 마음속에 품은 뜻이 매우 크고 능력도 뛰어남에도, 자부심이 지나치게 강해 다른 사람의 말을 귀담아듣지 않고 다른 사람을 잘 포용하지 못하는 독불장군의 기질이 있었습니다. 그럼 유방의 성정은 어땠을까요?

고조는 사람됨이 어질고 다른 사람에게 베풀기를 좋아했으며 성정이 활달했다. 항상 마음속에 큰 뜻을 품고 보통 사람들처럼 먹고살기 위해 일하는 데에는 종사하지 않았다. 성인이 된 뒤로는 시험을 치르고 사수정장泗水亭長이라는 미미한 관리로 일했는데, 관아의 관리들 가운데 그가 업신여기거나 멸시하지 않는 자가 없었다. 술과 여색을 좋아해 늘 왕온王媼과 무부武負를 따라다니면서 외상술을 마셨다. 술에 취하면 아무 곳에나 드러누웠다. 그런데 그때마다 무부와 왕온은 그의 몸 위에 용의 형상이 나타나는 것을 보고 기이하게 여겼다. 고조가 술을 마시며 머무는 주점은 언제나 술이 몇 배나 더 팔렸다. 이렇듯 기이한 일을 겪자 주점에서는 한 해가 끝날 때마다 항상 장부를 찢어버리고 외상술 값을 갚을 책임을 없애줬다.

－『사기』「고조본기高祖本紀」

유방의 성정은 항우보다 훨씬 더 복잡합니다. 어질고 남에게 베풀기를 좋아하며 활달한 성격에다가 마음속에 큰 뜻을 품은 사람이지만, 시정잡배처럼 제멋대로 행동합니다. 한초삼걸漢初三傑이라 불리며 한나라 개국에 큰 공을 세운 소하蕭何도 젊은 시절 유방을 가리켜 "평소에 큰소리만 자주 칠 뿐, 실제로 이루는 일은 거의 없다"라며 핀잔할 정도였습니다. 그러나 이런 유방에게는 가장 큰 장점, 즉 사람의 마음을 사로잡는 특별한 재주가 있었습니다. 그가 머무는 곳에는 항상 사람들이 몰려들었기 때문에, 술집 주인조차 외상술을 마시는 유방을 환대할 지경이었습니다.

그럼 이쯤에서 항우와 유방을 비교해 볼까요? 항우는 세상 모든 사람을 능가하는 힘과 재주를 지녔지만 혼자만 잘나서 다른 사람을 포용하지 못하는 독불장군입니다. 반면, 유방은 사람의 마음을 사로잡아 몰고 다니는 재주 외에는 특별한 능력이 없는 사람입니다. 유방은 늘 사람의 마음을 얻어 자기 곁에 두는 것을 좋아하고 즐거워했습니다.

바로 여기에 항우와 유방의 승패를 가른 비밀이 숨어 있습니다. 항우는 자신이 지닌 걸출한 힘과 재주만 믿고 다른 사람의 도움을 구하기보다 독단적으로 행동하는 편을 선호했습니다. 반면, 유방은 사람의 마음을 얻는 것 외에 별다른 재주가 없었기 때문에 다른 사람의 도움이 절실했습니다. 이 때문에 유방은 늘 독단적으로 행동하기보다 다른 사람의 말에 귀를 기울이고 그들의 능력을 적극적으로 활용하려 애썼습니다. 이러한 두 사람의 기질 차이는 천하의 인재들이 자신의 향방을 결정하는 데 큰 영향을 미쳤습니다. 천하의 인재들이 자기 능력만 과신한 채 모든 것을 혼자 결정하는 독불장군에게 몰려들까요, 아니면 본인의 능력이나 지혜는 조금 모자라도 항상 누군가의 도움을 구하는 사람에게 몰려들까요? 많은 사람들이 전자보다는 후자라고 답변할 것입니다.

리더의 그릇 차이는 위기의 순간 드러난다

항우와 유방의 승패를 가른 두 번째 이유는 어려운 일을 당했을 때의 태도에서 찾을 수 있습니다. 둘 사이의 정치적 근성 또는 리더로서 그릇의 차이는 위기의 순간에 그 모습을 드러냅니다. 해하垓下(지금의 안후이성 링비현 남동쪽에 있던 지명)에서의 마지막 전투에서 대패하고 군대를 모두 잃은 항우는 유방의 군대에 쫓겨 도망가다 자신이 처음 군사를 일으킨 강동 땅을 눈앞에 둔 오강烏江가에 당도했습니다.

항우는 일찍이 강동의 정예 병사 8천 명과 함께 강을 건너 서쪽으로 진격해 진나라를 멸망시키고 스스로 서초패왕의 자리까지 올랐습니다. 그런데 이제는 모든 것을 잃고 처음 군대를 일으킨 곳에 당도하게 된 것이지요. 오강을 지키던 정장은 강을 건너 강동 땅에 들어가서 군대를 모은 다음 전열을 정비해 유방과 다시 한번 일전一戰을 벌이라고 권유합니다. 오강을 건너 고향인 강동 땅으로 들어서기만 하면 항우에게는 분명 정치적으로 재기할 수 있는 희망이 있었습니다. 하지만 항우는 정장의 권유를 단호하게 거절합니다.

하늘이 이미 나를 망하게 하는데 내가 왜 강을 건너겠는가! 내가 처음 군대를 일으켰을 때 강동의 젊은이 8천 명과 함께 강을 건너 서쪽으로 진격했는데, 지금 한 사람도 같이 돌아오지 못했다. 비록 강동의 부모 형제들이 가엾게 여겨 나를 다시 왕으로 섬기며 따른다고 해도, 무슨 면목으로 그들을 보겠는가? 설사 그들이 그리 말하지 않는다 해도 스스로 마음에 부끄러움이 있지 않겠는가?

－『사기』「항우본기」

끝내 강을 건너기를 거부한 항우는 홀로 짧은 무기만 들고 유방의 군대와 맞서 싸우다 스스로 목을 찔러 죽음을 맞습니다. 이전까지 무수한 승리를 거뒀던 항우는 평생 처음 경험한 단 한 번의 위기의 순간에 항우가 정치적 재기를 할 수 있는 방법을 포기하고 스스로 죽음을 선택한 것입니다. 그 까닭은 단지 부끄러워서 고향 사람들을 볼 면목이 없다는 개인적인 체면 때문이었습니다.

반면 유방은 항우와 달리 살아남기 위해서라면 체면 따위는 아무렇지도 않게 내팽개치는 사람이었습니다. 초한 전쟁이 시작되고 얼마 지나지 않았을 때, 유방은 항우가 북쪽의 제나라를 공격하는 기회를 틈타 초나라의 도읍지인 팽성彭城(지금의 장쑤성 쉬저우시)을 공격해 점령한 적이 있습니다. 유방이 팽성을 점령했다는 소식을 들은 항우는 즉시 군대를 돌려 대대적인 반격을 가했습니다. 용맹한 항우의 군대에 쫓겨 허겁지겁 달아나던 유방의 군대는 곡수와 사수에서 빠져 죽은 병사만 20만여 명에 이를 정도로 대참패를 당했습니다.

항우에게 쫓기며 도망치던 유방은 고향 패현^{沛其}(지금의 장쑤성 쉬저우시 페이현)을 지나다가 가족들을 모아 서쪽 한나라로 가려고 했습니다. 하지만 이미 항우가 유방의 가족들을 사로잡기 위해 군대를 보내서 서로 만나지 못했다가, 그나마 다행히도 여후와의 사이에서 낳은 아들(훗날의 혜제^{惠帝})과 딸(노원공주)을 길에서 만나 수레에 태울 수 있었습니다.

그런데 정작 초나라 기병대가 턱밑까지 추격해 와 자칫 사로잡힐 위기에 처하자 유방은 부모라면 도저히 할 수 없는 행동을 합니다. 오직 수레를 가볍게 만들어 적의 추격을 따돌리겠다는 다급한 마음에 한 치의 망설임도 없이 자식인 혜제와 노원공주를 수레 아래로 밀어 떨어뜨린 것입니다. 그것도 한 번이 아니라, 무려 세 번씩이나! 수레를 몰던 하후영^{夏候嬰}은 유방이 자신의 아들과 딸을 수레 아래로 밀어 떨어뜨릴 때마다 다시 그들을 수레에 태우기를 세 차례나 반복하다, 마침내 참다못해 이렇게까지 항변했습니다.

아무리 몹시 위급한 상황이고 말도 빨리 몰 수 없다고 하지만, 어떻게 사람으로서 자제 분들을 그리 내버리십니까?

－『사기』「항우본기」

항우가 강 건너 고향인 강동 사람들에 대한 부끄러움 때문에 목숨까지 내버리는 사람이라면, 유방은 자신이 살아남기 위해서라면 부하 장수가 보는 앞에서 자신의 아들딸조차 버릴 수 있는 사람입니다. 인간적인 상식과 감정, 그리고 윤리의 측면에서 보자면 항우의 행동이 칭찬받을 일이고 유방의 행동은 비난받아 마땅합니다. 그러나 천하를 다투는 정치 투쟁의 현장에서 인간적인 상식과 윤리만 따져 행동한다면 아마도 목숨을 부지하기 어려울 것입니다.

게다가 항우와 유방은 한낱 개인이 아니라, 자신을 따르는 이들을 이끌 책임이 있는 리더입니다. 개인적인 감정만 앞세워 상대방이 살면 내가 죽고 내가 살면 상대방이 죽는 처절한 현장에 임한다면, 최종적으로 누가 승리하고 누가 패배할지는 삼척동자도 알 것입니다. 위기의 순간, 유방에게는 어떻게든지 살아남아 상대를 이기겠다는 악착같은 근성이 있었지만, 항우에게는 그와 같은 근성이 없었습니다.

작은 성공에 도취되지 말고 거시적인 목표를 생각하라

유방이 항우를 물리칠 수 있었던 세 번째 이유는 패배한 진나라 사람들에 대한 태도의 차이에서 찾을 수 있습니다. 진나라의 도읍지 함양을 먼저 함락해 점령한 사람은 사실 항우가 아니라 유방이었습니다. 유방은 장량張良의 계책으로 진나라 장수를 설득하고 뇌물로 유혹해 몰래 무관으로 들어간 후 진나라 군대를 공격해 크게 쳐부쉈습니다. 진나라에 맞서 거병한 제후들 중 가장 먼저 패상灞上(지금의 산시성 시안시에 있던 지명)에 도착한 유방은 진나라 왕 자영子嬰의 항복을 받았습니다. 이때 여러 장수들이 자영을 죽이라고 했지만, 유방은 이미 항복한 사람을 죽이는 것은 옳지 않다면서 관용을 베풀었습니다.

또한 함양을 함락해 점령한 유방은 처음에 진시황秦始皇의 궁궐에 머물려고 했습니다. 하지만 신하인 장량과 번쾌樊噲가 간언하자, 진나라의 진귀한 보물과 재화가 가득한 창고를 건드리지 않고, 또한 궁궐의 수많은 미녀를 그대로 둔 채 패상으로 회군했습니다. 당시에는 전쟁에서 승리한 쪽이 패한 쪽을 약탈하는 것이 일반적이었습니다. 하지만 유방은 함양을 약탈하지 않고 그대로 둔 채 패상으로 군대를 돌린 후, 패배로 불안해하는 진나라의 민심을 안정시키기 위해 여러 군현의 장로와 호걸들을 불러 이렇게 말했습니다.

여러분은 진나라의 가혹한 법령 때문에 오랫동안 고통을 겪었습니다. 법령이 가혹하다고 비방한 사람은 집안이 몰살당했으며, 서로 마주 보며 대화를 나눈 사람 역시 저잣거리에서 처형을 당했습니다. 제가 군대를 일으킨 제후들과 더불어 약속할 때, 가장 먼저 관중에 들어선 사람이 이 땅의 왕이 되기로 약속했습니다.

그러므로 제가 마땅히 관중의 왕이 될 것입니다. 저는 여러분들께 단지 법령 세 가지만 세우겠다고 약조하겠습니다. 사람을 죽인 자는 사형에 처하고, 사람을 다치게 하거나 물건을 훔친 자는 그 죄의 경중을 따져 처벌할 것입니다. 그 외 나머지 진나라의 법령은 모두 없애버릴 것입니다. 모든 관리와 백성은 예전처럼 안락하게 살면 됩니다. 제가 이 땅에 온 이유는 해로움을 없애고자 한 것이지 여러분에게 포악하게 하려는 뜻은 없으니 절대로 두려워하지 마십시오.

－『사기』「고조본기」

유방은 부하들에게 진나라 관리와 함께 모든 고을을 돌아다니며 이러한 자신의 뜻을 알리도록 했습니다. 이에 진나라 백성들이 모두 기뻐하며 앞다투어 유방의 군사들에게 고기와 술과 갖은 음식을 바쳐 대접하려 했습니다. 하지만 유방은 이 또한 백성들을 괴롭히는 일이라며 정중하게 사양했습니다. 이러한 유방의 말과 행동에 대해 진나라 백성들은 어떤 마음을 품게 됐을까요? 사마천은 "모든 진나라 백성들이 하나같이 기뻐하며, 오로지 유방이 진나라의 왕이 되지 못할 것만을 걱정했다"라고 기록하고 있습니다.

함양 함락이라는 대승리를 거둔 후 유방은 성취감에 사로잡혀 진귀한 보물과 궁궐의 미녀를 탐닉하는 데 몰두하기보다는, 부하들의 조언을 새겨듣고 더욱 거시적인 안목에서 진나라의 민심과 천하의 인심을 얻는 전략을 선택했습니다. 만약 유방이 함양을 함락한 후 정복자들이 일반적으로 그러는 것처럼 약탈을 자행했다면 진귀한 보물과 궁궐의 미녀를 얻을 수는 있었을 테지만, 대신 진나라의 민심과 천하의 인심을 얻지는 못했을 것입니다.

천하를 얻겠다는 큰 목표가 있는 리더는 작은 성공에 도취되어서는 안 됩니다. 눈앞의 작은 이익에 눈이 멀면 멀리 보지 못해 큰 이익을 놓치게 됩니다. 유방은 작은 이익에 눈이 휘둘리지 않고 부하들의 조언에 귀 기울였기 때문에 더 큰 것을 얻을 수 있었습니다. 리더로서 보여준 이러한 결단 덕분에 유방은 훗날 항우와 일전을 겨룰 때 계속된 패배에도 민심으로부터 강력한 지지를 받아, 마침내 천하를 손에 얻을 수 있었습니다.

유방이 함양을 함락한 지 한 달이 조금 더 지난 후, 뒤늦게 도착한 항우는 처음의 약속을 깨고 자신이 함양을 차지했습니다. 그런데 항우는 유방과는 완전히 다르게 행동했습니다. 그는 먼저 유방이 살려준 진나라 왕 자영을 처참하게 죽였습니다. 그리고 진나라의 궁실을 불태웠으며, 진귀한 보물과 궁궐의 미녀를 약탈했습니다. 사마천은 당시 상황을 이렇게 기록하고 있습니다.

항우는 군대를 이끌고 서쪽으로 진격해 함양을 도륙했다. 항복한 진나라 왕 자영을 죽이고 진나라 궁실을 모두 불태웠는데, 석달 동안이나 타고도 그 불길이 채 꺼지지 않았다. 그리고 진나라의 재화와 보물, 부녀자들을 깡그리 거두어 동쪽으로 돌아갔다.

-『사기』「항우본기」

항우는 마침내 서쪽으로 가서 함양을 도륙하고 진나라 궁실을 불살랐다. 이에 참혹하게 파괴되지 않은 것이 하나도 없을 정도였다. 진나라 사람들은 실망해 마음이 크게 상했다. 그러나 항우가 두려워서 감히 복종하지 않을 수 없었다.

-『사기』「고조본기」

항우는 왜 유방과 다르게 행동했을까요? 개인적인 이유로 보자면, 유방은 진나라에 대해 사사로운 원한이 전혀 없었지만, 항우는 달랐습니다. 항우의 집안은 원래 초나라 최고의 명문 귀족이자 명장^{名將} 가문이었습니다. 항우의 할아버지 항연^{項燕}은 왕전^{王翦}이 지휘한 진시황의 60만 대군에 맞서 마지막까지 초나라 군대를 이끈 명장이었습니다. 항연은 이 싸움에서 패해 죽임을 당했고, 결국 초나라는 멸망하고 말았습니다. 항연이 죽고 초나라가 멸망하자 항우의 가문도 몰락했고, 항우의 삶 역시 막내 작은아버지인 항량과 함께 강동 땅으로 도망쳐서 숨어 사는 비참한 신세로 전락했습니다. 그 후 온갖 어려움을 견디면서 진나라 수도 함양을 점령할때까지, 아마도 항우의 머릿속은 할아버지 항연과 자기 가문, 그리고 조국 초나라의 원수를 갚겠다는 일념으로 가득 차 있었을 것입니다.

그러나 설령 개인적인 복수심으로 자행한 일이라 하더라도, 항우의 판단은 정말로 어리석은 행동이었습니다. 이미 진나라는 망하고 천하가 자신의 수중에 들어왔는데, 구태여 함양을 그토록 참혹하게 약탈하고 파괴할 이유가 없었기 때문입니다. 유방과 비교되는 이 행동으로 항우는 진나라 백성의 마음은 물론 천하의 인심까지 모두 잃어버렸습니다.

게다가 항우는 일전에 거록巨鹿(지금의 허베이성 남부에 있던 지명)에서의 대전투에서 자신에게 항복한 진나라의 20만 군사를 함양의 관문인 함곡관을 목전에 둔 신안 땅에 모조리 생매장해 죽인 일이 있었습니다. 혹시나 함곡관에 들어간 후 포로가 된 진나라 군사가 반란을 일으키지 않을까 하는 의심 때문이었습니다. 그러나 생각해 보십시오. 20만 군사의 죽음과 관련 있는 진나라의 가족과 친지가 몇 명이겠습니까? 항우는 함양 함락 과정에서 거듭 진나라 백성 수백만 명에게 불구대천의 원수가 된 것입니다.

전쟁터에서 최선의 전략은 싸우지 않고, 피를 흘리지 않고 승리하는 것입니다. 이는 오직 상대방의 마음을 완전히 굴복시키거나 또는 상대방의 마음을 얻었을 때 가능합니다. 이러한 전략을 가리켜 책략전策略戰이라고 합니다. 무력을 사용하지 않고 책략으로 승리를 얻는 방법입니다.

반대로 군대를 동원해 무력으로 상대방을 공격해 깨뜨려 굴복시켜 승리를 얻는 것을 소모전消耗戰이라고 합니다. 이러한 방법을 통해서는 물리적인 점령을 할 수 있을지는 몰라도 상대방의 마음까지 진심으로 굴복시킬 수는 없습니다. 오히려 정반대로 상대에게 어떻게든 복수하겠다는 증오심만 심어줄 뿐입니다. 그래서 비록 군사적으로 승리했더라도 실제로 얻는 것은 적고 힘만 소모하고 잃는 것이 많다고 해서 소모전이라고 부릅니다. 함양을 함락한 후 유방이 선택한 전략이 책략전이라면, 항우의 선택은 소모전이었습니다.

4강

찾아온 기회는
절대 놓치지 말라

초패왕 항우와 한고조 유방 ②

앞선 강의에서 우리는 항우보다 세력도 약하고 개인 능력도 떨어지고 인간적인 결함이 적지 않았던 유방이 승리한 이유로 다음 세 가지를 살펴보았습니다.

첫째, 자신의 모자람을 알고 다른 사람의 힘을 빌릴 줄 알았다는 점. 둘째, 곤경에 처했을 때 쉽게 좌절하지 않고 훗날을 도모했다는 점. 셋째, 작은 성공에 도취되어 오만해지거나 거시적인 목표를 잊지 않았다는 점입니다.

이번 강의에서는 그 네 번째 이유로 기회의 순간에 항우와 유방이 보여준 결단력의 차이에 대해 살펴보고자 합니다.

성공에 도취되어 결정적인 기회를 놓친 항우

항우와 유방 중에서 전쟁에서 승리를 거둘 절호의 기회를 먼저 잡은 사람은 항우였습니다. 만약 그때 항우가 유방의 목숨을 빼앗았다면, 이후 수년에 걸친 초한 전쟁은 아예 일어나지도 않았을 것입니다.

앞서 이야기한 것처럼 진나라의 수도인 함양을 항우보다 먼저 함락시킨 유방은 패상으로 자신의 군대를 회군시킵니다. 그런 다음 전략적 요충지인 관중關中(지금의 섬서성 중부 위수 유역에 있는 평야) 땅을 장악할 목적으로 함곡관을 굳게 닫고 다른 제후들이 들어오지 못하도록 지켰습니다. 함곡관은 함양으로 들어가기 위해서는 반드시 거쳐야 할 관문이었기 때문입니다.

이때 항우는 거록 전투에서 진나라의 정예 대군을 물리치고 파죽지세로 서진하고 있었습니다. 거록 전투는 두 가지 차원에서 역사적으로 큰 의미가 있습니다. 하나는 이 전투에서 대패한 진나라가 더 이상 싸울 힘을 잃은 채 급격하게 멸망의 길로 접어들게 됐다는 점이고, 다른 하나는 이 승리를 계기로 항우가 초나라의 상장군에서 제후군의 상장군이 되어 모든 제후의 군대를 지휘했다는 점입니다. 그야말로 항우의 시대는 바로 이 거록 전투 이후에 시작됐다고 볼 수 있습니다. 당시 항우의 권위와 위세가 얼마나 대단했는지를 사마천은 이렇게 증언하고 있습니다.

(항우가 지휘하는) 초나라 군사는 능히 한 사람이 열 사람을 맞설 수 있었다. 병사들의 함성이 하늘을 진동하니 여러 제후의 군사들 중에 두려워 떨지 않는 자가 없었다. 진나라 군대를 격파하고 나서 항우가 제후군 장수들을 불러 군영 문에 들어오게 했는데, 하나같이 무릎으로 걸어 앞으로 나오면서 감히 고개를 들어 항우를 쳐다보지 못했다.

－『사기』「항우본기」

이토록 온 천하를 벌벌 떨게 만든 항우의 앞길을 한낱 시골 정장 출신의 유방 따위가 막아섰으니 그 분노가 어땠겠습니까? 항우는 크게 화를 내며 경포^{黥布}에게 즉시 함곡관을 공격해 무너뜨리도록 했습니다. 순식간에 함곡관을 돌파한 항우의 군대가 희수^{戲水} 서쪽에 도착하자, 유방 밑에 있던 조무상^{曹母傷}이란 자가 사람을 보내 고자질을 했습니다. "유방은 자신이 관중을 장악해 왕이 되려 합니다. 진나라 왕 자영을 살려주고 재상으로 삼은 뒤, 금은보화를 송두리째 독차지하려고 합니다." 이 말을 들은 항우는 더욱 화를 내며 그다음 날 아침 병사들을 배불리 먹인 후 곧바로 유방을 공격하려 했습니다. 당시 유방의 군사력으로는 도저히 항우의 군대와 직접 맞설 수 없었습니다.

이때 항우의 병사는 40만 명으로 신풍의 홍문에 있었고, 패공(유방)의 병사는 10만 명으로 패상에 주둔하고 있었다.

-『사기』「항우본기」

이때 항우의 병력은 40만 명으로 보통 100만이라 불렸고, 패공의 병사는 10만 명으로 20만이라 불렸다. 병력으로는 유방이 항우를 대적할 수 없었다.

-『사기』「고조본기」

이때 항우의 책사 범증은 이번 기회를 놓치지 않고 반드시 유방을 죽여야 한다고 적극 설득했습니다.

패공은 산동에 있을 때에는 재물을 탐내고 미녀를 몹시 좋아했습니다. 그런데 지금 관중 땅에 들어가서는 오히려 재물을 취하지 않고 여자를 가까이하지 않으니, 마음속에 품은 뜻이 결코 작지 않다는 것을 알 수 있습니다. 제가 은밀히 사람을 시켜 그 자의 기운을 살펴보았는데, 용과 호랑이의 기운으로 다섯 가지 채색을 이뤘습니다. 이것은 곧 천자의 기운입니다. 서둘러 공격해서 이번 기회를 절대 놓치지 않아야 됩니다.

-『사기』「고조본기」

그런데 항우와 범증이 세운 유방 살해 계획은 뜻밖의 인물을 통해 유방의 귀에 들어가게 되면서 큰 차질을 빚게 됩니다. 이 계획은 항우 군대 내에서도 소수만 알고 있는 일급 군사 기밀이었지만, 항우의 측근 중 측근, 곧 그의 큰아버지 항백項伯이 정보를 유출한 것입니다. 왜 항백은 적인 유방에게 이런 기밀을 알려줬을까요?

사실 항백은 유방이 아니라 유방의 책사인 장량을 구하기 위해 기밀을 유출한 것이었습니다. 항백과 장량 사이의 인연은 「유후세가留侯世家」에 전합니다.

> 장량은 하비에서 숨어 살 때 의로움을 좋는 협객이었다. 예전에 항백이 사람을 죽인 일이 있었는데, 그의 보호를 받으며 숨어 지냈다.
>
> –『사기』「유후세가」

항백은 생명의 은인인 장량이 목숨을 잃을까 두려워, 위험을 무릅쓰고 밤중에 장량에게 달려가 기밀을 알렸던 것입니다. 장량을 만난 항백은 유방을 따르다가 헛되이 목숨을 잃지 말라고 하면서, 함께 항우에게 가자고 했습니다. 그러나 장량은 유방을 모시고 있는 몸으로 혼자 도망가는 것은 의롭지 못한 일이라고 말하면서, 주군인 유방에게 이 사실을 알리지 않을 수 없다고 했습니다.

장량은 즉시 유방을 찾아가 항백에게 들은 음모를 전했고, 둘은 머리를 맞대고 이 위기를 벗어날 방법을 모색했습니다. 그리고 유방은 항백을 불러 자신은 밤낮으로 항우가 오기만을 기다렸을 뿐 모반할 마음을 절대로 품지 않았다고 말하며 살 수 있는 방법을 알려달라고 간청했습니다. 이에 항백은 유방의 뜻을 항우에게 전하겠다면서, 내일 아침 일찍 항우의 군대가 출병하기 전에 직접 항우를 찾아와 사죄하라고 조언해 줬습니다.

그 즉시 말머리를 돌려 다시 항우의 진영으로 돌아온 항백은 항우를 찾아갔습니다. 유방이 먼저 관중을 장악해 항우가 쉽게 진나라 땅에 발을 들여놓을 수 있었다면서 큰 공을 세운 사람을 공격해 죽이는 것은 의롭지 않다고 항우를 설득했습니다. 항백의 말을 들은 항우는 고개를 끄덕이며 그렇게 하겠다고 약속했습니다.

다음 날 아침 유방은 기병 100여 명을 거느리고 장량과 함께 항우의 군대가 주둔한 홍문에 나타나 머리를 조아리며 사죄했습니다. 이에 항우는 잔치를 열었습니다. 이 술자리가 초한 전쟁에서 가장 극적인 장면 중 하나로 회자되는 홍문연鴻門宴입니다. 이 연회에서 범증은 애초 계획대로 유방을 죽이려고 마음먹고, 항우에게 여러 번 눈짓을 하고 세 차례나 허리에 찬 옥고리를 들어 신호를 보냈습니다. 하지만 항우는 매번 잠자코 있을 뿐 아무런 반응도 보이지 않았습니다. 구태여 유방을 죽일 필요가 없다고 생각한 것입니다. 한 번 싸우기도 전에 자신에게 항복한 유방은 결코 자신의 적수가 되지 못한다는 자만심이 마음속을 가득 차지하고 있었기 때문에, 항백의 말처럼 굳이 유방을 죽여서 의롭지 못한 사람이라는 오명汚名을 뒤집어쓸 이유가 없다고 여긴 것입니다.

항우에게 유방을 죽일 마음이 없다는 사실을 깨달은 범증은 자리에서 일어나 항우의 사촌 아우인 항장을 불러 칼춤을 추다 기회를 노려 유방을 죽이라고 지시했습니다. 항장은 즉시 연회장에 들어가 항우에게 칼춤을 청한 후 칼을 뽑아 춤을 추기 시작했습니다. 그러나 춤사위가 범상치 않음을 느낀 항백이 또다시 나서서 유방의 목숨을 구해줬습니다. 항백은 항장을 따라 칼을 뽑아 들고 일어나 춤을 추면서 항장이 유방 쪽으로 향하면 항상 몸으로 그 앞을 막아 보호했습니다. 항장으로서도 큰아버지가 자기 앞을 가로막고 칼춤을 추자 어찌할 도리가 없었습니다. 이러한 혼란스러운 상황을 틈타 유방은 장량에게 뒷일을 맡기고, 자리에서 일어나 몰래 자기 군영으로 도망쳤습니다.

샛길로 도망친 유방이 무사히 군영에 도착할 무렵이 되자, 장량은 항우에게는 흰 옥 한 쌍을, 범증에게는 옥두 한 쌍을 바쳤습니다. 그러면서 유방이 술에 만취해 하직 인사도 드리지 못한 채돌아갈 수밖에 없었다면서 사죄했습니다. 이때 범증은 자신에게 바친 옥두 한 쌍을 땅바닥에 내동댕이치고 칼을 뽑아 부숴버리고는 이렇게 말했습니다.

아! 애초에 소인배와는 함께 천하를 도모하는 것이 아니었다. 이제 항왕의 천하를 빼앗을 자는 반드시 패공일 것이다. 우리 모두는 그의 포로가 되고 말리라.

-『사기』「항우본기」

눈앞의 성공에 도취되어 자신의 최대 라이벌을 제거할 절호의 기회를 놓친 항우는 장차 큰 해가 될 유방과 그의 군대는 그대로 둔 채, 자신의 군대를 이끌고 이미 점령한 함양으로 가서 아무런 이로움도 없는 도륙과 약탈을 자행했습니다.

유방, 단 한 번 찾아온 기회를 붙잡다

홍문의 연회 이후 5년, 이번에는 유방에게 항우를 제거할 절호의 기회가 찾아왔습니다. 기원전 202년, 5년 가까이 지속된 초한 전쟁은 큰 반전을 맞습니다. 항우와 유방의 군대가 성고成皐(지금의 허난성 싱양시)에서 대치하고 있을 때, 한신韓信은 북쪽의 조趙나라와 제나라를 공격해 점령했습니다. 또한 팽월彭越은 성고와 초나라의 도읍지 팽성 사이를 연결하는 양梁나라(위魏나라가 대량大梁으로 천도한 뒤에 바꾼 국호) 땅을 차지해 항우의 보급로를 끊어버렸습니다. 앞에는 유방의 군대, 옆으로는 한신의 군대, 뒤로는 팽월의 군대가 항우의 군대를 압박하는 형세가 된 것입니다. 그중에서도 항우에게 가장 위협적인 세력은 후방 보급로를 끊어버린 팽월의 군대였습니다. 병사를 먹일 식량이 끊기면 더 이상 전쟁을 치를 수 없기 때문입니다. 결국 항우는 직접 군대를 이끌고 팽월을 치러 나섰습니다. 하지만 자신이 자리를 비운 사이에 남아 있는 초나라 군대가 유방과 싸웠다가 패할 것이 두려워 대사마 조구曹咎 등에게 다음과 같은 말을 신신당부하며 남겼습니다.

> 삼가 성고를 지키시오. 한나라 군대가 싸움을 걸어와도 절대로 싸우지 말고 신중하게 행동하시오. 다만 그들이 동쪽으로 오지 못하게 막고 있으면 되오. 나는 보름 만에 반드시 팽월을 주살하고 양나라 땅을 평정하고 다시 돌아오겠소.
>
> -『사기』「항우본기」

항우가 성을 빠져나갔다는 사실을 알게 된 유방의 군대는 여러 차례 싸움을 걸어왔습니다. 하지만 조구 등은 항우의 지시대로 일절 싸움에 응하지 않았습니다. 그러자 유방은 병사들을 시켜서 차마 입에 담지 못할 욕을 해대며 그들을 유인했습니다. 그러기를 닷새가 되자 조구 등은 결국 분노해 병사를 시켜 사수를 건너게 했습니다. 초나라 병사들이 강을 반쯤 건넜을 때 유방의 군대는 일제히 공격을 가했고, 초나라 군대는 크게 패했습니다. 대사마 조구, 장사 동예董翳, 새왕塞王 사마흔司馬欣은 모두 사수 가에서 스스로 목을 찔러 죽었습니다.

항우는 성고를 지키던 조구 등이 크게 패했다는 소식을 듣고 부랴부랴 군대를 이끌고 돌아왔지만, 이미 전세는 되돌릴 수 없을 정도로 유방 측에 유리하게 기울어져 있었습니다. 사마천은 당시 상황을 이렇게 기록하고 있습니다.

이때 한나라 군대는 식량도 풍족했으나, 항왕의 군대는 지쳐 있는 데다가 식량까지 떨어졌다.

-『사기』「항우본기」

이에 유방은 항우에게 사신을 보내 전쟁을 끝내자는 제안을 했습니다. 황하와 회수를 연결하는 인공 운하인 홍구鴻溝를 기준으로 동서를 나눈 다음, 홍구 서쪽은 유방의 한나라가 다스리고 홍구 동쪽은 항우의 초나라가 다스리자는 것입니다. 이미 전쟁의 형세가 자신에게 불리하게 돌아가고 있다는 사실을 깨달은 항우는 유방의 제안을 받아들일 수밖에 없었습니다. 천하를 반으로 나누자는 협약을 맺은 다음, 항우는 자신의 군대를 이끌고 초나라의 수도 팽성으로 말머리를 돌렸고, 유방 또한 말머리를 돌려 자신의 땅인 서쪽 한나라로 돌아가려고 했습니다. 이때 유방의 책사 장량과 진평陳平이 간언했습니다.

한나라는 지금 천하의 절반을 차지했습니다. 또한 제후들도 모두 우리에게 붙었습니다. 이에 비해 초나라 군사들은 크게 지쳐 있는 데다가 식량까지 바닥났으니, 지금 하늘이 초나라를 망하게 하려는 뜻이 있는 것입니다. 이런 기회를 놓치지 말고 초나라를 빼앗아야 합니다. 만약 지금 항왕을 놓아주고 공격하지 않는다면, 호랑이를 길러 스스로 재앙을 자초하는 꼴이 될 겁니다.

-『사기』「항우본기」

장량과 진평의 간언에 유방은 어떻게 반응했을까요? 유방은 5년 전 홍문연의 항우처럼 우유부단하지 않았습니다. 즉시 항우를 추격해 해하 전투에서 초나라 군대를 완전히 깨뜨린 후 오강 인근에서 항우의 목숨을 거뒀습니다.

누구에게나 기회는 반드시 찾아옵니다. 누구에게는 좀 더 빨리 찾아오고 누구에게는 좀 더 늦게 올 뿐, 기회가 전혀 찾아오지 않는 경우는 없습니다. 중요한 것은 기회가 찾아왔을 때, 그 사실을 인지하고 상황을 판단해 최적의 결단을 내리고 행동하는 것입니다. 성공과 실패는 바로 이런 결단력에 크게 좌우됩니다.

자신에게 기회가 찾아왔을 때 항우와 유방은 전혀 다르게 행동했습니다. 항우는 라이벌인 유방을 제거할 절호의 기회가 찾아왔다는 사실을 범증이 깨우쳐 줬음에도, 성공에 도취되어 그리고 명망을 잃을 것이 두려워 망설이면서 결국 받아들이지 않았습니다. 반면 유방은 항우를 제거할 절호의 기회가 찾아왔다는 사실을 깨닫자마자 한 치의 망설임도 없이 결단을 내렸습니다. 유방은 항우와 맺은 협약의 먹물이 마르기도 전에 상대의 방심을 노려 뒤통수를 쳤습니다.

큰 뜻을 품고 있는 리더는 자신의 뜻을 이룰 기회가 찾아왔을 때 유방처럼 대담하게 결단하고 행동해야 합니다. 우유부단하게 망설이다 기회를 놓치면, 결국 그로 인해 큰 실패와 화를 입을 수 있기 때문입니다.

5강

자기 단점을 아는 사람이
마지막에 웃는다

초패왕 항우와 한고조 유방 ③

이번 강의에서는 지금까지 살펴본 항우와 유방의 승패를 가른 여러 이유 중에서도 가장 결정적인 이유를 살펴보려고 합니다. 그것은 바로 "상대를 알고 나를 알면 백 번 싸워도 위태로워지지 않는다知彼知己百戰不殆"라는 말처럼, 자신의 능력과 한계에 대해 얼마나 잘 인식하고 있는지 여부입니다.

객관적으로 항우는 유방보다 훨씬 월등한 능력을 가지고 있었음에도 자신의 장단점을 스스로 잘 알지 못했던 반면, 유방은 자신의 장단점을 정확히 꿰뚫고 있었습니다. 여기에서 이미 항우와 유방의 승패는 결정 났다고 해도 과언이 아닙니다. 이제 해하 전투에서 패배한 이후 항우가 최후를 맞이했던 장면을 살펴보면서 그 이

유에 대해 알아보겠습니다.

끝까지 자기 단점을 몰랐던 리더, 항우

해하 전투에서 패한 항우가 회수를 건너 달아날 때, 그를 따른 병사는 겨우 기병 100여 명뿐이었습니다. 유방의 군대에 쫓기던 항우는 음릉陰陵(지금의 안후이성 딩위안현 서북 지역) 땅에 이르러 방향을 잃고 어떤 농부에게 길을 물었습니다. 그가 항우임을 눈치챈 농부는 거짓으로 왼쪽 길로 가면 된다고 답했고, 항우는 큰 늪에 빠져 유방의 군대에게 바짝 쫓기게 됩니다.

겨우 늪을 빠져나온 항우가 동쪽으로 가서 동성東城(지금의 안후이성 안칭시 남부에 있던 지명)에 이르렀을 때 항우를 따른 기병의 수는 고작 스물여덟 명에 불과했습니다. 수천 명에 달하는 유방의 기병대에게 쫓기던 항우는 더 이상 추격에서 벗어날 수 없다는 사실을 깨닫고 자신을 따르던 이들에게 이렇게 말합니다.

나는 군대를 일으킨 이래 지금까지 여덟 해 동안 70여 차례 몸소 전투를 치르면서 맞서 저항한 자는 깡그리 쳐부수고 감히 공격한 자는 모조리 굴복시켰다. 지금까지 단 한 번도 패배한 적이 없었기에 마침내 천하의 패권을 쥐게 됐다. 그런데 지금은 결국 이곳에서 큰 곤경에 처하게 됐다. 이는 전적으로 하늘이 나를 망하게 하려는 것일 뿐 내가 부족한 탓이 아니다. 이제 나는 죽기를 각오하고 그대들을 위해 통쾌하게 싸우려 한다. 반드시 적들을 세 차례 물리쳐 그대들을 위해 포위망을 뚫겠다. 적장을 베고 적군의 깃발을 뽑아, 지금 상황은 단지 하늘이 나를 망하게 해서 생긴 것일 뿐 내가 부족하고 잘못한 탓이 아니라는 것을 보여주겠다.

-『사기』「항우본기」

사마천의 기록을 읽다 보면, 항우는 왜 자신이 패해서 이토록 비참한 신세가 됐는지 한 번이라도 깊게 생각해 본 사람일까 하는 의구심이 듭니다. 항우는 공언한 것처럼, 자신을 겹겹이 포위한 한나라 군대 속으로 뛰어들어 순식간에 100여 명을 쓰러뜨렸습니다. 그리고는 흡족한 표정으로 자신의 부하들을 향해 이렇게 물었습니다. "어떠한가?" 이에 항우를 따라온 부하들은 일제히 "대왕이 말씀하신 것과 정확히 일치합니다"라고 답변했습니다.

언뜻 항우의 놀라운 무용을 보여주는 이야기처럼 보이지만, 사실 실소가 나올 수밖에 없는 어처구니없는 장면입니다. 그저 싸움을 잘하고 전투를 승리로 이끄는 능력은 장수나 부하 병사에게 요구되는 덕목이지 천하를 얻고자 하는 제왕이나 리더에게 요구되는 덕목은 아닙니다. 제왕과 리더는 자신이 거느리는 아랫사람들보다 훨씬 복잡하고 높은 수준의 리더십과 지혜를 갖춰야 합니다. 전쟁이나 프로젝트를 거시적인 관점에서 지휘해야 하고, 상황에 따라 적들과도 외교나 협상을 진행할 수 있어야 하며, 자신이 거느리는 신하나 백성, 즉 구성원들의 삶을 돌보고 마음을 보살펴서 나라와 조직을 안정시켜야 합니다. 그들을 전쟁터로 내보내는 동시에 삶과 마음까지 보살피고 어루만지는 일을 해내야 하는 사람이 다름 아닌 제왕과 리더입니다.

그런데 이런 일은 결코 혼자 힘만으로는 해낼 수 없는 큰일이기 때문에 다른 누구보다도 스스로 자신의 능력과 한계에 대해 잘 알고 있어야 합니다. 자신의 장단점이 무엇인지 정확하게 꿰고 있어야 장점을 활용할 방법을 찾는 동시에 단점을 보완하고 극복할 수 있는 방법도 찾을 수 있기 때문입니다. 한때 항우의 신하였다가 유방을 도와 한나라 건국에 큰 공을 세운 한신은 일찍이 리더로서 항우의 자질에 대해 이렇게 평가했습니다.

> 항우가 성을 내고 크게 꾸짖으면 천 명이 넘는 사람들도 모조리 그 앞에 엎드립니다. 하지만 훌륭한 장수를 믿고 그에게 병권을 맡기지는 못하니, 이는 단지 필부의 용기일 뿐입니다. 항우가 다른 사람을 대하는 태도는 늘 공손하고 자애로우며 말투도 부드럽습니다. 병자를 만나면 눈물을 흘리며 음식을 나눠줍니다. 그러나 정작 자신이 부리는 사람이 공을 세워 상을 내려야 할 때는

인장이 닳아 망가질 때까지 주저하며 내주지 못하니, 이는 이른
바 아녀자의 어짊일 뿐입니다.

-『사기』「회음후열전」

항우는 자신의 장점을 오로지 싸움을 잘해 상대방을 공격해 쳐
부수는 데에서만 찾았습니다. 하지만 이것은 제왕으로서 큰 장점
은 아닙니다. 그저 싸움만 잘해 전쟁을 승리로 이끄는 능력으로는
절대로 천하를 얻고 신하와 백성을 다스릴 수 없기 때문입니다. 게
다가 항우는 자신의 단점은 전혀 모르고 있었습니다. 최후의 순간
까지 자신은 절대로 망할 리 없는 특별한 사람인데 단지 하늘이 자
신을 망하게 했다는 말만 되풀이하고 있습니다. 실패의 원인을 자
신에게서 찾지 않고 하늘 탓만 하는 사람, 자신의 단점과 잘못이
무엇인지 모르는 사람은 절대로 그것을 고치거나 보완할 수 없습
니다.
　이런 점을 생각하면, 만에 하나 항우가 오강을 건너 강동 땅에
서 다시 전열을 정비해 재기했더라도 최종적인 승패의 결과는 크
게 달라지지 않았을 것 같습니다. 유방에게 패할 수밖에 없었던 여
러 가지 원인을 전혀 깨닫지 못했기에, 다시 한번 자신의 잘못을
되풀이할 수밖에 없을 것이기 때문입니다.

자기 단점을 보완할 줄 알았던 리더, 유방

항우와 달리 유방은 자신의 장단점을 정확히 꿰뚫고 있었습니다. 오강 가에서 항우를 죽이고 천하를 완전히 평정한 다음, 유방은 낙양의 남궁에 여러 제후와 장수를 모두 모아놓고 승리를 축하하는 잔치를 크게 베풀었습니다. 그리고 그 자리에서 한 가지 질문을 던졌습니다.

> 열후와 장수들은 감히 숨기지 말고 짐에게 진실하고 솔직하게 속마음을 말해보시오. 내가 천하를 차지할 수 있었던 이유가 무엇이고, 항우가 천하를 잃은 까닭이 무엇이라 생각하시오?
>
> -『사기』「고조본기」

이 질문에 신하 고기高起와 왕릉王陵이 이렇게 답했습니다.

> 폐하는 신하들에게 성을 공격하고 땅을 점령하게 한 다음, 그에게 그 땅을 주셨습니다. 이는 이로움을 천하와 함께한 것입니다. 반대로 항우는 어진 사람을 시기하고 재주 있는 사람을 질투해 공적이 있는 사람을 해치고 의심했습니다. 싸움에서 승리를 거두고도 다른 사람의 공을 인정하지 않고, 땅을 얻고서도 다른 사람과 이로움을 나누지 않았습니다. 이것이 항우가 천하를 잃은

이유입니다.

-『사기』「고조본기」

일리가 있는 답변이었지만 유방은 고기와 왕릉의 말이 하나만 알고 둘은 모른다며, 이렇게 웃으며 대답했습니다.

공들은 하나만 알 뿐 둘은 모르는구려. 군막 안에서 계책을 세워 천 리 밖의 승리를 결정짓는 지혜는 내가 장량만 못하오. 나라를 어루만져 안정시키고 백성들을 위로하고 양식을 공급해 끊이지 않게 하는 능력은 내가 소하만 못하오. 100만 대군을 통솔해서 싸우면 반드시 이기고 공격하면 반드시 빼앗는 재주는 내가 한신만 못하오. 이들 세 사람은 모두 하나같이 천하에서 가장 뛰어난 인재로, 내가 능히 그들을 쓸 수 있었던 것이 바로 천하를 얻을 수 있었던 이유요. 항우에게는 단지 범증 한 사람이 있었을 뿐인데도 그조차 크게 쓰지 않았으니, 이것이 그가 나에게 패배한 까닭이오.

-『사기』「고조본기」

유방은 혼자 힘으로 천하를 얻기에는 자신의 지혜와 힘과 능력이 모자란다고 생각했습니다. 그래서 천 리 밖을 내다보는 장량의 지혜를 빌렸고, 100만의 군대를 지휘할 수 있는 한신의 힘과, 나라를 다스리고 백성들을 위로하면서 전쟁에서 승리하는 데 필수적인 보급까지 능숙하게 해낼 수 있는 소하의 능력에 의지했습니다. 바로 이 점이 유방의 가장 큰 장점으로, 그는 부족하고 모자란 자신의 능력을 잘 알았기에 다른 사람을 능숙하게 활용해 단점을 보완하고 극복할 줄 알았던 것입니다. 그 덕분에 유방은 장량과 한신과 소하보다 부족한 능력을 갖고도, 이들을 활용해 천하를 차지할 수 있었습니다.

유방은 자신의 장단점은 물론이고 항우의 장단점에 대해서도 항우 자신보다 더 잘 알고 있었습니다. 천하를 차지하는 데에는 항우 곁에서 그의 단점을 보완해 주는 범증이 가장 큰 걸림돌이라는 걸 알았습니다. 이에 진평의 꾀를 받아들여, 범증을 모함해 항우와의 사이를 이간질하는 정치 공작을 펼쳤습니다.

어느 날 항우의 사자가 유방의 진영에 도착했을 때였습니다. 유방은 성대하게 음식을 차린 연회석을 마련해 내놓으려고 하다가 거짓으로 놀란 척하면서 "아부亞父(아버지에 버금간다는 뜻으로 항우가 범증을 불렀던 말)의 사자인 줄 알았는데 항왕의 사자였군요"라고 말했습니다. 그러고는 성대한 음식으로 차려진 연회석을 말끔히 치우고 그보다 못한 음식을 차려 내놓았습니다. 푸대접을 받은 사자는 항우에게 돌아가 유방의 진영에서 겪은 일을 보고했습니다. 항우는 이때부터 범증을 의심하기 시작했고, 그의 권한을 하나 둘 빼앗았습니다.

항우의 의심에 크게 화가 난 범증은 결국 "천하의 대세가 이미 정해졌고 군왕께서도 스스로 알아서 잘할 수 있게 됐습니다. 바라건대 대왕께서는 이제 해골이나 다름없는 제가 평범한 백성으로 돌아갈 수 있도록 해주십시오"라는 사직의 말을 남긴 채 떠나려고 했습니다. 그러자 항우는 만류하기는커녕 마치 기다렸다는 듯이 그렇게 하라고 했습니다. 결국 범증은 고향으로 가던 도중 초나라 팽성에 미처 도착하기도 전에 등에 종기가 나 죽고 말았습니다. 분노를 삭이지 못하고 화병으로 죽음에 이른 것입니다.

이렇듯 유방은 자신의 장단점은 물론 라이벌 항우의 장단점도 잘 알고 있었습니다. 반면 항우는 유방과 달리 자신의 장단점은 물론 최대의 적인 유방의 장단점도 알지 못했습니다. 이 때문에 최후의 순간까지 애꿎은 하늘 탓만 되풀이했던 것입니다. 오늘날까지 최고의 병법가로 꼽히는 손무孫武는 『손자병법孫子兵法』에서 "적을 알고 나를 알면, 백 번 싸워도 위태로움을 겪지 않는다"라고 말했습니다. 이것이 바로 유방이 항우에게 승리할 수 있었던 핵심 비결이었던 것입니다.

앞서 이야기한 것처럼 유방은 자신의 부족함을 알았기에 그것을 보충해 줄 수 있는 인재를 잘 썼습니다. 그런데 여기서 인재를 잘 쓴다는 말은 단지 인재를 구해 곁에만 두는 것을 뜻하지 않습니다. 정말 인재를 잘 쓴다는 것은 그 사람이 자신의 능력을 제대로 발휘할 수 있도록 적절한 책임과 권한을 주는 것입니다. 처음에는 항우의 곁에도 유방만큼이나 인재가 많았지만, 자신의 독단적인 성정과 기질 때문에 그 인재들을 제대로 활용하지 못했습니다.

천하가 수중에 들어왔을 때 항우와 유방 앞에 놓인 가장 중요한 문제는 천하를 안정시킬 수 있는 전략적 요충지에 새로운 도읍지를 정하는 것이었습니다. 항우의 선택은 고향인 동쪽의 초나라 팽성이었습니다. 항우의 세객說客 중 한 사람이 동서를 아우를 수 있는 중심지인 관중 땅을 도읍으로 삼아야 패왕의 위업을 이룰 수 있다고 조언했지만, 항우는 그 말을 듣지 않고 끝내 자신의 고향으로 돌아가려고 했습니다. "성공을 거두고 부귀해진 사람이 고향으로 돌아가지 않는 것은 비단옷을 입고 밤길을 가는 것과 같다"라고 말하면서요. 금의야행錦衣夜行이라는 말이 여기서 나왔습니다.

조언을 했던 사람은 항우의 어리석음을 힐난하며 "사람들이 초나라 사람은 어리석어 그저 원숭이가 사람 탈을 쓴 격이라고 하던데, 과연 그 말이 맞구나!"라고 탄식했습니다. 이 말을 들은 항우는 그 세객을 삶아 죽였습니다.

유방 또한 천하를 평정한 다음 항우와 같은 고민을 하게 됐습니다. 처음에는 관중이 아닌 낙양에 도읍하려고 했는데, 제나라 사람 유경劉敬이 만류하고 나선 데다가, 다시 장량까지 나서서 관중에 도읍을 정하자고 간언했습니다. 유방은 오래전부터 낙양을 도읍으로 삼을 마음을 품고 있었지만, 유경과 장량의 말이 이치에 맞는다고 여겨 관중을 도읍지로 삼았습니다.

주변 사람의 말에 귀 기울일 줄 아는 재능은 항우가 도저히 따라 할 수 없는 유방이 가진 탁월한 장점이었습니다. 남의 말을 경청하지 않고 독단적으로 행동하며 자신에게 간언하는 사람을 죽이기까지 하는 항우를 위해 자신의 재주를 발휘할 사람이 있을까요? 또한 남의 말을 경청하고 자신에게 간언하는 사람의 뜻을 받아들일 줄 아는 유방에게 자신이 가진 재주를 숨길 사람이 있을까요? 아무리 뛰어난 사람도 혼자 힘만으로 이룰 수 있는 성공에는 한계가 있습니다. 자기 능력과 한계, 장단점에 대한 인식의 차이에서 이미 천하의 향방, 즉 항우의 패배와 유방의 승리라는 역사적 결과는 판가름 났다고 할 수 있습니다.

2부

창업의 전략과 수성의 전략

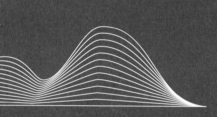

최초의 황제 진시황의 성공과 몰락

창업의 전략 ①
외부 인재 영입을 두려워 말라

진나라를 이끈 명재상, 상군과 이사

로마가 하루아침에 이뤄지지 않은 것처럼, 진나라의 천하 통일 역시 갑자기 이뤄진 것이 아닙니다. 이전까지 진나라를 다스렸던 여섯 제왕들이 닦아놓은 기반 위에서, 비로소 진시황은 천하 통일의 대업을 이룰 수 있었던 것입니다. 이들 여섯 제왕은 바로 효공孝公(재위 기간 24년), 혜문왕惠文王(재위 기간 14년), 무왕武王(재위 기간 4년), 소양왕昭襄王(재위 기간 56년), 효문왕孝文王(재위 기간 1년), 장양왕莊襄王(재위 기간 3년)입니다. 진나라는 적어도 이들의 재위 기간을 합산한 100여 년 동안 통일의 기반을 닦은 것입니다. 그렇다면 진나라는 이 기간 동안 어떻게 통일의 기반을 닦았을까요?

한 가지 흥미로운 사실은 진나라가 당시 천하를 다툰 여섯 나라와 완전히 다른 방향의 정책을 일관되게 추진했다는 것입니다. 바로 '외국인 인재'를 최고위직에 중용해 변법 개혁變法改革과 부국 강병富國强兵을 추진한 것입니다.

대업의 기반을 닦은 100년 개혁의 비밀

로마제국의 역사를 다룬 『로마사 논고』에서 니콜로 마키아벨 리Niccolò Machiavelli는 이탈리아 반도의 작은 도시국가에 불과했던 로 마가 어떻게 세계 제국으로 성장할 수 있었는지 그 이유를 다음과 같이 밝히고 있습니다.

> 로마는 주변의 도시들을 정복하고, 외국인들을 고위직에 쉽게 받아들임으로써 위대한 도시가 됐다.
>
> - 『로마사 논고』, 강정인 옮김, 한길사, 2003, 279쪽.

외국인들을 고위직에 쉽게 받아들이는 정책을 일관되게 추진 했기 때문에 정복당한 주변 도시의 수많은 인재가 너나없이 로마 로 몰려들었습니다. 이들의 지혜를 받아들인 덕분에 로마는 점점 더 부강해졌으며, 마침내 단순한 정복 국가가 아니라 주변의 모든 종족과 도시, 국가를 통합한 세계 제국으로 성장할 수 있었던 것입니다.

중국 대륙의 서쪽에 위치한 변방 국가에 불과했던 진나라가 주변 여섯 국가들을 정복하면서 중국사 최초의 통일 제국을 완성해나간 과정 역시 로마제국과 비슷합니다. 진나라가 국적과 신분을 가리지 않고 유능한 인재를 최고위직에 중용하기 시작하자, 자신이 지닌 재주를 발휘해 권력과 명예를 얻고자하는 수많은 사람이 너도나도 진나라로 찾아왔습니다.

실제로 효공 이후 진시황 때까지 진나라의 최고위직에 올라 국정을 주도한 사람은 모두 외국 출신의 인재였습니다. 그 대표적인 인물만 꼽아도 효공 시절 위衛나라 출신의 법가 사상가 겸 정치가 상앙商鞅, 혜문왕 시절 위魏나라 출신으로 진나라 중심의 연횡책連衡策을 성공시켰던 장의張儀, 소양왕 시절 위魏나라 출신 범저范雎, 장양왕 시절 한韓나라 출신 여불위呂不韋, 진시황 시대 초楚나라 출신 이사李斯 등이 있습니다.

그런데 제왕이나 리더가 외부 인재를 중용하게 되면 대개 내부 구성원들의 강력한 저항과 반발에 부딪히게 됩니다. 어느 조직이나 외부 인재가 권력을 장악하면 기득권을 잃게 되는 이들도 존재하기 마련이니까요. 이들 내부의 토착 세력은 자신들의 기득권을 잃을까 두려워 최고위직에 중용되는 외부 인재를 견제하는 데 자신의 사활을 겁니다. 역사를 살펴보면 이러한 내부의 저항 때문에 많은 나라와 제왕이 자신의 개혁 목표에 도달하지 못한 채 중도에 좌절하거나 포기하게 됩니다. 진나라 역시 이러한 현실에서 자유롭지 못했습니다. 기득권층의 저항과 반발은 진나라가 처음으로 외국인 인재를 최고위직에 중용해 변법 개혁과 부국강병을 추진했던 때부터 천하 통일의 대업을 완성한 진시황 시대까지 끊임없이 발생했습니다.

최초의 저항은 위나라 출신의 상앙을 중용한 효공의 죽음 직후 일어났습니다. 상앙은 진나라에 처음으로 변법 개혁을 도입해 시행함으로써 나라에 법치를 확립했습니다. 이 때문에 진나라에서는 죄를 지으면 아무리 높고 귀한 신분이라도 처벌을 받고, 공을 세우면 아무리 낮고 천한 신분이라도 상을 받는 제도가 자리를 잡게 됐습니다. 상앙의 법치가 시작된 지 10년 만에 진나라는 부유한 경제력과 강력한 군사력을 가진 강대국으로 탈바꿈할 수 있었습니다. 당시 진나라의 상황을 사마천은 이렇게 기록하고 있습니다.

상앙이 법령을 시행한 지 십 년, 진나라 백성은 모두 크게 기뻐했다. 길바닥에 물건이 떨어져 있어도 이를 함부로 주워가지 않았으며, 산에는 도적이 사라졌고, 집집마다 풍족하니, 사람들이 모두 만족해했다. 나라를 위해 싸우는 데에는 용감하고 사사로이 싸우는 데에는 겁을 먹으니, 시골구석까지 모두 한결같이 잘 다스려졌다.

-『사기』「상군열전商君列傳」

상앙의 법치는 이처럼 백성들에게는 환영을 받았지만, 반대로 그동안 제멋대로 권력을 휘두르고 범죄를 저질러도 아무런 처벌을 받지 않았던 특권 계층, 즉 진나라 토착 귀족 세력은 큰 피해를 입게 됐습니다. 상앙은 나라에 법이 제대로 시행되지 않는 까닭을 지배 계층의 특권에서 찾았습니다. 리더가 원칙을 지키지 않으면서 아랫사람들이 원칙을 지키기를 바랄 수는 없습니다. 따라서 상앙은 지배층인 왕족과 귀족의 법령 위반을 일반 백성의 법령 위반보다 훨씬 더 엄격하고 가혹하게 처벌했습니다. 자연스레 상앙의 법치가 확고하게 자리를 잡아갈수록 왕족과 귀족 세력의 불만은 더욱 커져갔습니다. 마침내 그들은 상앙을 적극적으로 지원했던 효공이 죽자, 기회를 놓치지 않고 즉시 반격을 가했습니다.

사실 효공이 죽고 새롭게 왕이 된 혜문왕은 태자 시절 상앙이 세운 법령을 위반한 적이 있었습니다. 그러나 아무리 법이 엄하다고 해도 차마 태자를 처벌할 수는 없었기 때문에, 상앙은 태자의 스승인 공자 건虔의 코를 베고 공손고公孫賈의 이마에는 글자를 새기는 형벌을 가했습니다. 결국 효공이 죽자마자 공자 건과 공손고를 따르는 무리를 중심으로 귀족과 왕족 세력은 상앙을 반역죄로 모함했고, 일찍이 두 스승의 일로 상앙에게 원한을 품고 있던 혜문왕 역시 즉시 체포령을 내렸습니다.

상앙은 달아났지만 얼마 지나지 않아 체포됐고, 수레에 사지를 묶어 찢어 죽이는 거열형車裂刑으로 처형됐습니다. 게다가 그들은 상앙을 잔혹하게 처형한 것만으로는 분이 풀리지 않았던지, 처참하게 죽은 상앙의 시신을 진나라 전역을 끌고 다니며 백성들에게 보여줬습니다.

혜문왕은 비록 상앙을 잔혹하게 죽였지만, 그가 세운 법은 그대로 뒀습니다. 그리고 위나라 출신 장의를 재상으로 중용해, 외부 인재를 중용해 부국강병을 도모하는 정책도 일관되게 유지했습니다. 밥이 쉬었으면 밥만 버리면 되지 밥그릇까지 깰 필요는 없다고 여긴 것입니다.

진나라는 상앙이 추진한 변법 개혁과 부국강병 정책으로 주변 여섯 나라를 압도하는 초강대국으로 급부상했습니다. 이 때문에 주변 여섯 나라 즉 한·위·조趙·초·연燕·제나라는 진나라에 맞서기 위한 정치·군사동맹을 맺는데, 이를 '합종책合縱策'이라고 합니다. 이 합종책 때문에 진나라는 거의 15년 동안이나 함곡관 밖 동쪽으로 군대를 보내지 못하고 영토 확장에도 크게 제동이 걸렸습니다. 진나라로서는 눈엣가시 같은 이 합종책을 깨뜨린 사람이 바로 혜문왕이 최고위직에 중용한 외국인 인재인 위나라 출신 장의였습니다.

장의는 상호 충돌하는 여섯 나라의 이해관계를 교묘하게 이용했습니다. 이들 여섯 나라가 개별적으로 진나라와 정치·군사동맹을 맺고, 대신 불가침을 약속하는 방식으로 합종책을 깨고 진나라를 섬기도록 만들었습니다. 이것을 연횡책이라고 합니다.

혜문왕이 죽고 무왕을 거쳐 소양왕에 이르면 외부 인재를 최고 위직에 중용한 진나라의 정책은 더욱 크게 빛을 발합니다. 당시 소양왕이 중용한 외국인 인재는 위나라 출신의 범저였습니다. 범저는 혜문왕의 죽음 이후 무왕을 거치면서 잠시 갈팡질팡하던 진나라의 인사 정책을 확고히 바로잡는 데 결정적인 역할을 했습니다.

합종책과 연횡책이 등장한 이후 진나라는 세상을 떠돌며 자신의 재능으로 제후를 설득해 권력과 명예를 얻고자 하는 유세객들에게 여러 차례 속은 적이 있었습니다. 이 때문에 진나라의 왕족과 토착 귀족 세력은 손쉽게 외국 출신의 인재를 배척하거나 내쫓으며 권력을 독차지할 수 있었습니다. 소양왕 역시 처음에는 외국인 출신을 배제한 채 오직 토착 지배 세력만 중용했습니다.

그래서 처음 범저가 찾아왔을 때, 소양왕은 단지 숙소만 내줄 뿐 대접도 형편없었고 일 년이 다 지나도록 만나주지도 않았습니다. 범저는 결국 자신의 뜻을 글로 써서 올렸는데, 평범한 제왕은 총애하는 사람에게 상을 내리고 미워하는 자에게 벌을 주는 반면, 현명한 군주는 오직 공적과 능력이 있는 사람에게만 상을 내리고 죄를 지은 자에게는 벌을 준다고 역설했습니다. 공적과 능력이 있는 인재를 진나라 출신이 아니라는 이유로 쓰지 않는 소양왕의 잘못된 인사 정책을 정면으로 비판한 것입니다. 그는 천하를 얻고자 하는 제왕이 지켜야 할 인사 정책의 원칙을 이렇게 밝혔습니다.

대부의 가문을 크게 일으킬 인재는 나라 안에서 찾고, 제후의 나라를 번영시킬 인재는 천하에서 찾는다고 들었습니다. 현명한 군주가 있으면 다른 제후들이 쉽게 인재를 구할 수 없는 까닭이 무엇이겠습니까? 현명한 군주는 천하에서 널리 사람을 구해 그러한 인재를 여러 제후들로부터 빼앗아오기 때문입니다.

－『사기』「범저·채택열전」

소양왕은 범저의 글을 읽고 자신의 잘못을 크게 깨달았습니다. 즉시 궁궐로 범저를 불러들여 흉금을 털어놓고 깊은 대화를 나눈 뒤, 범저를 객경客卿에 임명하고 군사에 관한 일을 상의해 그의 계책에 따라 군사·외교 정책도 바꾸었습니다. 몇 년 후, 소양왕은 마침내 범저를 재상으로 삼아 국정 전반을 맡겼습니다. 재상에 오른 범저는 진나라의 정치·군사·외교 전략을 근본적으로 바꾸었습니다.

사실 합종책과 연횡책이 등장한 이후, 진나라는 다른 여섯 나라와 이합집산을 거듭하며 전략적 대치 상태를 벗어나지 못하고 있었습니다. 이와 같은 상황이 지속되는 한, 진나라의 통일 대업은 이뤄지기 어려웠습니다. 범저는 원교근공遠交近攻 정책을 통해 그러한 대치 상태를 진나라에 결정적으로 유리하게 바꿔버렸습니다. 먼 나라와는 친교를 맺고 가까운 나라는 공격하는 방법으로 진나라와 여섯 나라 사이의 균형 상태를 깨뜨린 것입니다. 진나라는 국경을 접하고 있는 한·위·조나라는 군사력을 사용해 침략했고, 비교적 거리가 먼 제나라와 연나라 그리고 넓은 영토와 강한 군사력을 보유한 초나라와는 친교를 맺었습니다. 진나라를 56년간 다스린 소양왕은 이 정책을 통해 다른 여섯 나라를 차례차례 고립시킨 다음 각개 격파할 수 있었습니다.

마침내 범저를 중용한 지 10여 년 만에 소양왕은 천하의 모든 나라를 복종시킬 수 있었습니다. 사마천은 당시 진나라의 위세를 이렇게 기록하고 있습니다.

> 소양왕 53년(기원전 254년), 천하의 모든 나라들이 진나라에 사신을 보내 복종했다. 위나라 사신이 늦게 오자, 진나라는 위나라를 정벌해 오성을 빼앗았다. 한나라 왕이 진나라에 입조入朝했고, 위나라 역시 국정을 위임하고 진나라의 명령에 따랐다.
>
> ─『사기』「진본기」

대업을 완성한 여불위와 이사

진나라의 통일 대업은 실질적으로 소양왕 때 그 기반이 다 닦였다고 해도 과언이 아닙니다. 소양왕 이후 즉위한 효문왕은 고작 1년, 그 뒤를 이은 장양왕도 불과 3년을 재위했기 때문입니다. 진시황은 소양왕과 범저가 이룩해 놓은 기반 위에서 왕위에 올랐습니다. 열세 살 어린 나이에 왕이 된 진시황은 직접 정사를 할 수 없었기 때문에 나라의 모든 권력과 국정 운영은 한나라 출신 재상 여불위의 수중에 있었습니다.

그런데 진시황은 관례를 치르고 친정을 시작하자마자 노애^{嫪毐}의 반역 음모를 빌미 삼아 여불위를 조정에서 내쫓았습니다. 여불위를 쫓아내고 조정을 장악한 후, 진시황이 처음으로 단행한 조치는 빈객^{賓客}, 즉 외국 출신 인재를 대대적으로 색출해 진나라 밖으로 내쫓는 '축객령^{逐客令}'이었습니다.

당시 진시황은 자신의 권력 장악에 가장 위협적인 정치 세력이 여불위를 중심으로 조정 안팎에 깊게 뿌리 내린 외국인 관료들이라고 여겼습니다. 그런데 때마침 한나라 출신 빈객 정국^{鄭國}이 간첩 행위를 하다 발각되는 사건이 일어났습니다. 진나라 토착 귀족 세력은 이 기회를 이용해 자신들의 기득권을 빼앗은 외국 출신 인재를 내쫓기 위해 대대적인 공격을 가했습니다.

> 제후의 나라 출신으로 우리 진나라를 섬기는 자들은 제 나라의 군주를 위해 유세하며, 진나라 군주와 신하 사이를 이간질해 틈을 벌여놓으려고 할 따름입니다. 바라건대 이들을 모조리 진나라에서 내쫓으십시오.
>
> -『사기』「이사열전^{李斯列傳}」

당시 여불위의 천거로 궁궐의 모든 일을 총괄하는 관료들의 우두머리 격인 장사長史 직에 오른 초나라 출신 이사 역시 나라 밖으로 쫓겨날 위기에 놓였습니다. 이사는 즉시 진시황에게 간언하는 글을 올렸습니다. 빈객들을 모두 쫓아낸다면 진나라가 위기를 맞을 것이라는 내용의 이 글이 바로 『사기』에 등장하는 수많은 문장 중 최고의 명문장으로 언급되는 「간축객서諫逐客書」입니다.

지금 관리들이 빈객을 모조리 내쫓을 궁리를 하고 있다는데, 이는 조금만 생각해 보면 크게 잘못된 일이라는 사실을 알 수 있습니다. 옛날 목공穆公께서는 천하에서 널리 인재를 구해 서쪽 융에서는 유여由余를, 동쪽 완에서는 백리해百里奚를 얻었습니다. 송에서는 건숙蹇叔을, 진晉나라에서는 비표와 공손지를 오게 해 중용했습니다. 이들은 모두 진나라에서 태어나지 않았습니다. 하지만 목공께서는 이들을 써서 스무 나라를 병합해 마침내 서융의 우두머리가 됐습니다. 또한 효공께서는 상앙의 변법을 통해 풍속을 바꾸니 백성이 번영하고 나라가 부강해졌습니다. … 소양왕께서는 범저를 중용해 … 왕실을 강화하고 대신들의 힘이 지나치게 커지는 것을 막았으며, 제후의 땅을 빼앗아 진나라가 제업帝業을 이루도록 했습니다. … 이러한 사실을 헤아려 보면 빈객이 어찌 진나라에 해롭다고만 하겠습니까?

― 『사기』「이사열전」

이사가 올린 글을 읽은 진시황은 잘못을 깨닫고 즉시 빈객들을 내쫓으라는 명령을 거뒀습니다. 그리고 이사의 벼슬을 올려준 뒤 더 이상 외국인 출신 인재들을 중용하는 정책에 반대하지 못하게 했습니다.

진시황의 강력한 후견 아래 이사를 중심으로 한 외국 출신의 빈객과 객경은 조정 안팎으로 확고하게 세력을 형성했고, 진시황은 이때부터 20여 년 가까이 이사의 보좌를 받아 마침내 천하를 통일할 수 있었습니다. 만약 진시황이 이사의 간언을 무시하고 외국 출신 인재들을 나라에서 내쫓았다면 통일 대업을 완성할 수 있었을까요? 그러지 못했을 것입니다. 이는 이사의 공적에 대한 사마천의 평가만 봐도 알 수 있습니다.

> 대업의 계획을 분명히 세우고 시대의 변화에 따라 진나라를 이끌어 천하 통일을 이룬 것은 모두 이사의 힘이었다.
>
> -『사기』「태사공자서」

사마천이 말한 '이사의 힘'이 바로 이사를 중심으로 한 외국 출신의 빈객과 객경 세력의 힘을 뜻합니다. 역사를 만드는 것은 바로 인간입니다. 어느 시대에 어떤 사람이 나타나 어떤 역할을 하느냐에 따라 역사의 향방은 크게 달라집니다. 적재적소에 최고의 인재를 쓰는 것이 일의 성공과 실패를 좌우하는 중요한 척도가 될 수밖에 없는 이유입니다.

새로운 흐름을 주도할 수 있는 인재가 있다면, 외부에서 적극적으로 영입해 쓰지 않을 까닭이 없습니다. 진나라는 인재를 발굴하고 중용하는 데서 천하를 두고 경쟁하던 다른 여섯 나라를 압도했습니다. 여섯 나라의 제왕들이 어떻게 제 기득권을 지킬지 고민하던 바로 그 순간, 진나라의 제왕과 리더 들은 천하의 인재들을 불러 모아 어떻게 하면 천하를 차지하고 다스릴 수 있을지 고민하고 의논했기 때문입니다.

국가든 회사든 여타 조직이든, 세상을 무대로 삼아 큰 뜻을 이루고자 한다면 다음 세 가지를 유념해야 합니다.

첫째, 오직 그 사람의 재주를 볼 뿐 국적이나 출신 배경을 따질 필요는 없습니다. 둘째, 인재를 쓸 때 그 지위와 역할을 부당하게 제한해서는 안 됩니다. 일을 맡겼다면 그 재주와 능력을 마음껏 발휘할 수 있도록 해야 합니다. 셋째, 외부의 인재를 중용할 때는 정책의 일관성을 유지하는 것이 중요합니다. 외부의 인재를 중용하는 정책은 반드시 기득권을 가진 내부 세력의 저항에 직면하게 됩니다. 이를 이겨내고 정책의 일관성을 유지한 것이 진나라가 외국인 인재를 최고위직에 중용해 크게 성공한 핵심비결입니다.

창업의 전략 ②
성공으로 이끄는 리더의 세 가지 능력

진시황의 카리스마 리더십

진시황은 일반적으로 잔인한 폭군이라는 이미지를 갖고 있습니다. 그런데 여기에서 한 가지 의문이 생깁니다. 역사를 살펴보면 잔인한 폭군은 모두 몰락의 길을 걸었습니다. 그런데 진시황은 오히려 중국사 최초로 통일 제국의 창업이라는 커다란 위업을 이뤘습니다. 어떻게 된 일일까요? 잔인한 폭군의 이미지만으로는 결코 진시황이 이룩한 큰 성공의 비밀을 풀 수 없습니다. 그러한 이미지에 가려진 진시황의 또 다른 면모를 발견할 때만 이 수수께끼는 풀립니다.

결론부터 말씀드리면, 우리는 '천하 통일 이전의 성공한 리더 진시황'과 '천하 통일 이후의 실패한 리더 진시황'의 두 가지 면모를 엿볼 수 있습니다. 천하 통일 이전의 진시황은 어떤 사람이었을까요? 비록 어질고 인자한 제왕은 아니었지만 매우 카리스마 있고 현명한 사람이었습니다. 「진시황본기秦始皇本紀」와 「여불위열전呂不韋列傳」, 「이사열전」을 꼼꼼히 읽어보면, 세 가지 측면에서 진시황의 현명함을 발견할 수 있습니다. 그것이야말로 천하 통일의 대위업과 대성공을 이룰 수 있었던 비결이었습니다.

성공한 리더의 첫 번째 조건,
냉철한 현실 인식과 빠른 결단력

우리가 첫 번째로 발견할 수 있는 진시황의 능력은 냉철한 현실 인식과 빠른 결단력입니다. 사실 진시황에게는 출생을 둘러싼, 오늘날까지 풀리지 않은 수수께끼가 하나 있습니다. 「진시황본기」에는 그가 장양왕의 아들로 기록돼 있지만, 「여불위열전」에는 여불위의 아들로 기록돼 있는 것입니다. 출생의 진위 여부를 떠나 여불위는 어린 진시황에게 절대적인 영향력을 행사한 인물이었습니다. 그가 이렇게 권력을 마음대로 주무를 수 있었던 배경은 다음과 같습니다.

첫째, 여불위는 진시황의 아버지 장양왕을 진나라의 왕으로 만든 일등공신입니다. 조나라 수도 한단邯鄲(지금의 허베이성 남서부에 있는 도시)에 볼모로 간 장양왕은 사실 왕위에 오를 가능성이 제로에 가까웠습니다. 아무 가망 없이 타국 땅에서 실의에 빠져 지낼 수밖에 없었습니다. 그런데 여불위는 자신의 재산을 모두 투자하고 온갖 노력을 기울여, 장양왕을 진나라의 태자로 만들고 결국 왕위에 오르도록 도와줬습니다.

여불위 덕분에 왕위에 오른 장양왕은 그를 승상으로 삼고 모든 국정을 맡겼습니다. 둘의 관계는 단순한 임금과 신하의 관계가 아니라 서로 떼려야 뗄 수 없는 정치적 동반자 관계였습니다.

둘째, 여불위는 열세 살의 어린 나이에 왕위에 오른 진시황의 정치적 후견인이었습니다. 장양왕은 왕위에 오른 지 불과 3년 만에 죽음을 맞습니다. 이 때문에 진시황은 어린 나이에 왕위에 올라야 했고, 장양왕은 어린아이에 불과한 아들의 앞날을 여불위에게 부탁했습니다. 사마천은 이런 기록을 남겼습니다.

장양왕이 진나라의 임금이 된 지 3년 만에 죽고 태자 정政이 왕위에 올랐다. 어린 진왕 영정은 여불위를 상국相國으로 삼았으며, 호칭하기를 중부仲父라고 했다.

–『사기』「여불위열전」

아버지에 버금가는 사람이라고 부를 만큼, 진시황은 여불위를 절대적으로 믿고 의지했습니다. 자연스레 장양왕의 정치적 동반자였던 여불위의 권력은 진시황 때에 와서도 흔들리지 않고 오히려 한층 더 공고해졌습니다.

셋째, 여불위는 진시황의 어머니인 조태후趙太后의 남자이기도 했습니다. 조태후는 일찍이 여불위가 조나라 수도 한단의 거상巨商이던 시절 거느린 여러 첩 가운데 한 사람이었습니다. 「여불위열전」에 따르면 당시 조태후는 여불위의 아이를 임신하고 있었다고 합니다. 그런데 조나라에 볼모로 와 있던 장양왕이 여불위의 집에서 술을 마시다가 조태후를 보고 한눈에 반하자, 여불위는 장양왕에게 조태후를 바쳤습니다. 조태후는 여불위의 아이를 임신한 사실을 숨기고 장양왕에게 가서 아들을 낳았고 그가 바로 진시황이었습니다. 이후 장양왕이 죽자 조태후는 옛 남편 여불위와 다시 사사로운 관계를 맺었습니다.

여불위는 장양왕의 정치적 동반자이자, 어린 진시황의 정치적 후견인이었고, 조태후의 연인이었습니다. 어린 진시황을 대신해 국정을 좌우한 최고 권력자로 군림할 수 있었던 이유입니다. 이러한 상황은 진시황이 왕위에 오른 열세 살 때부터 관례를 치르고 검을 차고 친정親政을 시작한 스물두 살 때까지 무려 10여 년이 넘게 이어졌습니다.

진시황은 이러한 상황을 어떻게 생각했을까요? 만약 진시황이 여불위의 울타리 속에서 편안하게 왕의 자리나 보존하는 길을 선택했다면 모르겠지만, 직접 나라를 통치하려고 할 경우 가장 위협이 되는 정적政敵은 역설적이게도 자신의 후견인인 여불위였습니다. 하지만 여불위는 오랫동안 국정을 장악한 만큼 쉽게 제거할 수 있는 사람이 아니었습니다. 결국 진시황은 10년 넘게 힘을 키우면서 적당한 때를 노리게 됩니다. 그리고 마침내 친정을 시작하자 칼을 뽑아들었습니다.

진시황은 무모하게 서두르거나 어리석게 행동하지 않고, 여불위를 정면으로 겨냥하는 대신 그의 주변 인물들을 제거하는 우회적인 방법을 사용했습니다. 먼저 환관 노애의 반란 사건을 빌미로 조정 안팎을 장악한 여불위의 막강한 권력이 전혀 힘을 쓸 수 없도록 만들어버렸습니다.

「진시황본기」에는 진시황이 친정을 시작한 해, 어떤 사람이 반역 음모를 고발했다고 기록하고 있습니다. 고발의 내용은 진시황의 어머니 조태후를 모시고 있는 환관 노애가 사실은 거세를 하지 않은 가짜 환관이고, 조태후와 노애는 사사로이 정을 통하는 연인 사이라는 엄청난 내용을 담고 있었습니다. 이보다 더 경천동지驚天動地할 일은 조태후와 노애 사이에는 비밀리에 낳아 숨겨놓은 아들이 둘이나 있고, 만약 진시황이 죽으면 이들을 왕위에 올리려는 반역 음모가 있었다는 사실이었습니다. 진시황은 고발이 있은 직후 숨 돌릴 틈도 없이 사건의 진상을 조사하게 하고 노애와 그 일당을 모두 잡아들여 죽였습니다. 그리고 노애의 배후에 여불위가 있다며 그를 국법에 따라 죽이려고 했습니다. 이게 무슨 말일까요?

사마천의 기록에 따르면 조태후는 매우 음탕했습니다. 장양왕이 죽은 후 자신의 욕정을 채우기 위해 어린 진시황의 눈을 속이며 다시 여불위와 정을 통했습니다. 그런데 여불위는 진시황이 두 사람의 관계를 눈치 챌 수 있을 만큼 장성하자 두려운 마음이 일어났습니다. 이 비밀스러운 관계가 발각나면 권력은 말할 것도 없고 자칫 자신의 생명까지 위태로울 수 있기 때문입니다. 여불위는 자신을 대신해 조태후의 욕정을 달래줄 사람을 물색했습니다. 이때 그의 눈에 띈 사람이 큰 음경으로 소문난 노애였습니다. 여불위는 자주 음탕한 음악을 연주하면서 노애의 큰 음경에 오동나무 수레바퀴를 달아서 걷도록 했습니다. 그 소문을 들으면 음탕한 조태후가 반드시 그를 찾을 것이라 확신했기 때문입니다. 실제로 소문을 들은 조태후는 노애를 환관으로 삼아 자신의 곁에 뒀습니다. 결국 환관 노애의 반란 사건의 발단은 여불위에게서 비롯된 것입니다.

이 사건을 빌미로 여불위의 권력을 무력화시킨 진시황은 곧 그를 죽일 뜻까지 밝혔습니다. 하지만 조정 안팎에서 여불위를 비호하는 사람이 많자, 한 발 물러나 관직을 빼앗고 내쫓았습니다. 그리고 그를 조정에서 내쫓은 3년 뒤, 마침내 그를 압박해 자결하게 하고 조정 안팎의 여불위 세력을 완전히 없애버렸습니다. 서두르지 않고 천천히 때를 기다리되, 적절한 때가 찾아오면 단호하게 일을 처리했던 것입니다. 만약 진시황이 아무런 준비도 없이 단순히 노애의 반역 음모에 대한 고발이 있었다고 바로 칼을 뽑아들었다면 어떤 상황이 벌어졌을까요? 노애와 여불위의 반격에 자칫 왕위에서 쫓겨나 목숨을 잃었을지도 모를 일입니다. 『사기』는 당시 노애가 가진 권력에 대해서도 이렇게 증언하고 있습니다.

> 노애를 봉해 장신후로 삼고 산양 땅을 주며 살도록 했다. 궁실은 물론 거마車馬, 의복, 동산, 사냥하는 일을 모두 제 마음대로 했다. 또 태원군을 더해 노애의 봉국으로 삼았다.
>
> ─『사기』「진시황본기」

> 노애는 항상 태후를 따라다녀 많은 상을 받았다. 크고 작은 모든 일은 노애가 결정하니 그의 사인만 수천 명에, 벼슬을 얻기 위해 노애의 사인을 자처한 이도 천 여 명이었다.
>
> ─『사기』「여불위열전」

냉철한 현실 인식이 있었기에, 진시황은 노애의 반란 사건을 절호의 기회로 만들 수 있었습니다. 진시황은 이미 오래전부터 노애와 여불위에 맞설 힘을 조정 안팎에서 기르고 있었고, 마침내 기회가 오자 차근차근 그들을 제거했습니다. 이 사건의 발단과 전개, 처리의 전 과정을 지켜보면, 진시황이 얼마나 주도면밀하고 상황을 냉철하게 판단해, 기회가 오면 놓치지 않고 담대하게 행동하는 사람인지를 알 수 있습니다.

여불위를 제거해 권력을 완전 장악한 진시황은 본격적으로 통일 전쟁을 계획하고 차근차근 실행에 옮겼습니다. 이때 진시황의 정치·군사 전략을 보면, 그가 얼마나 주도면밀한지 다시 한번 확인할 수 있습니다. 그는 여섯 나라를 정복할 때, 늘 먼저 온갖 정치 공작과 여론 작업으로 그 나라를 무력화시킨 다음 군대를 출동시켰습니다. 단지 군사력만 사용한 정복은 아군의 피해도 많고 정치적으로도 완벽하게 점령하기 힘듭니다. 반면 상대를 정치적으로 완전히 굴복시킬 수 있다면, 굳이 군사력을 쓰지 않아도 그 나라를 쉽게 차지할 수 있습니다.

진나라 왕은 이사를 장사로 삼아 그의 계책을 들었다. 은밀하게 모사들에게 황금과 구슬과 옥을 주어 제후들에게 유세하게 하고, 제후국의 명망 높은 인사 가운데 뇌물로 움직일 수 있는 자는 많은 선물을 보내 매수했다. 만약 진나라의 뜻을 따르지 않는 자가 있으면 예리한 칼로 찔러 죽였다. 먼저 계략을 써서 그 나라의 군주와 신하 사이를 이간시킨 뒤, 훌륭한 장수가 이끄는 군대를 보내 정벌하게 했다.

－『사기』「이사열전」

이렇듯 진시황은 자신의 목적을 이루기 위해 주도면밀하게 준비하고, 때가 무르익어 그 계획을 실행할 때는 세간의 시선을 의식하지 않고 한 치의 망설임도 없이 과감하게 행동했습니다.

성공한 리더의 두 번째 조건,
좋은 조언과 나쁜 조언을 구분하는 분별력

진시황을 성공으로 이끈 두 번째 능력은 바로 그의 경청하는 힘입니다. 다른 사람의 말을 귀 기울여 듣는 능력과 그 옳고 그름을 따져서 합리적으로 판단하고 결정한 대표적인 사례는 앞서 살펴봤던 축객령 사건입니다. 만약 진시황이 독선적인 폭군에 불과했다면 자신의 조치에 반발하고 나선 이사를 추방하는 데 그치지 않고 목숨까지 빼앗았을 것입니다. 하지만 진시황의 대처는 그와 정반대였습니다.

> 왕은 곧바로 진나라에서 빈객을 내쫓으라는 자신의 명을 거뒀다. 이사의 관직을 회복시키고 나아가 그의 계략과 모략을 썼다. 이사의 벼슬은 정위廷尉에 이르렀다.
>
> ―『사기』「이사열전」

진시황은 비록 잠시 자신의 권위가 실추되는 한이 있더라도 신하의 간언이 옳으면 곧바로 잘못을 고칠 줄 알았습니다. 또한 올바

른 조언과 잘못된 조언을 분별해 판단하는 능력이 있었습니다. 토
착 귀족 세력의 말 대신 자신을 비판한 이사의 의견을 받아들여 그
를 전보다 더 중용했습니다. 자신의 잘못을 간언하는 신하를 중용
하는 제왕에게는 자연스레 천하의 마음이 모여들게 마련입니다.
이것은 진시황이 천하 통일의 대업을 이룰 수 있었던 가장 중요한
자질 중의 하나였습니다.

성공한 리더의 세 번째 조건,
자기감정을 통제하는 능력

진시황이 가진 세 번째 능력은 바로 자기 통제력, 즉 목적을 달성
하기 위해 자신의 감정을 컨트롤하는 능력입니다. 이사의 간언에
따라 외국 출신의 빈객을 더욱 우대하자 진시황을 찾아오는 인재
들은 더욱 많아졌습니다. 위나라 출신의 위료尉繚 역시 그중 하나였
습니다. 그의 재능을 높이 산 진시황은 그를 자주 만나 계책을 들
었습니다. 그런데 진시황은 위료를 만날 때마다 옷과 음식 등을 자
신과 대등하게 대우했습니다. 이러한 모습을 지켜보던 어느 날, 위
료는 이렇게 말하면서 도망쳤습니다.

　진나라 왕은 벌처럼 높은 콧대와 가늘고 긴 눈, 사나운 새 같은

가슴, 승냥이 같은 목소리를 지녔다. 신하와 백성들에게 은혜를 베푸는 것은 적고 속으로는 호랑이나 늑대 같은 마음을 품고 있다. 곤란하고 궁색한 상황에 처하면 다른 사람에게 쉽게 엎드리다가도, 뜻을 얻으면 어렵지 않게 남을 잡아먹을 사람이다. 나는 보잘것없고 벼슬하지 않는 평범한 사람에 불과한데도 그는 나를 볼 때마다 항상 자신의 몸을 낮춘다. 참으로 진나라 왕이 자기 뜻을 이룬다면 천하는 모두 그의 노예가 되고 말 것이다.

－『사기』「진시황본기」

위료의 말은 자신을 후대한 진시황을 욕보이는 말이었습니다. 만약 진시황이 잔인한 폭군, 아니 평범한 군주였더라도 당연히 자신을 욕보인 그를 붙잡아 죽였을 것입니다. 그러나 진시황은 오히려 그를 한사코 붙잡아 군대에 관한 일을 총괄하는 국위國尉로 삼아 크게 중용했습니다. 그런데 위료는 왜 자신을 후대한 진시황을 가리켜 천하가 두려워해야 할 사람이라고 했던 걸까요?

세상에서 가장 두려워할 만한 사람을 한 명 꼽자면, 바로 고귀한 지위에 있으면서도 미천한 신분의 사람에게 머리를 숙이고 몸을 낮추는 사람입니다. 이러한 사람은 자신의 목적을 이루기 위해서라면 어떤 상황도 감수하고 어떤 사람도 받아들일 수 있기 때문입니다.

진시황은 그 사람에게 뛰어난 능력만 있으면 자신을 비난하는 말도 기꺼이 포용했습니다. 심지어 자신보다 못난 사람이 주는 치욕도 아무렇지 않게 받아들였습니다. 자기 통제력을 갖춘 사람은 어떤 상황에서도 흔들리지 않고 평정심을 유지할 수 있습니다. 천하 통일의 대업을 이루는 과정에서 진시황은 무수한 위기 상황을 만났지만, 이러한 놀라운 자기 통제력을 통해 끝내 목표를 이룰 수 있었습니다. 위료는 평민 신분에 불과한 자신에게도 몸을 낮추며 비난까지 포용하는 모습을 지켜보면서, 진시황이야말로 놀라운 자기 통제력을 갖춘 사람이라는 사실을 일찍이 깨달은 것입니다.

『군주론』으로 유명한 정치 사상가 니콜로 마키아벨리는 군주는 반드시 '사자의 용맹함과 여우의 교활함'을 동시에 지녀야 한다고 말했습니다. 통일 대업을 완성해 나가는 진시황의 모습은 이러한 제왕의 자질을 보여주기에 부족함이 없습니다. 그러나 천하를 통일한 이후, 진시황은 점차 자기 통제력을 잃어버립니다. 이를 상실하자 통일 과정에서 진시황이 보여준 모든 장점이 무너져 버렸습니다. 역사에 길이 남을 성공을 거둔 카리스마 있는 리더였던 진시황은 왜, 그리고 어떻게 자기 통제력을 잃어버렸을까요? 이제 다음 장에서는 통일 이후 진시황과 진나라의 몰락 과정을 통해, 실패하는 리더의 세 가지 무능함을 살펴보겠습니다.

수성의 전략 ①

실패하는 리더의
세 가지 무능을 경계하라

진시황의 몰락 원인

제아무리 현명한 자질을 지닌 사람이라고 해도 성공에 도취되어 방심하면, 쉽게 이 세상에서 가장 어리석은 사람으로 전락하고 맙니다. 성공을 거둔 후에도 자기 통제력을 잃어버리지 않기란 매우 어려운 일이지만, 그 영광을 오래 지키고 싶다면 성공하기 전보다 더 경계하고 신중해야만 합니다.

천하 통일의 큰 뜻을 이룬 진시황도 예외는 아니었습니다. 통일 이후부터 진시황은 오직 한 가지 욕망에 사로잡혔습니다. 그것은 역사상 누구도 이루지 못한 위대한 업적과 절대 권력을 '영원히' 누리고 싶다는 욕망이었습니다. 진시황은 인간으로서는 결코 이룰 수 없는 '영생불사'의 욕망에 사로잡혔고, 결국 이 욕망은 먼저 진시황을 무너뜨리고, 그다음 진제국을 몰락시켰습니다.

「진시황본기」에 따르면 천하를 통일한 지 2년째 되는 해부터 진시황의 불로장생과 절대 권력에 대한 병적인 집착과 이상 행동이 나타나기 시작합니다. 이후 죽음에 이르기까지 무려 10여 년 동안, 그의 행적은 통일 이전의 모습과는 완전히 딴판이 됩니다. 이때 진시황의 언행을 보면 전혀 상식적이지 않아서, 실제로 통일 이후 진시황이 보인 광적인 행동을 연구한 많은 사람들이 수은 중독까지 의심하고 있습니다. 불로장생에 집착한 진시황이 평소 불로장생의 묘약으로 여겨진 수은을 크게 애용했기 때문입니다. 심지어 그는 사후 자신이 안장될 여산의 황릉까지 온통 수은으로 장식했습니다.

> 수은으로 천하의 모든 하천과 큰 강은 물론 큰 바다까지 만들어 넣고는, 기계에 수은을 집어넣어 흐르게끔 만들었다.
>
> -『사기』「진시황본기」

진시황은 살아 있을 때 자신이 누린 부귀와 권력을 사후에도 그대로 누리려고 했습니다. 실제로 진시황릉의 모습은 그가 살았던 궁궐의 모습과 흡사합니다. 이를 통해 생전 자신이 거처하는 궁궐 역시 온통 수은으로 장식했을 것을 짐작할 수 있습니다. 영생불사의 망상이 빚은 촌극이었습니다. 현대 의학은 수은 중독이 육체적인 측면만큼이나 정신적인 측면에서 훨씬 더 심각한 위험성을 내포하고 있다고 말합니다. 수은 중독의 대표적인 증상 중 하나가 지적 능력 저하, 과도한 신경질, 정서 불안, 인격 장애로 인한 정신적 변화입니다. 자신의 감정을 컨트롤할 수 있는 능력을 상실하게 된다는 것이지요. 통일 이전 진시황이 가진 가장 훌륭한 능력이 자기 통제력이었음을 생각하면 그 여파가 얼마나 큰지 알 수 있습니다. 결국 자기 통제력을 상실한 진시황의 어리석은 행동들은 진제국을 몰락의 구렁텅이로 내몰게 됩니다.

실패하는 리더의 첫 번째 무능,
올바른 조언을 듣지 않고 스스로 고립시킨다

진시황의 첫 번째 어리석음은 불로장생의 묘약, 신선의 비결 따위에 현혹되어 도사道士와 방사方士를 가장한 사기꾼들에게 휘둘렸다는 점입니다. 통일 이전, 진나라의 정치는 이사, 왕전, 백기白起, 몽염蒙恬 같은 명장과 현명한 신하들이 주도했습니다. 그런데 통일 이후 진나라 정치의 중심에는 서불徐市, 노생盧生, 후생侯生 같은 도사나 방사가 있었습니다. 진시황은 불로장생의 묘약을 구하기 위해서라면 어떤 일도 마다하지 않았고, 이를 이용한 사기꾼들은 진나라의 정치를 엉망진창으로 만들어버렸습니다.

그 대표적인 것이 폐쇄 정치입니다. 사망하기 2년 전, 진시황은 진나라를 몰락의 구렁텅이로 밀어넣게 될 조치를 취했습니다. 시간이 지나도 불로장생의 묘약과 신선의 비법을 찾지 못해 초조해진 진시황이 도사와 방사를 다그치자 노생 등은 그 까닭을 이렇게 둘러댔습니다.

> 신들이 신령스러운 버섯과 기이한 약과 신선을 찾았으나 지금까지 만나지 못한 까닭은 계속 방해하는 뭔가가 있었기 때문입니다. 신들이 방법을 생각해 보니, 황제께서 신분을 숨기고 은밀하게 다니시면서 악귀를 물리치신다면 자연스레 신선이 찾아올 것입니다. 황제께서 머무시는 곳을 신하들이 알면 신선께서 찾아오는 데 방해만 됩니다. … 바라건대 황제께서 머무시는 궁궐을 다른 사람들이 전혀 모르게끔 하셔야 영생불사의 약을 얻을 수 있습니다.
>
> -『사기』「진시황본기」

이 말을 들은 진시황은 즉시 명을 내려 앞으로 황제의 거처를 말하는 자는 사형에 처하도록 했습니다. 어느 날, 진시황이 양산궁에 행차했는데 승상의 행차 수레가 많은 것을 보고 불쾌하게 여겼습니다. 승상은 궁 안의 어떤 사람으로부터 이 사실을 듣고 즉시 수레 규모를 줄였습니다.

그런데 진시황은 오히려 궁 안 사람 중 누군가 자신의 말과 행선지를 누설했다면서 크게 분노했습니다. 궁궐 사람들을 모두 심문한 뒤에도 아무도 죄를 인정하지 않자 진시황은 당시 자신의 곁에 있던 사람들을 모두 체포해 죽였습니다. 이후에는 진시황의 거처를 감히 발설하는 사람이 없게 됐습니다.

진시황은 함양 궁궐의 가장 은밀하고 비밀스러운 곳에서 총애하는 신하와 환관 몇 명을 제외하고는 누구와도 접촉하지 않은 채 나라를 다스렸습니다. 현명한 신하들에게 조언을 구하지 않고 스스로를 고립시키는 것은 실패로 가는 가장 빠른 지름길입니다. 혼자 힘으로는 그 누구도 성공을 이룰 수도, 그것을 유지할 수도 없습니다.

진시황이 순행 도중 사구^{沙丘}(지금의 허베이성 평상현 부근)에서 객사했을 때, 이 사실을 알고 있는 사람은 극소수에 불과했습니다. 사마천은 진시황의 죽음을 알고 있던 사람이 "승상 이사, 진시황의 막내아들 호해^{胡亥}, 조고^{趙高}를 비롯해 진시황의 총애를 받던 환관 대여섯 명"뿐이었다고 전합니다. 진시황은 죽기 전 큰아들 부소^{扶蘇}를 후계자로 삼는다는 유언장을 작성했지만, 밀봉한 편지가 사자에게 건네지기 전에 세상을 떠나는 바람에 자기 뜻을 이루지 못하게 됩니다. 조고와 이사 그리고 호해 등이 진시황의 죽음을 철저히 감춘 채 비밀리에 유언장을 조작해 황제 자리를 찬탈했기 때문입니다.

불로장생의 약을 구하기 위해 신선을 만나겠다는 진시황의 어처구니없는 망상이 낳은 폐쇄 정치는 진시황의 거처와 행적 그리고 죽음까지도 세상 사람들이 전혀 알 수 없게 막아버렸습니다. 그 덕분에 조고와 이사 그리고 호해 세 사람은 쉽게 유언장을 조작해 황위를 찬탈할 수 있었습니다. 사구에서 함양으로 돌아가는 그 오랜 기간 동안, 이들은 진시황이 살아 있는 것처럼 행동하며 모든 사람의 눈과 귀를 감쪽같이 속였습니다. 진시황의 시신을 담은 관을 그의 전용 마차인 온량거 안에 안치하고 도착하는 곳마다 살아 있는 것처럼 음식을 올리고 예전과 같이 모든 신하가 나랏일을 아뢰도록 했고, 환관은 온량거에 있다가 신하들이 보고한 나랏일을 결재했습니다. 여름철 무더운 날씨 때문에 진시황의 시신에서 심한 악취가 나자 엄청난 양의 소금에 절인 고기를 실어 냄새를 숨겼습니다. 그리고 무사히 함양에 도착하자, 진시황의 죽음을 알리고 호해를 2세 황제에 즉위시켰습니다. 평소에도 황제의 거처와 행적을 전혀 알 수 없었기 때문에, 신하들은 그토록 오랜 시간 진시황의 모습을 보지 못했어도 조금도 의심하지 않았습니다.

실패하는 리더의 두 번째 무능,
공포로만 사람들을 다스린다

진시황의 두 번째 어리석음은 공포로만 사람들을 다스린 것입니다. 불로장생을 꿈꾼 진시황이 가장 두려워했던 것은 암살이었습니다. 당시 전국 각지에는 진시황에 의해 나라가 멸망하고 집안이 몰락하고 가족과 친구를 잃은 수많은 사람들이 산재해 있었는데, 그는 이들에 의한 암살 시도가 있을 때마다 천하를 공포로 몰아넣었습니다.

천하를 통일한 지 3년째 되는 해, 동쪽으로 순행하던 진시황은 양무현陽武縣의 박랑사博浪沙(지금의 허난성 위안양현의 동남쪽에 위치한 지역)에서 강도의 습격을 받았습니다. 이때 강도를 붙잡지 못하자 진시황은 전국에 명령을 내려 열흘간 대대적인 수색을 했습니다. 또한 2년 뒤에는 수도 함양에서 신분을 숨기고 잠행하다 강도를 만나자, 20일 동안 관중 일대를 샅샅이 뒤지기도 했습니다.

암살을 아예 꿈도 꾸지 못하게 할 목적으로 진시황은 암살범은 물론 인근 지역의 백성들까지 잔혹하게 처벌했습니다. 진시황은 가혹한 법령과 잔인한 처벌로 암살 시도를 막으려고 했지만, 이러한 조치는 오히려 민심을 멀어지게 하는 역효과를 낳았습니다. 사망하기 1년 전에는 백성들이 "진시황이 죽으면 진나라 땅은 나눠질 것이다"라는 말을 돌에 새기는 일이 발생하자, 어사를 파견해 그 돌을 발견한 일대 사람들을 모두 체포해 죽이는 만행을 저질렀습니다. 오랜 전쟁의 위험에서 벗어나 평화로운 시대를 염원했던 백성들은 진시황의 공포정치로 통일 이전보다 더 위태로운 삶을 살아야 했습니다.

구성원의 마음을 얻는 제왕과 리더는 안전하지만, 오직 형벌과 공포에만 의존하는 제왕과 리더는 결코 안전할 수 없습니다. 공포에 의존하면 할수록 진시황과 진제국은 더욱 위태로운 처지에 놓이게 됐습니다. 진시황 사후, 백성들의 분노가 대대적인 무장 봉기와 반란으로 폭발한 근본적인 원인 역시 그의 공포정치에 있었습니다.

실패하는 리더의 세 번째 무능,
앞날을 생각하지 않는다

진시황의 세 번째 어리석음은 앞날을 생각하지 않은 데 있습니다. 바로 자신의 사후 황위를 이어 제국을 안정적으로 이끌 맏아들 부소를 추방해 후계 구도를 불확실하게 만든 것입니다. 통일 이전의 진시황은 자신을 비판하는 이사의 간언마저 받아들여 잘못된 명령을 철회해 일을 바로잡았습니다. 그런데 통일 이후 진시황은 신하의 간언을 듣지 않는 것은 물론이고 조금이라도 감정을 상하게 하는 사람은 아무리 가까운 사이여도 지체 없이 처벌하거나 추방했습니다.

진시황의 맏아들 부소는 어질고 효심도 깊은 인물로 백성들 사이에서 덕망이 매우 높았습니다. 그는 천하를 통일한 지 얼마 되지 않은 진제국이 안정을 찾으려면 엄격하고 잔혹하게 법을 집행해 민심을 두려움에 떨게 하는 공포정치 대신 덕치德治에 힘을 쏟아야 한다고 여겼습니다. 진시황의 공포정치가 점점 더 심해지자 부소는 목숨을 걸고 직접 간언했습니다. 이것은 통일 이후 진시황의 통치 정책이 잘못됐다고 정면에서 반박한 거의 유일한 충언이었습니다.

> 천하가 평정된 지 얼마 지나지 않아 먼 지방의 백성들은 아직 진심으로 복종하지 않고 있습니다. 또한 유생들은 모두 한결같이 공자孔子를 본받는데, 지금 황상께서는 오직 법을 엄격하게 해그들을 옭아매십니다. 신은 천하가 안정되지 않을 것이 두렵습니다.
>
> —『사기』「진시황본기」

맏아들 부소의 간언에 진시황은 어떻게 반응했을까요? 크게 분노한 진시황은 부소를 북쪽 상군上郡(지금의 산시성 북쪽과 네이멍

구 어뤄커기 일대)으로 내쫓았습니다.

부소를 쫓아낸 지 2년 후, 진시황은 자식 중 유일하게 막내아들 호해만 데리고 자신의 마지막 천하 순행에 올랐습니다. 그리고 앞서 이야기한 것처럼 순행 도중 진시황이 사망하자, 환관 조고가 진시황의 조서를 조작하는 거대한 음모를 꾸몄습니다. 부소가 장군 몽염과 함께 북쪽 상군에서 수도 함양으로 돌아와 황위에 오르면 목숨이 위태로웠던 조고는 승상 이사를 끌어들여서 호해를 황제에 추대하기로 모의했습니다. 조고는 호해가 황제가 되면 자신이 진나라의 권력을 거머쥘 수 있다고 여겼습니다.

조고와 이사의 만행은 여기에서 그치지 않았습니다. 두 사람은 진시황의 죽음을 숨긴 채 편지를 위조해 부소에게 자결하라는 명령을 내렸습니다. 진시황의 거짓 편지를 받은 부소는 주변 사람들의 만류에도 불구하고 스스로 목숨을 끊었습니다. 호해와 조고, 이사는 뛸 듯이 기뻐하며 함양으로 돌아와 비로소 진시황의 죽음을 만천하에 알렸습니다. 원래 황제가 될 가망이 전혀 없던 호해는 2세 황제로 즉위했고, 조고는 낭중령에 올라 호해 곁에서 자기 마음대로 권력을 휘둘렀습니다. 오직 권력을 휘두르고 사익을 추구하는 데 눈이 먼 조고는 백성의 안위와 나라의 운명 따위는 안중에 두지 않았습니다.

통일 이전까지만 해도 간언하는 신하를 가까이했던 진시황은, 통일 이후에는 자신의 비위를 맞춰 아부를 일삼은 신하만 가까이

했습니다. 성공에 도취되어 앞날을 전혀 생각하지 않았고, 충언하는 만아들 부소를 가장 먼 곳으로 추방하고 간신 조고를 가장 가까운 곳에 두는 어리석음을 범했습니다. 그리고 그 결과는 참혹했습니다.

이번 강의에서 살펴본 진시황의 세 가지 무능은 모두 한 가지 욕망에서 비롯됐습니다. 바로 불로장생의 욕망입니다. 이룰 수 없는 허황된 목표를 설정한 진시황은 올바른 조언을 멀리해 스스로를 고립시켰고, 오직 공포로써 사람들을 다스렸으며, 앞날을 생각하지 않고 행동했습니다. 결국 수많은 어리석은 행동을 저질렀고, 언뜻 작아 보이는 이러한 행동들이 쌓이고 쌓여 진나라는 몰락의 구렁텅이에 빠지게 됐습니다.

9강

수성의 전략 ②
천하를 얻는 도리와
지키는 도리는 다르다

사마천, 진나라의 잘못을 논하다

역사상 최초로 천하 통일의 대위업을 이룬 진시황과 진제국이 어떻게 불과 15년 만에 멸망했을까 하는 질문은 오래전부터 역사를 공부하는 모든 사람에게 의문거리였습니다. 사마천 역시 예외가 아니었습니다. 사마천은 친구 임안에게 보낸 편지에서 자신이 『사기』를 저술한 까닭을 "인간사와 세상사의 성공과 실패, 흥기와 멸망의 요점을 살펴 시대와 인간과 권력의 관계를 탐구하고 과거와 현재의 변화를 통찰하는 데 있다"라고 밝혔습니다.

　『사기』가 다루고 있는 3천 년에 달하는 방대한 역사 가운데, 진시황과 진나라의 성공과 몰락보다 그러한 면모를 잘 보여주는 사건도 없습니다. 그렇다면 사마천은 그 사건을 통해 어떤 결론에 도

달했을까요? 바로 "천하를 얻는 도리와 천하를 지키는 도리는 다르다"라는 사실입니다.

창업의 동력과 수성의 동력

사마천은 「진시황본기」 말미에 가의賈誼의 「과진론過秦論」(진나라의 잘못을 논하는 글)이라는 글의 전문을 실었습니다. 그는 이 글을 빌려 진시황의 성공과 몰락의 이유를 밝힙니다. 진나라는 앞서 살펴본 것처럼 100여 년 가까운 시간 동안 천하 통일을 준비했고, 이때 주로 사용한 방법은 책략과 무력이었습니다. 속임수와 거짓말, 이간질, 매수, 회유와 협박, 암살, 침략, 살육, 약탈 등 다양한 방법을 사용해 여섯 나라를 멸망시키고 천하 통일을 이뤘습니다.

　사마천은 「과진론」을 통해 "천하를 하나로 합칠 때는 기만과 폭력을 높게 친다"라고 밝히고 있습니다. 진시황의 천하 통일 이전 중국은 일곱 나라로 분열된 채 하루가 멀다 하고 서로 침략과 정복을 일삼던 약육강식의 전쟁터였습니다. 생존을 위해 상대방을 물리쳐야 하는 전쟁터에서 도덕은 통하지 않는 법입니다. 그 때문일까요? 진나라와 진시황이 비록 기만과 폭력으로 여섯 나라를 멸망시키고 천하를 통일했지만, 천하의 민심은 비로소 평화의 시대가 왔다고 기뻐했습니다. 사마천은 당시 진나라와 진시황을 바라보는 천하의 민심을 이렇게 전합니다.

진나라가 천하를 평정하고 제후들의 땅을 합쳐 남면한 채 스스로 '제帝'라고 부르자 천하의 인재들이 바람을 날리듯 앞다투어 찾아왔다. 그 이유는 무엇인가? 내가 생각하는 답은 이렇다. 그당시에는 제왕된 자가 없어진 지 오래됐다. 주나라 왕실의 지위는 낮아 보잘것없고 오패五霸는 이미 죽어 명령이 천하에 닿지 않자, 제후들이 무력을 사용해 서로를 공격했다. 강대국은 약소국을 침략하고 대국은 소국을 괴롭혀 전쟁이 끊이지 않아 군사들과 백성들이 지칠 대로 지치고 피폐해졌다. 그런데 이제 진나라가 남면해 천하를 다스리니, 위로 천자가 존재하게 된 것이다. 세상 모든 사람들은 하나같이 자기 목숨이 안전하기를 바란다. 그때문에 마음을 비우고 황상을 우러러 보지 않는 자가 없었다. 이때 위엄을 지키고 천하를 평정한 공적을 굳건히 하니, 편안함과 위태로움의 관건은 바로 여기 있다.

-『사기』「진시황본기」

진시황이 천하를 통일하자 백성들은 이제 더 이상 삶의 터전을 떠나 전쟁터에 끌려가거나, 사랑하는 가족과 가까운 친지를 잃게 되는 고통을 겪지 않을 것이라고 환호했습니다. 춘추전국시대 550여 년 동안 지속된 침략과 정복 전쟁으로 황폐해진 삶이 비로소 안정과 평화를 찾을 수 있으리라는 희망을 품었습니다.

그런데 진시황은 천하를 얻고 난 이후에도 여전히 기만과 폭력으로 천하를 통치했습니다. 진시황은 통일 이후 "선비와 백성을 가까이하지 않았으며, 사사로이 권력을 앞세우고, 형법과 형벌을 가혹하게 했으며, 무거운 세금과 부역과 군역으로 백성들을 괴롭히고, 기만과 폭력으로" 천하를 통치하기 시작했습니다. 태평한 시대를 만나 평화로운 삶을 꿈꾼 백성의 마음을 무참히 짓밟아버린 것입니다. 오히려 백성들에게는 통일 이전보다 더 가혹하고 잔인한 삶의 고통이 찾아왔습니다.

사마천은 바로 이 점에서 진시황이 치명적인 잘못을 저질렀다고 지적합니다. 창업은 어렵지만 수성은 더욱 어렵습니다. 천하를 얻을 때의 도리와 지킬 때의 도리는 명백하게 달라야 했음에도 진시황은 똑같은 방법을 고수했기에 불과 15년 만에 멸망했다는 것입니다. 그렇다면 천하를 얻는 방법과 다른, 천하를 지키는 올바른 방법은 무엇일까요? 「과진론」은 이렇게 말합니다.

천하를 하나로 통일한 자는 기만과 무력을 높이 여기지만, 천하를 안정시키려는 자는 권력 변화에 순응하는 것을 중요하게 여겨야만 한다. 이것은 천하를 얻는 방법과 천하를 지키는 방법은 다르다는 뜻이다. 진나라는 전국시대를 거쳐 천하의 왕 노릇을 하게 된 뒤에도 통치 방법을 바꾸지 않고 정치도 개혁하지 않았으니, 천하를 얻는 일과 지키는 일에 차이가 없었다. 결국 외롭게 홀로 천하를 소유하게 되니, 멸망 또한 서서 기다리는 것보다 쉬웠다.

-『사기』「진시황본기」

다시 말해 천하를 얻고 창업의 뜻을 이루려는 자는 기만과 무력에 의존할 수 있지만, 천하를 지키는 자는 인의와 민심에 의존해야 한다는 것입니다. 오늘날의 예로 바꿔 말하면, 기업이 처음 창업했을 때는 목표를 제시하고 그것을 빠르게 달성하는 일이 가장 중요하기 때문에 구성원을 다소 몰아붙이는 방법이 통하기도 하지만, 어느 정도 성장을 하고 안정기에 접어든 뒤에도 똑같은 방법을 쓰면 오히려 구성원의 이탈을 부르는 것과 같습니다. 희망이 절망으로 바뀐 그 순간, 천하의 백성들은 진시황에게 분노와 원망의 마음을 품게 됐습니다. 진시황은 "외로이 천하를 소유할 뿐, 그 멸망은 서서 기다리는 일보다 쉽게" 됐습니다.

마지막 수성의 기회를 놓치다

그렇다면 진시황 사후 진나라가 다시 살아날 기회는 없었을까요? 사마천은 그렇게 생각하지 않았습니다. 진시황이 죽고 새로이 호해가 2세 황제로 즉위하자 천하의 백성들은 다시 진나라에 희망을 품기 시작했습니다.

> 진나라 2세가 제위에 오르자 온 천하가 목을 빼고 올바른 정치를 바랐다. 추위에 시달리는 자에게는 다 떨어진 짧은 옷도 이롭고, 굶주린 자에게는 하찮은 술지게미도 달콤한 법이다.
>
> -『사기』「진시황본기」

백성들은 2세 황제에게 많은 것을 바라지 않았습니다. 단지 진시황 시대보다 조금이나마 더 나은 정치와 삶을 기대했을 뿐입니다. 비단 옷과 고기 음식이 아니라, '다 떨어진 짧은 옷'과 '하찮은 술지게미'를 바랐던 것입니다. 이런 까닭에 사마천은 2세 황제가 단지 평범한 임금 노릇만 했어도 등 돌린 민심이 다시 진나라로 돌아와 그토록 쉽게 멸망하지는 않았을 것이라고 말합니다.

> 피로해 지칠대로 지친 백성들에게는 인을 행하기가 쉬운 법이다. 만약 2세가 평범한 임금처럼 충직하고 현명한 신하를 중용한 뒤, 신하와 임금이 한마음이 되어 재앙과 환란을 걱정하고, 천하를 예로 다스리고, 죄수를 사면해 감옥을 비우고, 사형을 면제해주고, 죄인의 처자를 노비로 삼는 일을 없애 그들을 자기 고향으로 돌려보내고, 창고와 곳간을 열어서 재물을 나눠 외롭고 궁핍

한 선비들을 구제하고, 세금을 덜고 나라의 일을 줄여 백성들의 급박한 생업을 돕고, 법령과 형벌을 줄여 후손을 돌볼 수 있게끔 하며, 백성들이 하나같이 스스로 태도를 고치고 행동을 갈고닦으며 각자 조심스럽고 신중하게 행동하게 해 모든 사람의 바람을 만족시키고, 위엄과 인덕으로 다스렸다면 천하가 다시 모여들었을 것이다.

-『사기』「진시황본기」

하지만 2세 황제는 아버지의 잘못을 그대로 이어받아 고치지 않았을 뿐 아니라 오히려 더 포악하게 나라를 다스리고 백성을 대했습니다.

2세 황제는 백성에게 무도한 짓을 더했다. 종묘와 백성을 훼손하고 다시 아방궁을 지었으며 형벌은 번잡하게 적용하고 사형을 엄하게 집행했다. 관리들은 백성을 각박하게 다스리고, 상과 벌은 합당하지 않았으며, 세금을 마구잡이로 거두고, 백성들이 굶주리는데도 임금은 그들을 돌보지 않았다. 간사함과 거짓이 일어나, 윗사람과 아랫사람들이 서로를 속이고, 죄를 입은 자가 많아져 거리에서 형을 받아 죽는 사람이 빈번하니, 온 천하가 고통스러워했다. 군후와 공경대부는 물론 일반 백성에 이르기까지 모든 사람들이 위태롭다는 마음을 품었다. 몸은 고달프고 현

실은 고통스러우니, 모두가 자기 위치를 불안해하고 쉽게 동요
됐다.

-『사기』「진시황본기」

특히 2세 황제 즉위 후 권력을 장악한 간신 조고는 자신의 이
익을 위해 진시황 때보다 더한 공포정치를 자행했습니다. 조고는
자신의 권력에 위협이 된다고 생각하면 신분과 지위를 가리지 않
고 수많은 사람들을 살육했습니다. 이 때문에 황실 사람들이나 신
하들도 입을 닫거나 구차하게 아첨을 할 뿐이었고, 백성들은 두려
움에 떨었습니다.

조고의 국정 농단이 어느 정도였는지 말해주는 대표적인 고사
가 바로 '지록위마指鹿爲馬'입니다. 어느 날, 조고는 황제 앞에 사슴을
끌고 와서 말이라고 속였습니다. 황제가 왜 말을 사슴이라 하느냐
고 따지자, 조고는 좌우 신하들에게 자신이 가리키는 짐승이 사슴
인지 말인지 물었습니다. 어떤 사람은 침묵하고, 어떤 사람은 말이
라 하고, 어떤 사람은 사슴이라고 했습니다. 조고는 사슴이라고 말
한 사람을 모조리 중상모략으로 해쳤습니다. 자연스럽게 조정 안
팎의 모든 사람들은 황제보다 조고를 더 두려워하게 됐습니다.

2세 황제에게 기대를 품던 천하의 민심은 결국 분노와 증오로
바뀌었습니다. 날품팔이 머슴살이를 전전하던 농민 출신의 진섭陳
涉(진승陳勝)이 진나라에 맞서 봉기를 일으킨 것입니다. 당시 진섭은

수자리(변경 수비)를 살러 무리 900여 명과 함께 어양魚陽(지금의 허베이성 미윈현)으로 가다가, 큰비가 내리는 바람에 길이 막혀 제날짜까지 도착할 수 없게 됐습니다. 진나라 법에 따르면 도착 기한을 어긴 자는 목을 베었습니다. 그러자 진섭은 "달아나도 죽고 봉기를 일으켜도 죽는 건 매한가지"라면서 차라리 봉기를 일으키자고 무리들을 선동했습니다.

> 진섭은 깨진 항아리 파편으로 창문을 만들고 새끼줄로 문지도리를 맬 정도로 가난하고 천한 집안 출신이었다. 날품팔이하며 먹고사는 머슴으로 변경으로 수자리하러 옮겨 가는 무리였다. 진섭의 능력은 평범한 사람에도 미치지 못했고, 공자나 묵자墨子 같은 현명한 자질도, 범려范蠡나 의돈猗頓과 같은 부귀도 갖추지 못했다. 행군하는 무리의 주간에 끼어 움직이다가 많은 사람들 가운데에서 들고 일어났다. 지쳐 흩어진 병사들을 모아 거느렸으며 수백 명의 군중을 이끌고 가던 길을 바꾸어 진나라를 공격했다. 나무를 베어 무기를 만들고 장대를 세워 깃발로 삼았는데, 천하 사람들이 구름처럼 모여들고 메아리가 울려 퍼지는 것과 같이 호응했다. 하나같이 자기 식량을 짊어지고 그림자처럼 진섭을 따라 나서니, 산동山東의 호걸과 인재들이 마침내 모두 일어나 진나라를 멸망시켰다.
>
> ─『사기』「진시황본기」

진섭이 반란을 일으키자 중국 전역의 백성들이 각자 자기 지방의 관리들을 죽이고 반란을 일으켜 호응했습니다. 훗날 진나라를 멸망시킨 항우와 유방 역시 이때 거병했습니다. 항우는 막내 작은아버지 항량과 함께 회계군수 은통殷通을 죽이고 8천 명의 병사를 얻어 군대를 일으켰고, 유방은 자신의 고향인 패현에서 현령을 죽이고 젊은이 2천~3천 명을 모아 거병했습니다. 진섭이 처음 일으킨 반란은 들불처럼 번져 이내 진나라 전역을 덮쳤습니다. 진섭이 국호를 '장초張楚'라 하고 스스로 왕이 되자, 옛 초·제·조·위·연·한나라 등지에서도 너도나도 왕과 제후의 자리에 올랐습니다. 그들이 진나라를 정벌한다는 명분을 앞세워 연합한 다음 함양을 향해 서쪽으로 진격하자, 이제 진나라의 멸망은 돌이킬 수 없게 됩니다. 결국 진나라는 수도 함양이 함락되어 멸망하고 맙니다.

진나라를 멸망시킨 후 천하의 패권을 쥔 항우는 스스로 서초패왕西楚覇王이 된 다음 통일 이전 진나라의 영토를 셋으로 나눠 자신에게 항복한 진나라 출신의 장수인 장한章邯, 사마흔, 동예董翳를 제후왕으로 삼아 다스리도록 했습니다. 진나라의 정치적 기반을 철저하게 무너뜨려 다시는 일어설 수 없도록 하기 위해서였습니다.

진시황 사후 2세 황제에게는 분명 기회가 있었습니다. 창업이 어려운 만큼 그것이 무너지는 것도 쉬운 일은 아니기 때문입니다. 하지만 역설적으로 쉽게 무너지지 않는다는 바로 그 점 때문에, 실패하는 리더들은 위기를 잘 인식하지 못하고 수성의 기회를 놓치게 됩니다. 당시 천하의 민심은 마치 굶주린 어린아이가 부모를 기다리듯 목을 빼고 새로운 황제의 선정을 기대했습니다. 만약 황제가 굶주리고 고통받은 백성에게 조그마한 은혜만 베풀었어도, 진섭의 봉기에 온 천하가 일시에 호응해 진나라를 무너뜨리지는 않았을 것입니다. 이 때문에 옛 성현은 위험에 처한 백성은 함께 그릇된 일을 행하기가 쉽다고 말한 것이지요.

사마천은 진나라 멸망의 근본 원인을 창업의 방법과 수성의 방법을 다르게 쓰지 못한 데에서 찾았습니다. 앞서 이야기한 것처럼 창업에서 가장 중요한 것이 목표 제시와 달성이라면 수성에서 가장 중요한 것은 목표 달성에 따른 성과를 나누고 조직을 안정시키는 일입니다. 진시황이 천하를 하나로 합칠 때는 기만과 무력이 유효했지만, 천하가 하나로 통일된 이후에는 혼란스럽고 안정되지 않은 백성의 삶을 돌봐야 했습니다. 바로 인의로 다스리고 덕망으로 돌보는 정치를 통해, 오직 백성을 편안하게 하는 데 힘쓰는 것이야말로 나라를 오래 수성할 수 있는 유일한 길입니다.

그런데 진시황과 2세 황제인 호해는 그 방법을 깨닫지 못했습니다. 결국 역사상 가장 위대한 업적을 이뤄냈던 진나라는, 허무하게도 그토록 빠른 시간 안에 멸망할 수밖에 없었습니다.

10강

수성의 전략 ③
모든 실패에는 조짐이 있다

「주본기」가 그리는 주나라의 몰락 과정

사람들은 대부분 어떤 큰 사건이나 사고가 발생하는 시점에서야 그런 일이 있다는 것을 인식합니다. 이 때문에 사건이나 사고가 어느 순간 갑자기 벌어졌다고 생각하기 쉽습니다.

하지만 이 세상에 갑자기 생기는 사건이나 사고는 없습니다. 모든 일들은 그것이 발생하기 훨씬 이전부터 크고 작은 징후들이 반드시 존재하기 마련입니다. 단지 사람들이 평소에는 그 징후들을 인식하지 못하고 대수롭지 않게 여겨 대비하는 데 소홀하기 때문에, 막상 일이 닥쳐서야 그것이 뜬금없이 갑자기 발생했다고 착각하는 것입니다.

하인리히 법칙, 그리고 상아 젓가락의 경고

특정한 사고가 발생할 때는 훨씬 이전부터 여러 번의 경고성 조짐들이 존재한다는 사실을 이론적으로 밝힌 사람이 있습니다. 바로 '하인리히 법칙'으로 유명한 허버트 윌리엄 하인리히^{Herbert William} Heinrich입니다. 그가 『산업재해 예방 : 과학적 접근Industrial Accident Prevention: A Scientific Approach』이라는 책을 통해 이 법칙을 최초로 밝힌 해가 1931년입니다. 그런데 이보다 2천 년 전 세상에 나온 『사기』의 기록을 보면, 옛 현인들은 오래전부터 이러한 이치를 깨닫고 있었다는 사실을 알 수 있습니다.

그 대표적인 사람이 은나라의 현자인 기자箕子입니다. 기자는 은나라의 마지막 왕인 폭군 주왕의 숙부였습니다. 주왕은 처음부터 폭정을 일삼은 폭군은 아니었습니다. 그런데 기자는 주왕이 상아로 만든 젓가락을 사용하는 모습을 보고, 훗날 폭정으로 은나라가 멸망할 것이라는 경고를 했습니다.

주왕이 상아로 만든 젓가락을 사용하기 시작하면 그다음에는 반드시 옥으로 만든 잔을 사용할 것입니다. 옥으로 만든 잔을 쓰면 그다음에는 반드시 멀리 떨어져 있는 지방의 진귀하고 기이한 물건들을 궁궐로 가져올 궁리를 할 것입니다. 수레와 말, 궁실의 사치가 이것으로부터 점점 심화될 것입니다. 그렇게 된다면 나라가 번창할 수 있겠습니까.

-『사기』「송미자세가宋微子世家」

존귀하고 부유하기로 따지면 둘째가라면 서러울 제왕이 겨우 상아 젓가락을 사용하는 것은 아주 사소한 일로 치부할 수도 있습니다. 하지만 기자는 그 일을 통해 재앙의 조짐을 엿봤습니다. 그리고 이후의 일은 불행하게도 기자가 경고한 대로 전개됐습니다. 상아 젓가락으로 시작된 주왕의 욕심은 천하의 온갖 진귀하고 기이한 보물에 대한 탐욕으로 커졌고, 그 탐욕을 채우기 위해 신하와 백성을 잔혹하게 핍박했습니다. 이미 탐욕의 노예가 된 주왕은 기자, 비간, 미자微子 등 충신과 현신의 간언을 전혀 듣지 않고 제멋대로 행동했습니다.

오히려 자신의 탐욕을 채우는 데 방해가 되는 사람들은 끔찍한 형벌로 죽였습니다. 결국 천하의 모든 사람들이 한결같이 주왕을 원망하고 하루라도 빨리 은나라가 멸망하기만을 염원했습니다. 주나라 무왕이 은나라를 멸망시킬 때에는 70만 명에 이르는 은나라의 병사들이 무왕에게 길을 열어주며 주왕을 배신할 정도였습니다.

대형 사고의 뿌리를 추적해 보면 대개 그 원인은 사소한 잘못을 방치하는 데서 시작됩니다. 비록 처음에는 사소한 잘못이라고 해도 그것을 바로잡지 않으면, 그 작은 잘못들이 여러 차례 반복되어 결국에는 대형 사고로 이어지게 됩니다. 이것은 하인리히가 밝힌 법칙 중 하나이기도 합니다. 만약 주왕이 상아 젓가락의 위험성을 경고하는 기자의 간언을 받아들였다면 어떻게 됐을까요? 우리가 아는 폭군 주왕은 존재하지 않았을 것이고, 은나라도 허무하게 멸망하지 않았을 것입니다. 주왕의 사례는 비록 작은 조짐이라 할지라도 위험에 대한 경고를 무시해 방치해서는 안 된다는 사실을 일깨워 줍니다.

실패하는 사람은 '말길'을 막는다

은나라의 멸망 이후 중국을 지배한 주나라의 운명 역시 이 법칙의 예외가 아닙니다. 제2대 성왕과 제3대 강왕의 현명한 정치로 태평성세를 구가하던 주나라는 제10대 여왕厲王과 제12대 유왕幽王에 이르러 쇠락의 길을 걷게 됩니다. 이들 역시 몰락의 조짐을 엿본 현신들의 여러 차례에 걸친 경고에도 잘못을 고치지 않고 오히려 되풀이해 결국 나라를 망친 혼군昏君 신세가 되고 말았습니다. 먼저 여왕의 경우부터 살펴보겠습니다.

　왕위에 오른 여왕이 사사로운 이익을 탐해 천하의 재물을 거둬들이는 데 앞장선 간신 영이공榮夷公을 중용하려고 하자 대부 예량부芮良夫가 그 위험성을 경고하고 나섰습니다.

왕실은 앞으로 몰락하고 말 것입니다. 영이공은 토지와 산천에서 나오는 이익을 독차지하면서도 그로 인해 일어날 큰 재앙은 모르고 있습니다. 본래 이익이란 만물에서 생기는데, 그것은 천지가 함께 소유한 것이므로 누군가가 독차지하면 큰 해악이 발생하기 마련입니다. 천지 만물은 모든 사람들이 같이 사용해야 하는데 어찌 누군가 독차지할 수 있습니까? 백성들의 분노가 커지면 큰 재앙에 대비할 수 없습니다. … 평범한 사람이 이익을 독차지해도 도적이라 부르는데, 왕께서 그렇게 하신다면 누가 따르겠습니까. 만약 왕께서 영이공을 등용하신다면 주나라는 반드시 몰락하고 말 것입니다.

-『사기』「주본기」

그러나 여왕은 예량부의 경고를 무시하고 영이공을 경사卿士로 삼아 국정을 모두 그에게 맡겼습니다. 이후 여왕 자신은 더욱 탐욕에 빠져 사치를 일삼았으며 교만해져서 신하의 조언을 무시하고 백성을 포악하게 다뤘습니다.

이에 다시 소공召公이 여왕에게 간언했지만 여왕은 오히려 크게 화를 내며 제후국인 위나라에서 첩자들을 데려와 신하와 백성을 감시하고 불평불만을 나타내는 사람들을 가두거나 살해했습니다. 결국 모두가 겁에 질려서 아무도 감히 여왕을 비방하거나 원망하는 말을 하지 못했습니다. 여왕은 크게 기뻐하며 주위에 "내가 비방과 불평을 금지시키자 감히 말을 하는 자가 사라지게 됐다"라고 자랑했습니다.

하지만 밖으로 말을 꺼내지 않았을 뿐 여왕에 대한 백성들의 원성과 원망은 더 깊어졌습니다. 동서고금을 막론하고 말길을 막고 여론을 탄압하는 것은 몰락의 전조 증상입니다. 신하와 백성의 입을 막는 것은 거센 물길을 막는 것과 같습니다. 거센 물길을 일시적으로 막는다고 하더라도, 이내 그것이 터지면 어떻게 되겠습니까?

백성의 입을 막는 것은 흐르는 물을 막는 일보다 훨씬 더 심각합니다. 물이 막혔다가 한꺼번에 터지면 많은 사람들이 다치는 것처럼, 백성들의 입을 막는 일 또한 이와 같습니다. 이 때문에 물을 다스리는 사람은 둑을 터서 물길을 이끌고, 백성을 다스리는 사람은 반드시 그들의 말길을 터서 하고 싶은 말을 할 수 있도록 이끌어야 합니다. … 백성들은 먼저 마음으로 곰곰이 생각한 다음에야 입 밖으로 꺼내니, 그들의 말은 말을 성숙한 의견으로 받아들여 시행해야 합니다. 백성의 입을 일시적으로 막는다고 해서 과연 얼마나 오래 막을 수 있겠습니까?

-『사기』「주본기」

하지만 여왕은 이번에도 소공의 경고를 철저하게 무시했습니다. 이 때문에 다시는 나라 안에서 여왕의 폭정에 대해 말하는 사람이 나오지 않게 됐습니다. 결국 3년 후, 더 이상 견딜 수 없게 된 백성들이 한마음 한뜻으로 힘을 합쳐 반란을 일으켰습니다. 여왕은 황급히 체彘(지금의 산시성 휘저우시) 땅으로 도망쳤습니다. 신하와 백성들은 소공과 주공周公이 천자를 대신해 나라를 다스리게 했습니다. 이를 공화共和 시대라고 하는데, 여왕이 망명지에서 숨을 거둘 때까지 무려 14년간 이어졌습니다. 여왕의 비참한 최후를 지켜본 소공은 "여러 번 왕에게 간언했지만 왕은 따르지 않았다. 오늘의 재앙은 왕이 내 경고를 무시했기 때문이다"라며 크게 탄식했습니다.

실패하는 사람은 권위와 신뢰를 잃어버린다

주나라는 여왕의 뒤를 이어 천자의 자리에 오른 선왕 시대에 잠시 안정을 찾았습니다. 선왕이 죽자 유왕이 뒤를 이었는데, 그는 애첩 포사褒姒를 끔찍이 사랑했습니다. 유왕에게는 이미 왕후와 태자 의구宜臼가 있었지만, 유왕은 포사를 왕후로 삼고 그와의 사이에서 낳은 아들 백복伯服을 태자로 삼기 위해 아무런 문제도 없는 왕후를 폐위시키고 태자를 내쫓았습니다. 그러자 태사太史 백양伯陽은 유왕에게 "이 일로 주나라는 멸망하게 될 것입니다"라고 강력히 경고했습니다. 하지만 끝내 유왕은 뜻을 꺾지 않았고, 백양은 "이미 생긴 재앙은 어쩔 수가 없구나!"라며 탄식했습니다.

포사는 몹시 아름다운 여인이었지만 평소 웃는 법이 없었습니다. 포사의 웃는 모습을 보고 싶어 안달이 난 유왕은 온갖 수단과 방법을 다 썼습니다.

그러던 어느 날, 봉화가 올라 모든 제후들이 군대를 이끌고 수도 호경으로 오는 일이 발생했습니다. 봉화는 원래 외적이 침략하면 올리도록 돼 있는데, 누군가 실수를 저지른 것입니다. 그런데 이때 유왕이 어떤 방법을 써도 웃지 않던 포사가 이 광경을 지켜보고 있다가 박장대소했습니다. 유왕은 너무나 기뻤고, 그 후에도 여러 차례 거짓 봉화를 올려 제후들의 군대를 호경으로 불러들였습니다. 오직 포사의 웃는 모습을 보기 위해서였습니다.

우리가 잘 알고 있는 양치기 소년의 우화처럼 유왕의 거짓 봉화가 여러 차례 반복되자, 제후들은 이제 봉화를 올려도 더 이상 믿지 않았고 군대를 끌고 오지도 않았습니다. 유왕은 지극히 사적인 이유로 제왕과 리더가 가져야 할 필수적인 능력을 스스로 제거해 버렸습니다. 제왕과 리더의 권력을 구성하는 가장 중요한 요소가 무엇입니까? 바로 명령의 권위입니다. 그 힘은 어디에서 나올까요? 신뢰입니다. 신뢰를 상실한 명령은 권위가 없고, 권위를 잃은 권력은 더 이상 다른 사람을 움직일 수 없습니다.

거짓 봉화 사건을 겪은 모든 사람들은 유왕의 몰락을 예감했습니다. 명령의 권위와 말의 신뢰를 상실한 유왕에게서 위기의 조짐을 엿봤던 것입니다. 이를 깨닫지 못한 사람은 오직 유왕과 포사 그리고 영이공 같은 간신배뿐이었습니다. 그런데 예전에 유왕이 쫓아낸 왕후와 태자는 신후^{申侯}의 딸과 외손자였습니다. 신후는 화가 나 증^繒나라, 서이^{西夷}, 견융^{犬戎}과 힘을 합쳐 유왕을 공격했습니다.

다급해진 유왕은 이번에는 진짜 봉화를 올렸지만 이미 여러 차례 거짓 봉화에 속았던 제후들은 어느 누구도 오지 않았습니다. 결국 유왕은 여산 아래에서 살해됐습니다. 유왕이 죽은 뒤 제후들은 신후를 찾아가 폐위된 태자 의구를 왕으로 옹립했습니다. 바로 주나라 제13대 평왕^{平王}입니다.

평왕은 즉위한 후 더 이상 융족의 침략에 맞서 주나라를 지킬 수 없다는 사실을 깨닫고 수도를 동쪽 낙읍^{洛邑}(낙양)으로 옮겼습니다. 평왕이 도읍을 옮긴 후 주나라 왕실은 크게 쇠약해져서 더 이상 제후국들을 다스릴 수 없었습니다. 이제 제후국 중 강한 나라는 약한 나라를 마음대로 침략하고 정복해 겸병하기 시작했습니다. 침략과 약탈이 지배하는 약육강식의 시대, '춘추시대^{春秋時代}'가 개막된 것입니다. 이제 힘을 잃어버린 주나라 왕을 대신해 제후국 중 가장 강한 나라가 제후들의 리더가 되어 천하를 다스리게 됐습니다.

평왕 시대에 주나라 왕실은 쇠퇴하고 미약해져 제후들 중 강한
나라가 약한 나라를 겸병하기 시작했다. 제나라, 초나라, 진秦나
라, 진晉나라가 강대해졌고, 제후들의 우두머리인 방백方伯에 의
해 천하의 정치가 좌지우지됐다.

-『사기』「주본기」

은나라의 멸망은 주왕의 상아 젓가락의 사치에서 시작됐습니
다. 주나라의 쇠락은 여왕이 신하와 백성의 말길을 막고, 유왕이
사욕으로 사람들의 신뢰를 저버린 데서 시작됐습니다. 만약 그들
이 처음 재앙의 조짐을 알아챈 이들의 간언을 무시하지 않았다면
결코 자신의 몸과 나라를 망치는 비참한 신세가 되지 않았을 것입
니다.

이러한 까닭에 옛사람들은 자신의 말과 행동으로 발생하는 온
갖 일들을 경계하고 또 경계했습니다. 이때 읽혔던 책이 오늘날 많
은 사람들이 앞날을 내다보는 점술서 정도로 오해하고 있는『주
역周易』입니다. 앞서 살펴봤던 것처럼, 큰 사건이 발생할 때는 반드
시 그 일을 미리 경고하는 여러 조짐들이 존재합니다.『주역』의 본
뜻은 바로 이러한 조짐을 미리 감지하고 예측해 방비하게끔 하는
것입니다. 공자는 이와 같은『주역』의 역할을 "장차 일어날지 모를
우환을 미리 예측해 경계하는 사고방식"이라고 언급했습니다. 실
패의 조짐을 놓치지 않고 잘 파악해 대비하는 것이야말로 수성의

핵심 전략임을 알았던 것입니다. 공자는 『주역』「계사전繫辭傳」에서 이렇게 말하고 있습니다.

> 위기의 조짐은 지위가 편안할 때, 멸망의 조짐은 일이 잘 보존되고 있을 때, 변란의 조짐은 잘 다스려지고 있을 때 싹튼다. 따라서 편안할 때 위태로움을 잊지 않고, 잘 보존될 때 몰락할 것을 잊지 않고, 잘 다스려질 때 어지러워질 것을 잊지 않으면 자신의 몸을 편안하게 하는 것은 물론 나라도 보존할 수 있다.
>
> -『주역』「계사전」

11강

방심을 경계하고 때를 기다려라

오왕 부차와 월왕 구천의 복수 혈전

우리는 역사에서 오늘의 성공이 내일의 실패가 되고, 오늘의 실패가 내일의 성공이 되는 경우를 셀 수도 없을 만큼 많이 목격합니다. 승자와 패자의 관계는 가변적이며 역동적이기에, 승자라고 해서 방심해서는 안 되고 패자라고 해서 좌절해서는 안 됩니다.

승자와 패자의 운명에 대해 말할 때 자주 언급되는 용어가 '승자의 저주'입니다. 그렇다면 어떤 경우에 승리의 축복이 저주로 변하게 될까요? 이번 강의에서는 춘추시대 말기 오나라 왕 부차夫差의 성공과 몰락의 이야기에서 그 조건들을 살펴보려 합니다.

방심은 실패의 지름길

오나라와 월越나라는 강동江東(창장長江 동쪽 지역) 땅에서 남북으로 국경을 맞대고 있던 이웃 국가였습니다. 두 나라는 오나라 왕 합려闔閭와 월나라 왕 윤상允常의 시대에 들어서면서 서로를 공격하기 시작했습니다. 윤상이 죽자 합려는 즉시 군대를 일으켜 월나라를 공격했습니다. 당시 월나라 왕은 윤상의 아들 구천勾踐이었습니다. 월나라는 죽음을 각오한 병사들을 앞세워 합려의 군대에 맞섰는데, 전세가 몰리게 되자 병사들이 세 줄로 열을 지어 오나라 진영에 이르러 크게 고함을 지르면서 스스로 목을 베었습니다.

이 광경을 지켜보던 오나라 군대는 크게 놀랐고, 미처 정신을 차리지 못한 바로 그 순간 월나라 군대가 기습 공격을 감행해 오나라 군대는 크게 패퇴했습니다. 합려는 이 싸움에서 치명적인 부상을 입었고, 결국 상처가 도져 죽음을 맞게 됐습니다. 합려는 죽기 직전 태자 부차에게 월나라 왕 구천에게 반드시 복수하라는 유언을 남기고 숨을 거뒀습니다.

부차는 이로부터 2년 동안 정예 군대를 양성했습니다. 그리고 마침내 월나라를 공격해 큰 승리를 거뒀고, 이번에는 구천이 회계산會稽山으로 쫓기는 신세가 됐습니다. 멸망의 위기에 처한 구천은 자신이 오나라 왕의 신하가 되고 자기 아내는 부차의 첩이 되도록 하겠다는 굴욕적인 제안을 하며 목숨을 구걸했습니다. 이때 부차를 보좌했던 오자서伍子胥는 절대 구천을 살려두면 안 된다고 간언했습니다.

> 구천은 아무리 힘든 고통도 잘 견디는 사람입니다. 지금 그를 제거하지 않는다면 훗날 반드시 후회할 일이 있을 것입니다.
>
> ―『사기』「오태백세가吳太伯世家」

그러나 부차는 이미 자신이 거둔 성과에 크게 만족하고 있었습니다. 굳이 자기 적수가 아니게 된 구천을 죽여서 자신의 명예를 더럽히고 싶지 않았습니다. 오히려 아버지의 원수까지 살려주는 도량을 베풀었다며 만천하에 자신의 이름을 과시하고 싶었습니다. 오자서는 이런 부차의 속마음을 간파하고 있었기 때문에, 반드시 이번 기회에 구천을 죽여야겠다고 판단했습니다. 승리에 도취된 부차의 마음에 오만이 자라나면, 지금은 구천을 살려주고 다음에는 월나라에 대한 감시와 방어를 소홀히 해, 마침내 월나라가 오나라에 복수할 기회를 주게 되리라 예측했기 때문입니다.

하지만 이미 구천을 하찮게 여긴 부차는 오자서의 간언을 받아들이지 않았습니다. 부차는 월나라와 화친을 맺고 구천을 살려줬습니다. 간신히 목숨을 건진 구천은 오직 복수하겠다는 마음으로 거친 섶나무 위에서 자고 쓸개를 핥으며 원수를 기필코 갚겠다고 맹세했습니다. 와신상담臥薪嘗膽의 어려움과 괴로움을 감내하며 부국강병에 힘쓴 것입니다.

이처럼 구천이 복수의 칼날을 갈고 있는데도 부차는 그를 안중에 두지 않았습니다. 남쪽으로 국경을 맞댄 월나라가 더 이상 위협이 되지 않는다고 생각한 부차는 북쪽으로 눈을 돌렸습니다. 월나라에서 대승을 거둔 지 불과 5년 뒤 북쪽 제나라의 임금이 죽고 내부에 권력 다툼이 일어나자 부차는 군대를 일으켜 공격에 나섰습니다. 오자서는 바로 옆에 월나라를 그대로 둔 채 멀리 제나라를 공격하는 군대를 일으키는 것은 어리석은 짓이라면서 간언했습니다.

> 구천은 음식을 먹을 때 맛을 중시하지 않고, 의복을 입을 때 색채를 중시하지 않습니다. 사람이 죽으면 조문하고 병들면 문병해 백성의 마음을 얻어 훗날 그들을 동원하려 합니다. 이런 자를 죽이지 않으면 반드시 오나라에 재앙이 될 것입니다. 지금 월나라는 배 속에 든 질병과 다름없는데, 먼저 그를 쳐서 제거하지 않고 제나라를 정벌하는 데만 힘쓰니 이보다 더 황당한 일이 어디에 있겠습니까?
>
> -『사기』「오태백세가」

그러나 부차는 오자서의 간언을 듣지 않고 제나라를 공격해 승리를 거뒀습니다. 이후 부차는 오자서의 계책을 더욱 멀리하게 됐습니다. 부차는 제나라를 공격하는 것처럼 엉뚱한 데 국력을 소모했습니다. 이때 월나라 왕 구천은 공자의 제자인 자공子貢의 계책에 따라 군사를 이끌고 오나라를 돕는 한편, 부차의 총애를 받는 오나라의 권력자 태재太宰 백비伯嚭를 매수해 부차에게 자신을 좋게 이야기하도록 했습니다. 이 때문에 부차가 더욱 구천에 대해 마음을 놓자, 오자서가 다시 간언하고 나섰습니다.

> 월나라는 배 속 깊은 곳에 생긴 병과 같습니다. 지금 왕께서는 월나라 왕의 헛된 거짓말만 믿고 제나라만 욕심내고 있습니다. 부디 제나라를 침공하려는 마음을 거두시고 먼저 월나라를 정벌하십시오. 제 말을 따르지 않으면 나중에 크게 후회해도 늦을 것입니다.
>
> ─『사기』「오자서열전伍子胥列傳」

오자서는 오나라의 충신이자 명신입니다. 그는 부차의 아버지인 합려를 오나라 왕으로 만들었고, 합려에게 간언해 부차를 후계자로 삼도록 했으며, 합려가 제후의 우두머리가 되어 춘추오패春秋五覇 중 한 사람으로 꼽히게끔 보좌한 것은 물론, 월나라와의 전쟁에서 승리하는 데도 결정적인 공헌을 했습니다. 지난 시절 합려와 부차 곧 오나라의 성공과 영광은 모두 당대 최고의 정치가이자 책략가인 오자서가 이룬 것이라고 해도 과언이 아닙니다. 하지만 부차는 더 이상 오자서의 간언을 귀담아듣지 않았습니다.

오자서는 이미 부차의 마음에 교만이 깊이 자라 더 이상 자신의 간언을 받아들이지 않을 것을 알았습니다. 이제 오나라의 멸망도 돌이킬 수 없다는 사실을 예감한 오자서는 제나라에 사신으로 갔을 때 자신의 아들을 데리고 가 이렇게 말했습니다.

왕은 수차례 간언에도 내 말을 듣지 않았다. 내가 보건대 오나라는 이제 곧 망할 것이다. 너까지 함께 죽는 것은 아무런 의미 없는 일일 뿐이다.

-『사기』「오자서열전」

오자서는 제나라의 대부 포씨^{鮑氏}에게 아들을 맡기고 혼자 오나라로 돌아왔습니다. 이 일이 알려지자 백비는 자신과 권력을 다투는 최대 라이벌을 제거할 절호의 기회를 잡았다며 회심의 미소를 지었습니다. 오래전 자기 일족과 함께 오나라로 망명을 왔을 때, 자신을 도와준 것이 바로 오자서였음에도 불구하고 백비는 자신보다 현명한 오자서를 늘 시기했습니다. 결국 그는 부차에게 오자서가 왕을 원망하고 모반을 꾀하려 한다고 모함했습니다. 오자서를 의심한 부차는 그에게 자결을 명령했습니다. 오자서는 자결하기 전 오나라가 멸망할 것을 예언하면서 자신의 시신에서 두 눈을 빼내 동쪽 성문에 매달아 달라는 유언을 남겼습니다. 자신이 죽은 뒤에도 월나라 왕 구천이 군대를 이끌고 와 오나라를 멸망시키는 모습을 똑똑히 지켜보겠다는 섬뜩한 뜻이 담겨 있는 말이었습니다. 오자서의 유언을 들은 부차는 크게 화를 내며 그 시체를 말가죽 자루에 넣어 강물에 던져버렸습니다.

오자서가 죽고 12년이 지난 후 월나라 왕 구천은 마침내 오나라를 공격해 멸망시켰습니다. 최후의 순간, 부차는 스스로 목을 찔러 죽으면서 자신이 오자서의 말을 듣지 않아 이 지경에 이르게 됐다며 크게 후회했습니다.

지난날 아버지 합려의 복수를 꾀할 때 부차는 구천에 대한 대비를 한시도 게을리하지 않으면서 부국강병에 힘썼기 때문에 마침내 월나라에 승리할 수 있었습니다. 하지만 정작 승리를 거두고 나자 부차는 '승자의 저주'에 걸려들고 말았습니다. 승리에 도취되어 방심한 채, 더 이상 구천을 안중에 두지 않은 것입니다. 그토록 오랜 기간에 걸쳐 구천이 와신상담하며 복수를 치밀하게 추진했는데도 아무런 경계도 대비도 하지 않았습니다. 오히려 여러 차례 그 위험성을 경고하는 오자서의 간언을 철저하게 외면했습니다. 방심은 실패의 지름길입니다. 오늘의 승리를 만끽하는 사람들도 조심하고 경계하는 마음을 잃게 되면 언제든 몰락의 길에 들어설 수 있습니다.

성공은 준비하며 때를 기다리는 자에게 찾아온다

오나라 왕 부차의 처참한 몰락을 '승자의 저주'라고 부를 수 있다면, 복수에 성공한 월나라 왕 구천의 경우는 '패자의 축복'이라고부를 수도 있을 것 같습니다. 부차에 의해 회계산에 포위된 구천은신하를 자처하며 목숨을 구걸해 간신히 살아날 수 있었습니다. 참혹한 패배에 절망한 구천은 이제 자신의 운명은 끝났다면서 크게탄식했습니다. 이때 구천의 신하 문종文種은 만약 앞으로의 어려움을 견딜 수만 있다면 지금의 패배가 내일의 축복이 될 것이라면서이렇게 말했습니다.

> 옛날 은나라 탕湯 임금은 하대夏台에 붙잡혀 있었고, 주나라 문왕文王은 유리에 갇혔으며, 진나라 중이重耳(진문공)는 적狄나라로 달아났고, 제나라 소백(제환공)은 거莒나라로 망명했습니다. 그러나 그들은 모두 훗날 왕 노릇을 하고 패업을 이뤘습니다. 그렇다면 현재 왕의 처지 역시 어찌 훗날의 복이 될 수 없다고 하겠습니까?
>
> —『사기』「월왕구천세가越王句踐世家」

문종의 간언을 듣고 깨달음을 얻은 구천은 이후 스스로 고통을감내하면서 오로지 '회계산의 치욕'을 씻을 방법만 고심했습니다.

앞서 언급했다시피 항상 섶에 눕고 쓸개를 핥으며 패배의 쓴맛을 잊지 않으려 했습니다. 또한 직접 농사를 짓고, 부인 역시 직접 길쌈했으며, 고기를 먹지 않고, 소박한 옷을 입으며, 몸을 낮춰 어진 사람에게 겸손하고 손님을 후하게 접대하며, 가난한 사람을 돕고 죽은 자를 애도해 백성과 더불어 온갖 어려움을 함께했습니다. 그리고 대부 문종과 범려 같은 현명한 인재를 중용해 부국강병에 힘썼습니다. 회계산의 치욕을 겪은 지 7년째 되는 해, 구천은 그동안 어려움을 함께한 병사와 백성을 달래며 오나라에 복수할 뜻을 밝혔습니다. 이때 주변의 신하들은 이렇게 간언했습니다.

> 오나라는 주변 나라를 공격해 깊은 원한을 사고 있습니다. 부차는 베푼 덕은 작은데 이룬 공적은 많아 자만심에 깊게 빠져 있습니다. 지금 오히려 오나라를 후하게 받드십시오. 그러면 오나라는 더더욱 우리 월나라를 하찮게 여기고 방심할 것입니다.
>
> ─『사기』「월왕구천세가」

구천은 이 말을 듣고 부차의 자만심을 더욱 부추기고 자신에 대한 경계심을 더욱 늦추기 위해 신하들을 거느리고 스스로 오나라에 찾아가서 신하의 예의를 갖추고 후한 예물을 바쳤습니다. 앞서 언급한 일로 오자서가 죽고 자신이 뇌물로 매수한 태재 백비가 오나라의 정치를 맡은 지 3년이 지나자, 마침내 복수할 때가 왔다고 여긴 구천은 범려에게 오나라를 공격해도 되겠냐고 물었습니다. 여전히 범려는 아직 안 된다고 답했습니다. 그러자 구천은 다시 인내했습니다. 더욱 완벽한 복수를 위해 때를 기다린 것입니다.

그다음해 봄, 부차가 오나라의 정예 병사들을 거느리고 제후들과 회맹會盟을 위해 북쪽으로 가자, 오나라의 수도에는 태자와 노약한 병사들만 남게 됐습니다. 이때 다시 구천은 범려에게 오나라를 공격해도 되겠는지 물었습니다. 범려가 가능하다고 답하자 마침내 구천은 5만의 군대를 동원해 오나라를 공격했습니다. 오나라 군대를 대파하고 태자도 죽였습니다.

이 소식을 듣고 황급히 수도로 돌아온 부차는 전세가 불리하다는 사실을 깨닫고 사신을 보내 강화를 청했습니다. 구천은 오나라를 멸망시키기에는 아직 힘이 부족하다고 느꼈기에 강화를 맺고 군대를 철수했습니다. 그리고 4년간 더 철저한 준비를 한 끝에 재차 오나라를 침공했습니다. 또다시 월나라 군대에 쫓긴 부차는 고소산姑蘇山에 갇히는 신세가 됐습니다. 부차는 지난날 구천이 목숨을 구걸했던 것처럼 자신을 살려달라고 간청했습니다. 구천은 부차에게 용동勇東에 있는 100호의 민가만을 하사해 머물도록 했습니다.

한때나마 제후들을 불러 모아 회맹을 주도한 패자였던 부차로서는 감당하기 어려운 치욕스런 제안이었습니다. 결국 부차는 스스로 목을 찔러 죽었습니다. 그의 죽음으로 오나라의 긴 역사도 끝나고 말았습니다. 그렇다면 구천은 회계산의 치욕을 씻기 위해 대체 얼마나 오래 와신상담의 고통을 감내했을까요? 「오태백세가」와 「월왕구천세가」를 읽어보면 그 시간은 무려 21년이나 됩니다.

　창업이 성공으로 나아가는 것이라면, 수성은 그 성공을 잃어버리지 않고 단단히 지키는 일입니다. 부차는 방심으로 인해 자신이 거둔 성공을 오래 유지할 수 없었고, 구천은 실패에도 좌절하지 않고 묵묵히 때를 기다림으로써 성공할 수 있었습니다. 이들의 이야기는 오늘날 우리에게 창업과 수성을 가능하게 만드는 핵심 요소가 무엇인지 적나라하게 보여줍니다.

3부

싸우지 않고 적을 물리치는 필승의 비법

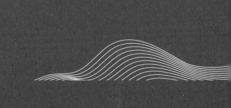

손자, 오기, 한신에게 배우는
백전백승 천하를 평정하는 법

12강

적이 내부에서부터
무너지게끔 만들어라

범저, 세 치 혀로 조나라의 성벽을 무너뜨리다

『사기』는 3천 년에 달하는 긴 역사 속에 등장하는 다양한 인물과 사건을 다룹니다. 그중에서도 가장 중요하고 빈번하게 다뤄지는 사건을 하나 꼽으면 전쟁이 될 것입니다. 그렇다면 오늘날을 살아가는 우리가 수천 년 전의 전쟁 이야기를 통해서 무엇을 배울 수 있을까요?

우리는 흔히 삶을 전쟁터에 비유하고는 합니다. 누구나 살아가면서 다양한 난관에 부딪히고, 또 경쟁해서 이겨야 하는 상대를 만나기 때문이죠. 그렇다면 『사기』 속 전쟁의 기술은 그런 '전쟁터'에서 좀 더 지혜롭게 살아갈 수 있는 방법들을 일깨워 줄 것입니다.

일반적으로 전쟁은 군사력으로 수행한다고 생각합니다. 맞는 말입니다. 하지만 역설적이게도 전략 중 가장 무모하고 어리석은 행동 역시 오직 군사력에만 의존하는 것입니다. 전쟁의 궁극적인 목적은 적을 무력으로 억누르는 군사적 점령이 아니라 마음에서부터 완전히 승복시키는 정치적 지배입니다. 당연합니다. 전자는 일시적이지만 후자는 영속적이기 때문입니다.

최고의 전략은 싸우지 않고 이기는 것

동서양을 막론하고 탁월한 전략가일수록 오히려 전쟁을 선호하지 않았습니다. 독일의 클라우제비츠Carl von Clausewitz는 『전쟁론』에서 "전쟁은 정치의 연장이다"라고 말했고, 최고의 전략가로 꼽히는 손자 역시 『손자병법』에서 "적과 백 번 싸워 백 번 모두 이기는 것은 최선의 방법이 아니다. 싸우지 않고 굴복시키는 것이 가장 좋은 방법이다"라고 말했습니다. 궁극적으로 무력 사용 자체가 전쟁의 목적은 아니라는 이야기입니다.

따라서 전략가들은 적을 상대할 때 싸우지 않고 이길 수 있는 방법을 충분히 동원한 뒤에야 무력을 사용했습니다. 즉, 적국을 내부에서부터 분열시켜 무너뜨린 뒤에야 군사적 점령이라는 방법을 사용한 것입니다. 적국의 내부 정치가 통합되어 있으면 국론과 민심이 흩어지지 않고, 국론과 민심이 흩어지지 않으면 아무리 강한 군대도 그 나라를 정치적으로 완벽하게 지배하기 어려운 법입니다.

진나라가 여섯 나라를 멸망시키고 마침내 천하를 통일할 수 있었던 비결 역시 여기서 찾을 수 있습니다. 진나라는 늘 정치 공작을 군사 작전보다 우위에 뒀습니다. 먼저 진나라가 이웃하고 있는 강국 조나라를 어떻게 정치적으로 붕괴시키고 군사적으로 무력화시켰는지 살펴보겠습니다.

소양왕 때 재상 범저는 진나라가 천하 통일을 이루는 데 핵심적인 역할을 한 정치·군사전략인 원교근공책遠交近攻策을 입안한 사람입니다. 이는 진나라와 멀리 떨어져 있는 제나라, 연나라와는 친교를 맺고, 국경을 맞대고 있는 조·한·위나라는 공격하는 전략입니다. 가까운 나라부터 멸망시킨 다음, 먼 나라를 공격해 멸망시키겠다는 전략입니다. 이 전략에 따라 진나라가 먼저 집중 공략했던 곳은 국경을 맞댄 세 나라 중 가장 강대하고 위협적인 조나라였습니다.

이때 조나라에는 염파廉頗라는 명장이 있었습니다. 염파는 왕의 명령을 어기면서까지 보루를 튼튼하게 쌓고 진나라 군대가 싸움을 걸어와도 함부로 나가 싸우지 않았습니다. 염파가 방어하는 한 조나라를 무너뜨리기 어렵다는 사실을 깨달은 범저는 수많은 첩자를 보내고 유언비어를 퍼뜨려서 조나라 조정 내부를 이간질해 분열시켰습니다. 그 유언비어는 "진나라가 두려워하는 자는 조괄趙括이지

염파가 아니다. 염파는 상대하기 쉽다. 그는 결국 진나라에 항복할 것이다"라는 내용이었습니다.

염파의 소극적인 방어 전략에 불만을 품고 있던 조나라 왕과 대신들은 어리석게도 유언비어를 민심의 소리로 믿고, 염파를 쫓아내고 조괄을 장군으로 임명했습니다. 범저는 이 소식을 듣자마자, 비밀리에 백기를 상장군으로 삼아 조나라를 공격했습니다.

진나라 군대가 조나라의 보루에 이르자, 조괄은 곧바로 군사를 내보내 응전했습니다. 진나라 군대는 일부러 패한 척 달아났다가, 승기를 잡았다고 판단한 조괄이 진나라의 보루까지 쫓아오자 매복하고 있던 진나라 병사들로 그를 포위했습니다. 결국 조괄이 장평長平(지금의 산시성 구위안현) 전투에서 화살에 맞아 죽자, 조나라 군대는 어쩔 수 없이 항복했습니다. 이때 항복한 조나라 병사만 40만 명에 달했습니다. 백기는 전날 포로로 잡힌 조나라 병사와 백성 들이 다시 반란을 일으킨 일을 떠올리며 그들을 모두 생매장했습니다. 이후 조나라는 진나라와 간신히 화친을 맺고 멸망의 위기를 넘겼지만, 무려 40만 명의 병사를 잃은 그들의 운명은 이제 백척간두百尺竿頭, 풍전등화風前燈火의 신세였습니다.

진시황 대에 이르러 진나라에 의해 가장 먼저 멸망한 나라는 약소국 한나라였습니다. 그다음은 조나라를 다시 공격했습니다. 당시 조나라에는 전날의 명장 염파 같은 명장 이목李牧과 사마상司馬尙이 버티고 있었습니다. 그들이 조나라 군대를 지휘하는 한 진나라는 쉽게 뜻을 이룰 수 없었습니다. 진나라는 다시 이간책을 펼쳤습니다. 조나라 왕이 남달리 아끼던 권신 곽개郭開를 뇌물로 포섭해, 조나라 왕에게 이목과 사마상이 모반을 꾀하고 있다고 모함한 것입니다.

결국 또다시 이간책에 넘어간 조나라는 이목을 붙잡아 죽이고 사마상을 해임시켰습니다. 장애물이 제거되자 진나라는 장군 왕전이 지휘하는 군대를 보내 조나라를 공격했고, 마침내 조나라를 멸망시켰습니다.

위나라 역시 비슷한 과정을 겪었습니다. 위나라에는 신릉군信陵君 무기無忌라는 명장이 있었습니다. 「위공자열전魏公子列傳」에 나오는 그의 모습은 인자한 성품으로 여러 식객들이 따르는 당대의 명사이자, 『위공자병법魏公子兵法』이라는 병법서를 편찬할 만큼 병법에 능한 천하의 기재였습니다. 위나라의 상장군이 된 무기는 위·초·연·한·조나라 연합군을 이끌고 진나라 장수 몽오蒙驁가 지휘하는 군대를 대파해 함곡관 밖으로 나오지 못하게 압박했습니다.

위나라에 막힌 진나라는 중원을 향해 나아갈 수 없었고, 천하통일의 꿈 역시 멀어질 위기에 처했습니다. 위기 상황을 타개하기 위해서는 어떻게든 무기의 군사 지휘권을 빼앗고 조정에서 내쫓아야 했습니다. 진나라는 또다시 위나라 왕과 신릉군 무기가 서로 반목하게 만드는 정치 공작을 펼쳤습니다. 많은 재물을 풀어 무기와 원수지간인 진비晉鄙의 옛 빈객을 찾아내 무기를 끊임없이 헐뜯도록 했습니다. 신릉군 무기는 위나라 소왕昭王의 막내아들로 당시 위나라를 다스리고 있던 안희왕安釐王의 이복동생이었습니다.

안희왕의 입장에서 이복동생인 신릉군 무기의 재능과 명성은 진나라로부터 위나라를 지킬 수 있는 든든한 방패였지만, 다른 한편으로 보면 자신의 왕위를 위협하는 요소이기도 했습니다. 진나라는 바로 이 틈을 비집고 들어갔습니다. 진나라에 매수된 진비의 옛 빈객은 천하에 위세를 떨치고 있는 신릉군 무기의 명성이 안희왕의 자리를 위태롭게 한다고 모함했습니다.

> 공자는 망명하여 10년이나 나라 밖에 있었지만, 지금은 위나라의 장군이 되어 다른 제후들의 군대까지 전부 그의 통솔을 받고 있습니다. 제후들은 위나라에 오직 공자가 있는 것만 들을 뿐 왕에 대해서는 들은 것이 없습니다. 공자 역시 이를 알고 스스로 남면南面해 왕이 되려 하는데, 모든 제후들이 그의 위세를 두려워하며 왕위에 추대하려 합니다.
>
> -『사기』「위공자열전」

진나라의 정치 공작은 여기에서 그치지 않고 더욱 집요하게 안희왕의 의심을 파고들었습니다. 당시 진나라를 다스린 장양왕은 자주 첩자를 보내 신릉군 무기를 찾아가 이렇게 축하하도록 했습니다. "공자께서 지금 위나라 왕으로 즉위하셨습니까? 아직 위나라 왕이 되지 못하셨습니까?" 이런 거짓 축하를 통해 세상에서는 이미 신릉군 무기를 위나라 왕으로 알고 있다는 유언비어를 퍼뜨려 안희왕의 귀에 들어가도록 꾸민 것입니다.

조정 안에서 계속 신릉군 무기를 헐뜯는 말을 들은 데다 조정 바깥의 유언비어까지 전해지자, 안희왕의 의심은 더욱 커져갔습니다. 결국 그는 무기의 군사 지휘권을 빼앗기 위해 상장군의 자리에 다른 사람을 임명했습니다. 신릉군 무기는 분하고 실망한 마음에 병을 핑계로 더 이상 조정에 나가지 않고 밤낮으로 빈객들과 어울려 주색을 가까이하다 4년 만에 죽고 말았습니다. 진나라는 눈엣가시 같던 신릉군 무기의 사망 소식을 듣자마자 곧바로 군대를 보내 위나라를 공격했습니다. 위나라의 성 스무 개를 함락시킨 진나라는 처음으로 그 땅에 진나라의 동군東郡을 설치하는 큰 전과를 올렸습니다. 그러다 결국 18년 뒤에는 위나라의 수도 대량을 함락시키고, 그 땅을 진나라의 군현郡縣으로 만들었습니다.

끊임없이 흔들어 기회를 만들어라

진나라는 여섯 나라 중 마지막으로 제나라를 멸망시킬 때도 먼저 정치 공작을 펼치고, 그다음 군대를 동원한다는 전략을 철저하게 따랐습니다. 제나라 양왕襄王은 임금이 되자 태사씨太史氏의 딸을 왕후로 삼았습니다. 얼마 지나지 않아 아들을 낳았는데, 바로 제나라의 마지막 왕 건建입니다. 양왕의 왕후는 매우 어질고 현명한 데다 정치적 수완 또한 뛰어났습니다. 양왕이 죽고 아들 건이 임금의 자리에 오른 후에도 제나라는 왕후 덕분에 안정과 평화를 누렸습니다. 왕후는 진나라는 물론 주변 한·조·위·초·연나라와 신뢰를 바탕으로 한 우호 관계를 유지했고, 이들 여섯 나라가 밤낮으로 서로 싸우는 틈을 이용하는 영리한 정책으로 제나라의 평화를 지켰습니다. 이 때문에 제나라는 건이 왕위에 오른 후 40여 년이 넘도록 다른 나라 군대의 침략을 받지 않았습니다.

진나라 역시 제나라를 함부로 다루지 못했는데, 양왕의 왕후를 중심으로 국론과 민심이 단결된 제나라를 공격하기도 어려울뿐더러 전쟁에서 이겨도 크게 실익이 없다고 판단했기 때문입니다. 그러다 왕후가 죽자 마침내 진나라는 제나라를 흔들 음모를 꾸몄습니다. 또다시 정치 공작이었습니다.

왕후가 죽은 후 제나라의 권력은 상국 후승后勝의 수중에 들어갔습니다. 진나라는 첩자들에게 많은 뇌물을 주고 후승을 찾아가도록 했습니다. 그가 뇌물로 매수할 수 있는 인물인지 확인하기 위해서였습니다. 진나라의 정치 공작은 보통 다음과 같은 방식으로 진행됐습니다. 먼저 뇌물로 매수할 수 있으면 많은 재물로 포섭합니다. 만약 그럴 수 없으면 위협을 가해 회유합니다. 회유가 안 되면 모함으로 쫓아냅니다. 모함으로도 쫓아낼 수 없으면 사람을 보내 암살합니다.

그렇다면 후승은 어떤 사람이었을까요? 그는 사사로운 이익을 탐하는 인물이었습니다. 진나라에 포섭된 후승은 자신의 빈객들까지 진나라에 입조入朝시켜 진나라의 첩자 노릇을 하게 했습니다. 그들은 제나라 왕에게 가서 진나라의 침략에 대비할 필요가 없다고 설득했으며, 한·조·위·초·연나라 등 다섯 나라와 연합해 진나라를 공격하지 못하도록 막았습니다. 그 덕분에 진나라는 제나라에 대한 걱정 없이 다섯 나라를 하나하나 멸망시켰고, 마침내 제나라까지 공격했습니다. 그런데 진나라의 군대는 제나라의 수도 임치에 이르기까지 누구에게도 방해를 받지 않았습니다. 이미 진나라의 정치 공작에 포섭된 내부의 간첩과 협조 세력이 제나라 조정을 장악해 저항 의지를 완전히 꺾어버렸기 때문입니다.

제나라 왕 건은 상국 후승의 말을 듣고서 한 번 싸우지도 않고 항복했습니다. 전략 가운데 최상의 방법이 바로 피를 흘리지 않고 승리하는 것입니다. 진나라는 섣부르게 상대를 공격하지 않고 차분히 때를 기다리다가 마침내 때가 무르익자 상대를 내부에서부터 흔들어 싸우기도 전에 스스로 무너지게끔 만들었습니다. 적과 직접 맞서기도 전에 이미 승리를 얻어내는 최상의 상황을 만든 것입니다.

13강

적의 약점을 집요하게 공격하라

『손자병법』이 알려주는 승리 비결과
송양공의 어리석음

사마천은 「손자오기열전孫子吳起列傳」에서 "세상에서 병법을 말하는 사람들은 누구나 『손자병법』 열세 편과 『오자병법吳子兵法』을 거론한다"라고 말합니다. 춘추전국시대 최고의 병법가·전략가가 이 두 병법서의 저자인 손자와 오기吳起이지요.

그런데 『손자병법』과 『오기병법』을 비교하면 몇 가지 뚜렷한 차이를 발견할 수 있습니다. 전자가 '싸우지 않고 승리하는 법'을 말하는 반면, 후자는 구체적인 전략을 서술하고 있기 때문입니다. 아무튼 사마천 당대는 물론 오늘날에도 최고의 병법서를 하나만 꼽는다고 하면 『오기병법』보다 『손자병법』을 꼽습니다. 단지 전쟁터에서뿐만 아니라 2500년이라는 시간을 훌쩍 뛰어넘은 오늘날의 일상생활, 사회생활에서도 적용할 수 있을 만큼 활용 범위가 넓기 때문입니다.

최고의 전략가 손자가 생각한 최상의 전략은 싸우지 않고 승리하는 것 또는 싸우더라도 최소한의 피해로 승리하는 것입니다. 『손자병법』은 병법의 핵심을 이렇게 정의합니다. "전쟁은 속이는 것이다."

전쟁의 기술을 다루는 병법은 근본적으로 속임수이기 때문에 "능력이 있지만 없는 것처럼 보여야 하고, 병법을 쓰되 쓰지 않는 것처럼 보여야 하고, 가깝지만 먼 것처럼 보여야 하고, 멀지만 가까운 것처럼 보여야" 이길 수 있다는 것입니다. 손자는 "적에게 작은 이로움을 주어서 유인해내고, 적을 혼란스럽게 해서 이로움을 취하고, 적이 충실하면 대비하고, 적이 강하면 피하고, 적을 분노하게 만들어 흔들고, 비굴한 몸짓으로 적의 교만심을 부추기고, 적이 편안하면 피로하게 만들고, 적의 내부가 치밀해 단단하면 이간질로 분열시키고, 적의 방비가 허술한 곳을 집중 공격하고, 적이 전혀 생각하지 못한 곳을 찔러야" 승리할 수 있다고 말합니다.

싸우기 전에 적을 약하게 만들어라

그런데 전쟁이 속이는 것이라는 말의 의미는 무엇일까요? 오늘날 우리들 역시 삶이라는 전쟁터에서 살아남기 위해서는 남을 속여야 한다는 뜻일까요? 『사기』를 읽다 보면 사마천 역시 이 문제에 상당한 의문을 가지고 있었구나 하는 이야기가 나옵니다. 바로 「진세가晉世家」에 나오는 진나라 헌공獻公의 '가도멸괵假道滅虢' 이야기와 「송미자세가」에 나오는 송나라 양공襄公의 '송양지인宋襄之仁' 이야기입니다.

춘추시대에는 100여 개가 넘는 제후국들이 난립했습니다. 헌공 때 진나라는 이들 제후국 가운데 최고의 강대국으로 군림했습니다. 일찍이 헌공은 즉위한 이래 반란의 위험을 막겠다며 자신과 권력을 다툰 수많은 형제와 친척 들을 죽였습니다. 이때 간신히 목숨을 건진 여러 공자들이 괵虢나라로 도망쳤습니다. 헌공은 틈만 나면 괵나라를 공격하려고 했지만, 괵나라를 공격하려면 이웃한 우虞나라를 경유해야 했습니다. 그 순간 당시 진나라의 대부 순식荀息이 묘책을 내놓았습니다. 먼저 헌공이 아끼는 보물인 벽옥碧玉과 명마名馬를 우나라에 선물로 주어 환심을 산 뒤, 괵나라를 공격하기 위해 길을 빌리자는 것이었습니다.

처음에 헌공은 보물과 명마가 아까워 그 묘책을 받아들이지 않았습니다. 하지만 순식은 그것들은 잠시 건네주는 것일 뿐, 괵나라를 무너뜨린 뒤 돌아오는 길에 우나라를 공격해 멸망시키면 보물 역시 다시 수중에 돌아올 것이라 말했습니다. 순식의 계략에 탄복한 헌공은 즉시 우나라에 보물과 명마를 건네주고 길을 빌리도록 했습니다.

그런데 당시 우나라에는 궁지기宮之奇라는 현명한 신하가 있었습니다. 그는 헌공과 순식의 속셈을 간파하고 있었고, 진나라의 목적은 괵나라뿐 아니라 우나라도 멸망시키는 것이므로 길을 빌려주어서는 안 된다고 간언했습니다. 게다가 괵나라와 우나라의 관계는 입술이 없으면 이가 시린, 순망치한脣亡齒寒의 관계여서 괵나라가 멸망하면 우나라도 반드시 해를 입게 된다고 말했습니다. 그러나 벽옥과 명마에 이미 마음을 빼앗긴 우나라 임금은 길을 빌려줬고 순식이 지휘하는 진나라 군대는 예정대로 괵나라는 물론 우나라도 멸망시켰습니다.

사마천은 우나라 제후를 속인 헌공과 순식을 부도덕하다고 탓하지 않았습니다. 윤리의 측면에서 보면 헌공과 순식의 행동은 비난받아 마땅하지만, 전쟁의 목적은 승리이기 때문에 속임수를 써서 적을 방심하게 만들고 약하게 만드는 것은 전략의 기본이기 때문입니다.

적을 알고 나를 알아야 위태로워지지 않는다

이와 반대로 전쟁에서 인의를 앞세웠다가 크게 낭패를 당한 사람도 있습니다. 바로 '송양지인' 고사의 주인공 송나라 양공입니다.

그는 초나라 성왕과 홍수泓水(허난성에 있는 강)에서 싸움을 벌였습니다. 그런데 송나라 양공의 군대가 전열을 정비해 이미 전투태세를 갖추고 있을 때, 초나라 성왕의 군대는 미처 강조차 다 건너지 못한 상태였습니다.

송나라의 국상國相 목이目夷는 초나라 군사는 많고 송나라 군사는 적으니, 그들이 강을 건너기 전에 공격해야 승리할 수 있다고 말했습니다. 그런데 양공은 그의 의견을 받아들이지 않았습니다.

군자는 다른 사람이 어려움에 빠져 있을 때 함부로 곤란하게 만들지 않는 법이다. 초나라 군대는 아직 강조차 다 건너지 못했는데 그들을 비겁하게 공격하겠는가?

-『사기』「송미자세가」

결국 초나라 군대는 안전하게 강을 건넜습니다. 하지만 미처 전열까지는 완전히 다 갖추지 못하고 있었습니다. 목이는 공격해 승리할 수 있는 마지막 기회라고 간언했습니다. 하지만 송나라 양공은 또다시 목이의 의견을 묵살했습니다.

다른 사람이 전열을 갖추지 못했을 때에는 함부로 북을 두드리며 공격하지 않는 것이 도리다. 이제 막 강을 건너 전열조차 갖추지 못한 초나라 군대를 어찌 비겁하게 공격한단 말인가?

결국 초나라 군대가 전열까지 다 갖추고서야, 비로소 양공은 공격을 명령했습니다. 결과는 대패였습니다. 양공은 넓적다리에 상처까지 입고, 결국 그 상처가 악화되어 죽고 말았습니다. 목이는 양공이 두 번이나 자기 조언을 물리치자, 그 어리석음을 크게 원망하면서 이렇게 말했습니다.

전쟁에서는 승리가 최우선인데 어찌 그런 태평한 말을 하십니까? 지금 말씀대로 한다면 우리는 반드시 노예가 되어 다른 사람을 섬기는 신세가 될 것입니다. 그렇게 하시려면 도대체 무엇 때문에 굳이 전쟁을 하십니까?

-『사기』「송미자세가」

여기 목이의 말 속에 전쟁을 바라보는 사마천의 견해가 모두 담겨 있습니다. 전쟁에서 중요한 것은 승리하는 것입니다. 승리를 위해서는 나의 약점은 감추고, 상대의 약점은 공격해야 합니다. 당시 송나라는 작은 나라였던 반면 초나라는 강대국이었습니다. 처음부터 정면 승부로는 도저히 승리를 거둘 수 없는 상황임에도, 양공은 '명분'을 내세워 어리석은 행동을 계속했던 것입니다.

"적을 알고 나를 알면 백 번 싸워도 위태로워지지 않는다"라고 하지요. 반대로 적을 모르고 나도 모르면 백 번 싸워서 단 한 번도 위태롭지 않은 적이 없을 것입니다. 양공이 말한 군자의 덕목인 인의와 도리는 평화로운 시기의 일상적인 가치 기준입니다. 위급한 전쟁터에서의 가치 기준이 결코 아닌데도, 냉철한 현실 인식도 객관적인 상황 판단도 하지 못한 결과, 송양공은 처참하게 패하고 죽음을 맞게 된 것입니다.

우리는 현실에서 무수한 문제들을 마주합니다. 그러한 상황을 현명하게 헤쳐 나가기 위해 필요한 것이 바로 객관적인 현실 판단이지요. 자신이 가지고 있는 장단점이 무엇인지, 정확히 무엇을 기준으로 판단하고 행동할 것인지 알아야, 송나라 양공처럼 승리를 목적으로 삼아야 하는 전쟁터에서 어쭙잖은 인의로 커다란 패배를 자초하는 어리석은 행동을 되풀이하지 않을 것입니다.

14강

적과 아군,
모두의 심리를 활용하라

한신과 항우, 심리전이 승패를 가르다

『사기』에는 수많은 명장과 전략가가 등장합니다. 그 가운데 최고의 전략가로 손꼽히는 사람이 손자라고 앞에서 말씀드렸지요. 그렇다면 최고의 명장은 누가 꼽힐까요? 분명 회음후^{淮陰侯} 한신의 이름은 빠지지 않을 것입니다.

사마천은 괴통^{蒯通}의 말을 빌려 당시 한신을 "항우와 유방을 두려움에 떨게 할 만한 위세와 지략을 지녔다"라고 매우 높게 평가했습니다. 만약 한신이 유방을 따르지 않고 항우와 유방, 모두에게 맞서 독자 세력을 형성했다면 유방은 쉽게 황제가 되지 못했으리라는 것입니다. 또한 한신이 함부로 자기 공적과 재능을 자랑해 반역의 죄를 뒤집어쓴 채 비참하게 죽지 않았다면, 주나라를 세운 전설적인 전략가이자 병법가인 태공망 여상에 견줄 만한 평가를 받았을 것이라고도 말했습니다.

그렇다면 사마천은 군사를 다루는 한신의 능력 가운데 무엇을 첫손가락에 꼽았을까요? 다름 아닌 심리전 능력입니다. 한신은 아군은 물론 적군의 심리를 자유자재로 다루는 데 탁월했고, 그 때문에 어느 누구도 대적하기 힘든 독보적인 지위에 오를 수 있었습니다.

사람의 심리를 자유자재로 다룬다는 것은 아무나 쉽게 보지 못하는 것을 볼 줄 아는 통찰력과, 상대를 자신의 뜻대로 움직이게 하는 능력을 지녔다는 뜻입니다. 「회음후열전淮陰侯列傳」에는 그가 얼마나 심리전에 능숙했는지 알려주는 세 가지 이야기가 등장합니다.

정확한 목표 제시로 동기를 부여하라

첫 번째 이야기는 한신이 일개 무명소졸에서 일약 한나라의 대장군으로 출세한 직후에 등장합니다. 진나라를 멸망시키고 천하 패권을 손에 쥔 항우는 스스로 서초패왕의 자리에 오른 후 유방을 한나라 제후로 임명해 오지 중의 오지인 서남쪽 파촉巴蜀(지금의 쓰촨성 지역)과 한중漢中(지금의 산시성 남부 지역) 땅으로 내쫓았습니다.

또한 멸망한 진나라 땅을 셋으로 나눠 항복한 진나라 장수들을 각각 왕으로 세워 관중 땅을 지키도록 했습니다. 유방이 함부로 파촉 땅을 빠져나와 중원을 향해 동진하지 못하도록 막기 위해서였습니다.

항우는 혹시 유방이 힘을 키워 천하를 차지하지나 않을까 의심하고 견제했습니다. 아직 항우를 대적할 힘을 갖추지 못한 유방은 어쩔 수 없이 파촉과 한중 땅으로 들어갔는데, 이때 그동안 유방을 따라 전장을 누비며 생사고락을 함께했던 수십 명의 장수들이 유방에게 희망을 찾지 못하고 도망쳤습니다.

당시 한신은 유방 진영에서 보잘것없는 벼슬을 하고 있었습니다. 유방의 최측근인 소하가 한신의 재주를 알아보고 여러 차례 추천했지만, 유방은 그를 대수롭지 않은 인물로 여겨 중용하지 않았습니다. 한신은 유방이 자신을 중용할 뜻이 없음을 알고, 다른 수십 명의 장수들이 도망칠 때 함께 떠났습니다. 그런데 수많은 장수가 도망쳐도 눈썹 하나 까닥하지 않던 소하가 한신이 달아났다는 말을 듣자 유방에게 말도 하지 않은 채 그를 뒤쫓아 갔습니다. 유방은 가장 믿고 의지했던 소하가 도망쳤다고 여겨, 마치 양손을 잃은 것처럼 실의에 빠져 지냈습니다.

그런데 며칠 뒤 소하가 돌아와서 유방을 찾아왔습니다. 한편으로는 기쁘고 한편으로는 화가 난 유방은 소하에게 따지듯 왜 도망쳤는지 물었습니다. 소하는 자신이 도망친 게 아니고 유능한 장수한 명을 뒤쫓아 다시 데려왔다고 했습니다. 바로 한신이었습니다.

유방은 수십 명의 장수들이 도망쳐도 내색도 않던 소하가 듣도 보도 못한 한신을 쫓아갔다는 말을 믿을 수 없었습니다. 하지만 소하는 한신과 같은 사람을 얻는 것은 힘든 일이라면서, 장차 항우와 천하를 다투고자 한다면 반드시 한신을 중용해야 한다고 건의했습니다. 이에 유방은 한신을 불러 대장군으로 삼으려고 했습니다. 그러자 소하는 다시 간언을 했습니다.

> 대왕께서는 평소에 오만하고 무례하신데, 지금도 대장군을 임명한다고 하시면서 대장이 될 사람을 마치 어린아이를 다루듯 하고 계십니다. 한신 같은 인물이 대왕을 떠나려는 까닭이 바로 여기 있습니다. 한신을 대장군에 임명하고자 하시면, 좋은 날을 잡아 목욕재계하신 뒤 단을 세우고 예를 갖춘 의식을 행하십시오.
>
> -『사기』「회음후열전」

결국 유방은 소하의 제안에 따라 예를 갖춰 한신을 대장군에 임명했습니다. 우여곡절 끝에 한신이 대장군에 임명되고, 유방은 한신에게 천하 대권을 다툴 계책을 물었습니다. 이때 한신이 내놓은 계책이 바로 산동이 고향인 병사들의 심리를 적극 이용하는 것이었습니다.

유방의 고향은 중국 대륙의 가장 동쪽에 자리한 패현입니다.

그를 따라 거병했던 신하와 병사 들의 고향 역시 대부분 패현이나 그 부근 지방으로, 항우가 유방을 내쫓은 파촉과 한중 땅은 중국 대륙의 가장 서남쪽에 자리해 그들의 고향과는 완전히 반대편에 위치해 있었습니다. 자연스레 장수들과 병사들은 모두 두 번 다시 고향으로 돌아가지 못할까 봐 두려운 마음을 가질 수밖에 없었습니다. 한신은 유방에게 바로 이 심리를 적극적으로 이용해야 한다고 조언했습니다.

> 항우는 공을 세운 장수들을 왕으로 봉했는데, 대왕만 유독 궁벽한 서남쪽 땅에 보내니 이는 왕을 내친 것입니다. 지금 우리 군영의 관리와 병졸은 모두 산동 사람입니다. 밤이고 낮이고 발꿈치를 들고 서서 고향으로 돌아가기를 바라고 있으니, 그 마음을 이용한다면 큰 공적을 이룰 수가 있을 것입니다.
>
> -『사기』「고조본기」

4개월 뒤, 한신의 계책을 받아들인 유방은 마침내 항우의 눈을 속이고 멀리 고도古道를 따라 돌아 나와, 항우가 삼등분한 옛 진나라 땅 중 하나를 다스리고 있던 옹왕雍王 장한을 공격했습니다. 한신의 말대로 유방의 병사들은 동쪽 고향으로 돌아갈 수 있다는 희망에 죽기 살기로 싸웠습니다.

심리적으로 단단하게 중무장한 병사들을 당해낼 군대는 없습니다. 승세를 탄 유방의 군대는 새왕 사마흔, 적왕翟王 동예 등을 차례로 굴복시켜 옛 진나라 땅을 모두 차지해 동진의 발판을 만들었습니다. 그리고 마침내 함곡관 밖으로 나가 항우와 천하 패권을 다투게 됐습니다.

적과 싸우기 전에 굴복시켜라

두 번째 이야기는 항우가 유방에게 패배한 초한 전쟁의 마지막 장면에 등장합니다. 유방과 항우가 형양衡陽(지금의 후난성 남부 형양시)과 성고 사이에서 장기간 대치하다가, 초나라 항우의 군대가 한나라 유방, 한신, 팽월의 군대에 삼면으로 포위당해 패배하는 과정은 앞선 1부에서 살펴보았습니다. 유방은 홍구를 기준으로 천하 반분의 협약을 맺었지만, 이내 협약을 깨고 항우를 급습했습니다. 결국 유방과 항우는 해하에서 최후의 결전을 맞게 됐습니다.

당시 한나라 군대는 한신이 이끈 군대 30만, 유방이 거느린 군대 20만, 팽월의 군대 3만, 그 외 경포 등이 이끈 군대가 7만으로 모두 60만에 이르는 대군이었습니다. 한나라가 거의 승리를 눈앞에 둔 상황이었지만, 그래도 상대는 한때 천하를 제패했던 항우와 초나라 군대였습니다. 이때 한신은 매우 손쉬운 방법으로 초나라 군대를 궤멸시켜 항우를 재기 불능의 상태로 몰아넣었습니다. 바로 군사력이 아닌 심리전으로 말이지요.

이때 한신이 썼던 병법이 바로 '사면초가四面楚歌'입니다. 한나라 군대에 쫓겨 해하에 진지를 구축해 주둔하고 있던 항우와 초나라 병사들은 밤중에 사방에서 들려오는 초나라 노래에 싸울 의지를 완전히 잃어버리게 됐습니다. 초나라 땅이 한나라 군대에 의해 완전히 점령당하고 초나라 백성들도 모두 항복했다고 생각했기 때문입니다.

초나라 군대는 자중지란自中之亂에 빠졌고 수많은 병사들이 항우를 버리고 도망쳤습니다. 결국 항우가 겹겹이 에워싼 한나라 군대의 포위를 뚫고 말을 몰아 남쪽으로 달아날 때 따라나선 병사는 경우 기병 수백여 명에 불과했다고 합니다. 한신은 탁월한 심리전을 통해 적과 싸우기도 전에 승리를 거뒀던 것입니다.

만약 한신이 이런 심리전을 사용하지 않았다면 궁지에 몰린 항우의 군대는 죽기를 각오하고 싸움에 나섰을 것입니다. 그러면 한나라 군대 역시 상당한 피해를 입었을 테지요. 하지만 한신은 싸우지 않고 이기는 것이야말로 최고의 승리라는 것을 알았습니다. 무력을 앞세우기보다 아군의 심리를 활용한 정확한 목표 제시로 사기를 올리고, 적군의 심리를 꿰뚫어 적으로부터 싸울 의지 자체를 빼앗아 완벽한 승리를 거둘 수 있었습니다. 역사적으로 어느 한쪽이 압도적인 승리를 거두는 전쟁은, 이렇듯 인간의 심리를 정확하고 적극적으로 활용한 경우가 많습니다.

절박함은 최고의 무기다

일반적으로 아군의 힘이 적군에 비해 열세이거나, 전세가 불리할 경우에는 싸우지 않는 것이 좋습니다. 『손자병법』에서도 "아군이 열세일 때는 충돌을 피하고, 몹시 불리할 때는 과감히 퇴각한다"라고 말하고 있지요. 하지만 우리가 살다보면 열세에 놓인 상황에서도 부득이하게 싸움을 치러야 할 때가 있습니다. 여기서 살펴볼 세 번째 장면은 바로 그런 상황에 처한 사람들에게 깨달음을 줄 것입니다. 바로 한신이 고작 2만의 병사로 조나라의 20만 대군을 굴복시킨 정형井陘(지금의 허베이성 스자장시 징싱현) 전투의 승리 장면입니다.

군사력의 열세에도 불구하고 역사에 남을 큰 승리를 거둔 지휘관들은 대개 비슷한 전술을 사용했습니다. 바로 병사들이 죽음을 각오하고 싸우도록 심리적으로 무장시켜 불굴의 용기를 발휘하게끔 하는 방법을 쓴 것이지요.

처음 전투가 시작되기 전, 군사적으로 열세에 놓인 한신이 강물을 등지고 진을 치게 하자 휘하 장수들은 납득하지 못했습니다. 조나라 군대는 병법을 모른다면서 조롱하고 비웃었지요. 조나라 군대가 이미 수적으로 우세에 있는데, 강을 등지고 진을 치면 퇴로까지 막혀 지형적으로도 지극히 불리해지기 때문입니다. 조나라 군대는 어렵지 않게 승리할 수 있겠다고 판단해 요새를 비우고 나가 싸웠습니다. 그런데 쉽게 이길 줄 알았던 한신의 군대를 도무지 무찌를 수 없었습니다. 강을 등지고 퇴로가 막힌 병사들이 하나같이 죽음을 각오하고 싸웠기 때문입니다.

결국 조나라 군대는 퇴각하려 했으나, 이미 요새는 한신이 미리 보낸 2천 명의 군대에 의해 점령된 뒤였습니다. 조나라 성벽에 온통 한나라의 붉은 기가 꽂혀 있는 광경을 본 조나라 병사들은 어지럽게 흩어져 달아나기에 바빴고, 결국 한신은 조나라 군대를 대파하고 조나라 왕을 사로잡는 큰 전과를 올렸습니다. 전투가 끝나자 휘하 장수들이 한신에게 물었습니다.

> 병법에는 산이나 언덕은 오른쪽에 두고 물과 못은 앞으로 해서 왼쪽에 두라고 합니다. 그런데 오늘 장군께서는 저희에게 강물을 등지는 배수진背水陣을 치라고 명령하셨습니다. 그러면서 "조나라를 격파한 뒤 다 같이 모여 실컷 마시고 먹자"라고 하셨지만, 저희들은 마음속으로 복종하기 힘들었습니다. 그런데 정말 우리가 승리할 수 있었으니, 대체 이것은 무슨 전술입니까?
>
> -『사기』「회음후열전」

한신은 평범한 방법으로는 도저히 조나라의 20만 대군을 감당할 수 없다는 사실을 잘 알고 있었습니다. 정형 전투는 병사들이 불굴의 용기로 필사적으로 싸우지 않는다면 처음부터 승산이 없었습니다. 마음속에 죽음을 각오하고 싸우지 않으면 안 되는 절체절명의 위기의식을 만드는 것 외에는 다른 방법이 없었습니다. 죽음과 삶, 승리와 패배, 성공과 실패 이외에 다른 탈출구를 봉쇄해 버렸을 때 병사들이 품게 되는 심리적 효과, 그것이 바로 한신이 노린 사지死地의 효과였습니다.

『사기』에는 한신 외에도 이러한 심리 효과를 이용해 크게 명성을 떨친 장군들이 여럿 등장합니다. 항우 역시 그 대표적인 인물입니다. 숙부 항량이 진나라 군대에 패해 목숨을 잃은 뒤, 항우는 우여곡절 끝에 초나라 군대를 지휘하는 총사령관이 됩니다. 동맹국인 조나라가 진나라의 공격을 받자, 항우는 경포 등에게 병사 2만명을 이끌고 조나라를 구하도록 했습니다. 하지만 별다른 성과가없자, 항우는 직접 자기 휘하의 군대를 모두 이끌고 구원에 나섰습니다. 이때 항우의 모습을 보면 새삼 그가 얼마나 뛰어난 지휘관이었는지 깨닫게 됩니다. 사마천은 당시 항우가 초나라 군대를 지휘하는 장면을 이렇게 묘사했습니다.

항우는 강을 건너자 배를 모두 침몰시켰다. 솥과 시루를 깨뜨리고 막사를 불사르고 군량도 사흘치만 남겼다. 스스로 죽음을 무릅쓰고 이기지 않고서는 살아 돌아오지 않겠다는 마음을 병사들에게 보였다.

-『사기』「항우본기」

당시 항우는 명성이 높은 지휘관이었습니다. 그런 인물이 스스로 죽기를 각오하고 싸우려고 하는데 어떤 장수와 병사가 혼자 살길을 모색하겠습니까? 초나라 병사들은 기꺼이 항우와 한 몸이 되어서, 거록에 뼈를 묻겠다는 각오로 진나라 군대에 맞서 싸웠습니다. 사마천은 당시 초나라 병사들의 함성이 온 하늘에 진동해 적국인 진나라 군대는 물론 거록성을 구원하러 온 제후군의 병사들까지 두려워 벌벌 떨었다고 기록하고 있습니다. 전투의 결과는 당연히 항우의 대승이었습니다. 이 전투로 항우는 초나라 군대를 이끄는 상장군에서 일약 제후군 전체를 이끄는 상장군이 됩니다.

손자는 『손자병법』에서 병사들이 "위험한 곳에 깊이 빠지면 두려워하지 않고, 물러날 곳이 없으면 강해지며, 죽을 곳에 이르면 목숨을 걸고 싸운다"라고 했습니다. 한신이 펼친 '배수진'이나 항우가 펼친 '사지의 전략'이 바로 이러한 심리를 적극적으로 활용한 것이지요.

그런데 이러한 전략은 상황에 따라 최고의 결과를 낳기도 하고 최악의 결과를 낳기도 합니다. 중요한 것은 그러한 상황에 처한 사람들의 심리를 어떻게 읽어내 동기부여를 할지 판단하는 일입니다. 한신이나 항우 같은 뛰어난 리더들은 그 방법을 잘 알았던 것이죠. 아군과 적군, 모두의 심리를 정확하게 파악하는 것, 그래서 아군은 승리를 위해 모든 것을 다 쏟아붓게끔 만들고 적군의 전의는 꺾는 것, 이것이 바로 승리를 위한 최고의 전략과 전술입니다.

15강

적의 적을 이용하라

연횡과 합종,
싸우기 전에 이기는 필승의 지혜

자신의 힘만으로 적을 상대해 승리하기 어려울 때가 있습니다. 『사기』는 그런 불리한 상황에서 다양한 활로를 찾아냈던 사람들에 대해서도 다루고 있습니다. 앞선 강의에서 다룬 것처럼 아군이나 적군의 심리를 활용하는 방법도 그 하나이고, 이번 강의에서 살펴볼 방법 역시 그중 하나입니다.

그것은 바로 적의 적을 이용하는 전략입니다. 춘추전국시대, 적의 적을 이용하는 전쟁의 기술을 다뤘던 사람들을 종횡가縱橫家라 부르는데, 그들이 전국을 다니고 유세를 하며 펼쳤던 전략이 바로 합종책과 연횡책입니다.

합종책, 적의 적을 이용해 힘의 균형을 이루다

전국시대 중반, 최강대국으로 급부상한 진나라가 중원에 진출하기 시작하자, 나머지 여섯 나라는 보존과 멸망의 갈림길에 서게 됩니다. 합종책은 이러한 상황에서 등장했습니다. 낙양 출신의 종횡가 소진蘇秦이 주장한 전략으로 강대한 진나라에 맞서 상대적으로 약한 여섯 나라가 정치·군사동맹을 맺는 전략입니다.

소진은 합종책을 성립시키기 위해 가장 먼저 진나라와 국경을 맞대 빈번하게 전쟁을 치르고 있는 조나라를 찾아갔습니다. 소진은 큰 곤란을 겪고 있는 조나라가 살아남으려면 적의 적을 이용해야 한다고 설득했습니다. 당시 조나라는 임금 숙후肅侯의 동생인 봉양군奉陽君이 재상이 되어 권력을 쥐고 있었는데, 그는 소진의 주장을 묵살했습니다. 조나라는 진나라와 국경을 맞댄 나라들 중 가장 넓은 땅과 많은 인구, 강한 군대를 가지고 있었기에 합종책의 성공을 위해서는 그들의 협조가 필수였습니다. 소진은 조나라와 이웃한 연나라의 임금 문후文侯를 이용했습니다.

조나라는 서쪽으로 진나라와 국경을 맞대고 있고 동쪽으로는 연나라, 제나라와 국경을 맞대고 있어서, 진나라가 연나라를 공격하려면 반드시 조나라를 거쳐야 했습니다. 그런 까닭에 처음 연나라는 진나라를 섬겨 조나라를 견제하려 했습니다. 그러나 연나라 문후를 찾아간 소진은 오히려 진나라가 연나라를 공격해 해치지 못하는 이유는 조나라가 진나라를 막아주고 있기 때문이라고 역설했습니다. 조나라가 있어야 진나라의 위협으로부터 연나라가 안전할 수 있으므로, 연나라와 조나라는 친교를 맺어야 나라를 보존할 수 있다고 주장했습니다. 가까운 적을 이용해 멀리 있는 적을 막는 전략이었습니다. 결국 문후를 설득한 소진은 연나라 사절 자격으로 다시 조나라 임금을 찾아갔습니다.

마침내 조나라 임금을 만난 소진은 진나라의 공격 앞에 살아남을 수 있는 방법은 적의 적을 이용하는 방법밖에 없다고 설득했습니다. 세상을 살다보면 영원한 적도 없고 영원한 내 편도 없는 법입니다. 소진은 조나라를 둘러싼 여섯 나라의 이해관계가 어떻게 충돌하는지 밝히면서, 조나라가 선택할 수 있는 세 가지 길을 밝혔습니다.

첫 번째 길은 진나라와 손을 잡는 전략입니다. 소진은 그렇게 되면 진나라는 반드시 한나라와 위나라를 약화시킬 것이라고 했습니다. 한나라와 위나라는 조나라의 생존에 가장 중요한 남쪽 방향의 전략적 요충지입니다. 그들이 진나라의 손에 들어간다면 조나라는 서쪽과 남쪽에서 동시에 협공을 당할 위험에 놓이게 됩니다.

두 번째 길은 제나라와 손을 잡는 전략입니다. 소진은 이 전략을 선택하면 제나라는 반드시 초나라, 위나라, 한나라를 약화시킬 것이라고 했습니다. 소진은 그렇게 되면 제나라의 침략을 받은 위나라와 한나라가 자국의 이익을 위해 진나라에 땅을 떼어 바치면서 구원을 요청할 것이라고 예상했습니다. 위나라와 한나라가 땅을 떼어 진나라에 바치면 조나라는 다시 서쪽과 남쪽에서 진나라에 협공당하는 위험에 처하게 됩니다. 또한 초나라가 약해지면 진나라에 맞설 만한 힘을 가진 유일한 나라가 사라지기 때문에, 조나라는 진나라의 위협에 맞서 도움받을 곳을 잃게 됩니다.

세 번째 길은 조나라가 여섯 나라와 힘을 합쳐 진나라에 대항하는 전략입니다. 진나라가 조나라를 쉽게 공격하지 못하는 까닭은 비록 약소국이라고 해도 한나라와 위나라가 진나라의 후방을 교란할 것을 염려하기 때문이고, 진나라가 조나라를 공격했을 때 생길 빈틈을 호시탐탐 엿보고 있는 초나라의 위협을 걱정하기 때문입니다. 게다가 조나라를 제압하지 않으면 공격할 수 없는 연나라와 제나라도 있었습니다.

이런 이유로 여섯 나라가 이익을 다투면 좋은 것은 진나라뿐입니다. 마침내 설득에 성공한 소진은 조나라의 특사 자격으로 한·위·제·초나라를 차례차례 방문해 합종책이 진나라의 공격을 막을 수 있는 유일한 방법이라는 사실을 설파했습니다. 이때의 일을 기록한 「소진열전蘇秦列傳」을 보면, 소진이 찾아가 유세하면 모든 제후가 크게 감복했다고 기록하고 있습니다. 하지만 오랜 세월 서로 적대하던 여섯 나라가 어떻게 일개 유세객의 혀만 믿고 그토록 중대한 결정을 할 수 있었겠습니까?

국가든 개인이든 자신의 이익을 다른 나라에 양보하는 경우는 없고, 모두가 사소한 이익과 손해를 계산하는 법입니다. 이 때문에 합종책의 핵심은 여섯 나라 사이의 충돌하는 이해관계를 조정하고 합의하는 것에 있습니다. 소진이 합종책을 성공시킨 이유는 그 말이 달변이어서가 아니라, 그가 여섯 나라의 재상을 겸직해 상호 충돌하는 여섯 나라의 이해관계를 잘 조정하고 관리했기 때문입니다.

연횡책, 적의 적을 이용해 분열을 조장하다

합종책의 성과는 대단했습니다. 승승장구하던 진나라의 위세가 한순간에 꺾이고, 이후 무려 15년 동안이나 함곡관 밖으로 진출할 수 없었으니까요. 진나라는 어떤 방식으로든 합종책을 깨뜨려야 했습니다.

그런데 적의 적을 이용하는 전략은 어디까지나 그 일이 '내(자국)'가 아닌 '너(상대국)'의 이익에 더 도움이 되는 것처럼 보이는 게 중요합니다. 합종책의 약점도 여기에 있습니다. 상호 충돌하는 이해관계를 잘 조절하지 않으면, 연합은 언제든 쉽게 깨질 수 있었던 것입니다.

이 약점을 간파한 사람은 소진과 함께 귀곡자鬼谷子에게 유세술을 배운 위나라 출신의 장의였습니다. 그는 진나라 혜문왕에게 소진의 합종책을 깰 비법으로 '연횡책'을 제시했습니다. 간단히 말하면 진나라가 여섯 나라와 개별적으로 정치·군사동맹을 맺고 진나라에 복종하게 만드는 전략입니다. 이런 일이 어떻게 가능했을까요? 장의는 합종책과 마찬가지로 적의 적을 이용하는 전략을 사용했습니다. 합종책이 적의 적을 이용해 단합하는 전략이라면, 연횡책은 분열을 조장하는 전략입니다.

여섯 나라는 진나라를 공동의 적으로 삼아 동맹을 맺었지만 서로의 영토를 욕심내고 있었습니다. 겉으로는 굳건해 보이는 여섯 나라의 동맹 내부에는 기회가 있으면 언제든지 서로를 공격할 수 있다는 의심도 자리하고 있었던 것입니다. 사실 여섯 나라는 오랜 세월 서로 적대하며 다툰 적국입니다. 연횡책의 성공 여부는 바로 이러한 오랜 적대에 따른 불신과 서로 예민하게 얽혀 있는 이해관계를 이용해 서로가 서로를 적국으로 여기도록 만드는 데 달려 있습니다.

장의는 가장 먼저 위나라 임금을 찾아갔습니다. 그리고 진나라가 아니라 초나라와 한나라가 위나라의 진짜 적이라고 설득했습니다. 이때 장의는 적국 위나라를 이용해 적국 초나라를 상대하는 전략을 썼습니다. 먼저 장의는 진나라의 적은 초나라뿐이라고 하면서 위나라 임금을 안심시켰습니다. 그리고 위나라가 진나라를 섬긴다면, 초나라와 한나라는 위나라를 감히 공격하지 못할 거라고 말했습니다.

그다음으로는 위나라가 초나라와 전쟁을 일으키도록 부추겼습니다. 장의는 초나라 군대는 지나치게 경솔하고 끈기도 부족해 위나라가 군사를 모두 동원해 공격한다면 반드시 승리할 것이라고 말했습니다. 초나라를 차지한 다음 그 영토를 갈라, 위나라와 진나라가 나눠 갖는다면 일석삼조의 이익을 얻을 수 있다고 주장했습니다.

첫 번째 이익은 위나라의 영토를 확장할 수 있다는 것이고, 두 번째 이익은 남쪽으로 국경을 맞댄 초나라라는 걱정거리를 덜어낼 수 있다는 것이며, 마지막 세 번째 이익은 진나라의 위협을 피할 수 있다는 것입니다. 결국 장의의 유세에 설득된 위나라 왕은 합종의 맹약을 저버리고 진나라를 섬기는 화친을 맺게 됩니다.

그 후 진나라는 제나라를 공격하려 했습니다. 제나라는 초나라와 동맹을 맺어 대항했습니다. 장의는 두 나라의 동맹을 깨뜨리기 위해 초나라 회왕懷王을 찾아갔습니다. 먼저 장의는 진나라가 초나라에 땅 600리를 바치고, 진나라 공주도 첩으로 보내겠다는 달콤한 제안을 했습니다. 회왕은 제나라와 맺은 동맹이 아무 이익이 없는 반면 진나라의 제안은 큰 이익이 된다고 여기고, 매우 기뻐하며 장의의 제안을 받아들였습니다.

이때 초나라 신하 진진陳軫은 만약 제나라와의 동맹을 깬다면 초나라는 북쪽 제나라와 서쪽 진나라의 협공으로 고립무원에 처할 것이라며 적극 반대했습니다. 하지만 당장 눈앞의 이익에 마음을 빼앗긴 회왕은 진진의 간언을 듣지 않았고, 장의에게 재상의 인수와 함께 많은 선물까지 내려줬습니다.

회왕은 제나라와 동맹을 깬 다음 장의에게 초나라 사신 한 명을 딸려 보냈습니다. 장의가 약속한 땅과 공주를 받아오기 위해서였습니다. 하지만 장의는 진나라에 도착하자 일부러 수레에서 떨어져 부상을 입었습니다. 그리고 이를 핑계 삼아 석 달이나 조정에 나가지 않으면서 약속을 차일피일 미뤘습니다. 회왕은 안달이 났습니다. 장의에게 제나라와의 동맹을 깨뜨리는 모습을 보여줄 목적으로 날랜 군사를 북쪽으로 보내 제나라 민왕을 압박했습니다. 동맹을 깬 회왕의 처사에 몹시 화가 난 민왕은 결국 장의의 계략대로 진나라에 먼저 화친을 청하고 섬겼습니다.

상황이 이렇게 된 다음에야 비로소 장의는 조정에 나갔고, 자신을 따라온 초나라 사신에게 진나라의 땅 600리가 아닌 자신의 봉읍 6리를 바치겠다고 했습니다. 장의의 기만술에 분노한 회왕은 즉각 군사를 일으켜 진나라를 공격했습니다. 그러자 장의와 진나라는 마치 기다렸다는 듯이 제나라와 연합해 초나라를 공격했습니다. 단 몇 번의 전투로 진나라는 초나라 장군 굴개와 8만 명의 병사를 죽이고 단양과 한중 땅까지 빼앗았습니다. 초나라는 땅을 떼어 바치고 진나라를 섬길 수밖에 없었습니다.

이후 장의는 한나라, 제나라, 연나라 등을 찾아가 때로는 위협으로 때로는 회유로 여러 나라를 하나하나 굴복시켰습니다. 상호 충돌하는 여섯 나라의 이해관계를 이용해 합종책을 분쇄해 이들이 모두 진나라를 섬기게 만들었습니다. 여섯 나라를 종횡무진 누비고 다니면서 합종책을 깨는 장의의 활약을 보면, 안타깝지만 강대국의 위협과 회유 앞에 약소국 간의 연합이 얼마나 취약한지 알 수 있습니다. 적의 적은 일시적으로는 친구가 될 수 있을지 몰라도, 어디까지나 적이라는 점은 변하지 않기 때문입니다.

이러한 까닭에 한비자韓非子는 합종책과 연횡책 같은 방법으로는 결코 나라를 보존할 수 없다고 주장했습니다. 그는 동맹에 의지하기보다는 국내의 정치적 안정과 부국강병에 힘써야 한다고 역설했습니다.

한비자는 전국시대 일곱 나라 중 가장 약소국인 한나라의 왕족이었습니다. 외부의 공격에 취약했던 한나라는 여섯 나라와 동맹을 맺어도 진나라를 대적하기에 힘이 부치고, 진나라를 섬겨도 나머지 다섯 나라를 감당하기에 힘이 부쳤습니다. 한비자는 한나라가 살아남기 위한 방법이 스스로 정치적 안정과 부국강병을 이루는 것 외에 다른 방법이 없다고 역설했습니다. 한비자의 주장에는 약소국이 주변의 강대국을 상대할 때 참고할 만한 전략이 숨어 있습니다.

왕자王者가 다른 나라를 공격할 힘이 있어도, 그 나라가 안정되어 있으면 공격하지 않는 법이다. 강자彊者가 다른 나라를 공격할 힘이 있어도, 그 나라의 치안이 튼튼하면 공격하지 못하는 법이다. 이처럼 나라를 다스리고 군사력을 튼튼히 하는 일은 외교가 아니라 그 나라의 정치에 바탕을 둔다.

-『한비자』「오두五蠹편」

그런 의미에서 합종책과 연횡책처럼 적의 적을 이용하는 방법은 일시적이고 불안정한 전략일 뿐, 적을 상대하는 확실한 전략은 오직 정치의 안정과 부국강병에 있다는 사실을 명심해야 합니다. 전국시대 종횡가들이 한순간 크게 활약했다가 갑작스레 사라졌다는 점에서도 적의 적을 이용하는 전략의 한계를 새삼 확인할 수 있습니다.

4부

최고의 조직은 어떻게 만들어지는가

한무제, 상앙, 소하에게 배우는
승리하는 리더와 실패하는 리더

16강

부하의 실패에 관대해져라

한무제와 초장왕의 차이

우리는 지금까지의 이야기에서 역사적으로 성공한 이들이 한 가지 공통점을 갖고 있다는 사실을 알 수 있습니다. 바로 뛰어난 리더일수록 혼자서만 잘난 것이 아니라 주변의 인재를 적극 활용해 최고의 조직을 갖췄다는 점입니다. 여기서는 그들이 어떻게 최고의 조직을 만들었는지, 또 그와 반대로 실패한 조직은 어떤 문제를 갖고 있는지 살펴보겠습니다.

『사기』에 등장하는 실패한 조직을 가진 리더의 표본은 바로 사마천이 살았던 시대의 황제인 한나라 무제입니다. 아시다시피 사마천은 흉노와의 전투에서 패배한 후 항복한 장군 이릉을 변호하다가 궁형이라는 고통과 치욕을 겪습니다. 그런데 이 사건의 전후

사정을 살펴보면 왜 사마천이 무제의 심기를 거스르면서까지 이릉을 변호했을까 하는 의문이 생깁니다. 그가 장군 이릉과 특별히 친한 사이였기 때문일까요? 아닙니다. 사마천은 친구 임안에게 보낸 편지에서 둘의 관계를 자세히 밝히고 있습니다.

> 이릉과는 함께 벼슬살이를 시작했지만 평소 친하게 지내던 사이도 아니었습니다. 취향이 맞지 않고 추구하는 길도 달라 술을 함께 마신 적도 없고 서로 교류하며 우정을 나눈 적도 없습니다.
>
> ─「임안에게 보내는 편지」

그렇다면 왜 사마천은 목숨을 잃을 위험까지 감수하면서 친하지도 않은 이릉을 변호했을까요? 무제의 전략과 인사 정책이 잘못됐다고 생각했기 때문입니다. 물론 이를 직접적으로 비판한 기록은 찾아보기 어렵지만, 사마천이 한나라와 흉노의 전쟁을 다루고 있는 「이장군열전李將軍列傳」과 「흉노열전匈奴列傳」 그리고 「위장군·표기열전衛將軍驃騎列傳」을 보면, 사마천의 속뜻을 읽어낼 수 있습니다.

실패를 대하는 리더의 입장 차이

그렇다면 사마천이 잘못됐다고 생각한 무제의 전략과 인사 정책은 무엇일까요? 여기서는 이릉 사건의 전말을 통해 살펴보도록 하겠습니다.

당시 흉노가 한나라를 업신여기며 무례하게 굴자, 무제는 총애하던 장군 이광리李廣利에게 기병 3만 명을 주어 흉노 우현왕을 공격하도록 했습니다. 이광리는 이 전투에서 크게 승리했지만, 말머리를 돌려 한나라로 돌아오던 길에 흉노에게 포위되어 위기에 처하게 됐습니다. 무제는 급히 공손오公孫敖를 파견해 돕도록 했지만 별다른 성과를 얻지 못했습니다. 또 이릉에게 궁사와 기병 5천 명을 주어 흉노의 군대와 맞서 싸우도록 했습니다. 흉노의 군대를 둘로 나눠 이광리의 군대가 포위망을 벗어날 수 있도록 하기 위해서였습니다.

처음 이릉은 5천의 병사로 흉노 군사 1만을 대파하는 큰 승리를 거뒀습니다. 하지만 식량도 떨어지고 병사들도 지쳐서 퇴각하려 했습니다. 이때 흉노의 수장 선우가 이끄는 8만의 대군이 이릉의 군대를 에워싸고 대대적인 공격을 가하니, 이릉은 병사들과 함께 죽음을 각오하고 싸워 8일 동안 흉노 병사 1만여 명을 쓰러트렸습니다. 하지만 이내 길이 끊기고 식량이 떨어졌는데도 구원병이 오지 않자, 탄식하면서 항복했습니다.

어디까지나 이릉의 잘못이라기보다는 중과부적衆寡不敵으로 항복하고 포로가 된 것이었지만, 한나라 무제와 흉노의 선우는 이에 대해 전혀 다른 태도를 취했습니다. 흉노의 선우는 이릉에게 자신의 딸까지 시집보내며 극진하게 대접하며 존중한 반면, 한나라 무제는 이릉의 어머니와 처자식을 몰살해 버렸습니다.

사마천이 친구인 임안에게 보낸 편지를 보면, 당시 이릉의 투항을 둘러싸고 한나라 조정에서 격론이 벌어졌음을 알 수 있습니다. 이릉의 패배와 항복 소식을 들은 무제는 격노했고, 신하들은 황제의 눈치를 보느라 안절부절못하고 있었습니다. 이때 사마천이 이릉을 변호하고 나섰습니다.

> 이릉이 비록 몸은 패배했지만 그 마음만은 때를 살펴 다시 나라에 보은할 길을 찾고자 했을 것입니다. 그가 패한 것은 어쩔 수 없지만, 그 공로 또한 천하에 드러내어 칭찬하기에 충분합니다. 제 생각을 아뢸 방법이 없었는데, 마침 하문하시니 제 이러한 뜻으로 주상의 생각을 넓혀드리고 이릉에 대한 다른 신하들의 부당한 비방을 막고자 했습니다.
>
> ─「임안에게 보내는 편지」

부드럽게 말하고 있지만, 이 말 속에는 한 무제의 전략과 인사 정책에 대한 날카로운 비판이 숨겨져 있습니다. 무제는 이릉의 공적은 전혀 드러내지 않은 채 오직 패배의 책임만 묻고 있는데, 그렇게 되면 부하들이 적당한 기회에 다시 나라에 보답하고자 하는 마음을 잃어버리게 된다는 것입니다. 실제로 상황은 그의 예측대로 전개됐습니다. 무제가 자신의 어머니와 처자식을 몰살했기 때문에 이릉은 한나라로 돌아올 수 없는 처지가 됐고, 한나라를 위해 흉노에 맞서 싸울 이유도 없게 돼버렸습니다.

훗날 『사기』를 저술할 때, 사마천은 「흉노열전」의 말미에 무제가 흉노와의 전쟁에서 좋은 성과를 거두지 못한 까닭을 아첨하는 신하들의 의견만 듣고 대외 전략과 군사정책을 결정한 데서 찾습니다. 또한 부하의 실패를 지나치게 엄격히 처벌하는 것 역시 문제라고 지적합니다.

패배한 장수를 가혹하게 다루면, 그들은 전쟁터에 나가서도 승리하기 위해 전력을 다하는 것이 아니라 오직 패배하지 않기 위해 노력하게 됩니다. 그러면 보다 대담하게 작전을 짜고 용맹하게 전투를 수행하기보다는 방어적인 작전을 짜고 소극적으로 전투를 수행하게 됩니다. 더군다나 패배할 위기에 놓이면 적군에게 항복하는 일도 속출하게 됩니다. 패장으로 가혹한 처벌을 받는 것보다 나으니까요. 흉노의 수장인 선우는 이러한 사실을 잘 알고, 이를 이용해 유능한 수많은 한나라 장군들을 투항시켰습니다.

포용은 최고의 리더십

포용은 엄격함만큼이나 중요한 리더의 자질입니다. 초나라 장왕^莊

王 역시 이러한 포용의 리더십으로 부하의 충성을 최대로 이끌어낸 일이 있습니다. 바로 '절영지연絶纓之宴'의 고사입니다.

어느 날, 초나라 장왕이 부하들과 함께 밤늦게까지 성대한 연회를 즐기던 때였습니다. 갑자기 바람이 불어 모든 촛불이 꺼져 주변이 칠흑으로 변했을 때, 장왕의 애첩의 비명이 들렸습니다. 누군가 어둠을 틈타 장왕의 애첩을 희롱한 것이었습니다. 애첩은 자신을 희롱한 자의 갓끈을 끊었다며 불을 밝혀 죄인을 처벌해 달라고 외쳤습니다. 화를 내는 것이 당연했지만, 장왕은 오히려 이렇게 말했습니다. "불을 켜지 마라. 그리고 장수들은 모두 갓끈을 끊어라. 나는 오히려 갓끈을 끊지 않은 자를 처벌하겠다!"

부하의 잘못을 관용으로 대처한 장왕의 리더십은 훗날 크게 보상을 받게 됩니다. 세월이 흐른 뒤, 초나라가 다른 나라와의 전투에서 크게 고전했을 때, 한 장수가 목숨을 내던져 용감무쌍하게 싸워 장왕을 구하고 승리로 이끌었던 것입니다. 장왕이 그 장수의 공을 치하하자, 그는 눈물을 흘리며 자신이 예전에 왕의 애첩을 희롱한 죄인이라고 밝혔습니다.

유능한 리더일수록 부하의 실패에 관대하다는 것은 서양의 마키아벨리의 주장이기도 합니다. 그는 로마제국이 주변 나라와의 전쟁에서 숱하게 패배했음에도 최종적으로 승리를 거둘 수 있었던 까닭을 이렇게 밝히고 있습니다.

로마는 군대의 지도자들을 처벌하는 데 있어서도 다른 나라에선 찾아볼 수 없는 자비와 동정을 베풀었다. 장군이 저지른 죄가 악의에 의한 것이었다 하더라도 그들은 인간적인 방법으로 처벌됐다. 또한 무능에 의한 경우에는 전혀 처벌되지 않았을 뿐만 아니라 심지어 상이나 명예를 수여받은 적도 있었다. 이런 정책은 현명하게 채택된 것이었다. 왜냐하면 로마인들은 군대를 통솔하는 장군이 그 임무를 수행하는 과정에서 자유롭고 편안한 마음 상태에서 외부적인 요소를 고려하지 않고 기꺼이 결정을 내리는 것이 중요하다고 판단했기 때문이다. 그렇기 때문에 그들은 이미 그 자체로서 어렵고 위태로운 군대 통솔이라는 임무에 새로운 어려움과 위태로움을 보태고자 하지 않았다. 즉 그런 일까지 떠맡게 되면 어떤 장군이라도 용감하게 작전에 종사하지 못하게 된다는 점을 깨닫고 있었기 때문이다. … 장군이 그토록 많은 염려 속에서 과감하게 작전을 짜기란 불가능할 것이다.

-『로마사 논고』, 강정인 옮김, 한길사, 2003, 172~173쪽.

하지만 한무제는 이러한 포용의 리더십을 깨닫지 못했습니다. 이릉이 흉노에게 항복한 지 2년 뒤 무제는 다시 이광리에게 기병 6만과 보병 10만의 대군을 주어 흉노를 공격하게 했습니다. 그리고 다른 여러 장수들에게도 8만의 대군으로 이광리를 돕게 했습니다. 도합 24만 명에 이르는 대군을 동원한 것입니다.

흉노의 수장 선우는 한나라가 대규모 군대를 동원해 전쟁을 일으켰다는 소식을 듣자마자 백성들을 멀리 북쪽으로 피신시킨 뒤, 한나라 군대와 대격전을 벌였습니다. 한나라 군대는 흉노의 군대보다 수적으로 우세했지만 전쟁의 형세는 흉노에게 유리하게 전개됐습니다. 가족과 삶의 터전을 잃지 않으려는 절박한 흉노군과 실패에 따른 처벌이 두려워 어떻게든 패하지 않는 싸움만 하려는 한나라군은 처음부터 서로 상대가 되지 않았습니다.

열흘이 넘게 별다른 전과를 올리지 못한 이광리는 싸움을 그만두고 돌아가려고 했지만, 바로 그때 그는 한나라에서 자신의 가족들이 무고巫蠱 사건에 연루되어 몰살당했다는 소식을 듣게 됩니다. 전의를 상실한 이광리는 결국 군대를 이끌고 흉노에게 투항하고 맙니다. 당시 이광리가 이끈 한나라 군사 가운데 살아서 고향에 돌아온 자가 1천 명 중 한둘에 불과했다고 하니까, 한나라가 입은 손실이 얼마나 컸는지 알 수 있습니다.

사마천은 「흉노열전」에서 한무제가 패배한 장군에게는 책임을 물어 가혹하게 처벌하면서도 공을 세운 장군에게는 보상을 전혀 하지 않았다고 기록했습니다. 한무제는 이광리가 항복한 뒤에도 끝내 자신의 잘못을 반성하기보다는 오히려 이광리에게 가족이 몰상당한 사실을 알린 이들을 색출해 처벌하는 데 힘을 쏟았습니다. 그 결과 무제 때에는 패배한 장수가 적군에게 투항하는 일이 빈번하게 일어났습니다. 이러한 한무제의 리더십과 초나라 장왕과 로

마제국이 보여준 리더십 중에 과연 어떤 것이 더 훌륭할까요? 여러 분은 이미 답을 알고 계실 것입니다.

17강

먼저 사람의 마음을 움직여라

상앙의 리더십과 맹자의 리더십

최고의 조직을 만드는 가장 근본적인 힘은 어디에 있을까요? 바로 사람의 마음을 얻는 것입니다. 아무리 뛰어난 사람도 다른 사람의 마음을 움직이지 못하면 천하를 움직일 수 없고, 세상을 변화시킬 수도 없으며, 조직 역시 성공으로 나아갈 수 없습니다. 아무리 강력한 권력을 지닌 제왕과 리더도 사람의 마음을 움직이지 못하면 어떤 목표도 제대로 실행하거나 달성할 수 없습니다.

일찍이 맹자孟子는 하夏나라 걸왕桀王과 은나라 탕왕湯王 그리고 은나라 주왕과 주나라 무왕의 고사를 언급하면서, 백성의 마음을 잃으면 천하를 잃고 백성의 마음을 얻으면 천하를 얻는다고 말했습니다. 올바른 정치, 그리고 올바른 리더십이란 이처럼 다른 사람의 마음을 움직이는 능력과 기술 그 자체입니다.

『사기』에는 훌륭한 리더십으로 크게 명성을 떨친 여러 인물들이 등장합니다. 그들은 어떻게 사람의 마음을 움직일 수 있었을까요? 사마천은 두 가지 상반된 방법을 제시합니다. 하나는 '힘과 이익'이고, 다른 하나는 '인仁과 덕德'입니다.

힘과 이익을 앞세운 상앙의 리더십

힘과 이익을 앞세워 사람의 마음을 움직이는 정치를 '패도정치霸道政治'라고 부릅니다. 사전적 정의에 따르면, 패도정치는 무력과 강압으로 사람을 다스리는 것을 뜻하지만, 그것만으로는 사람의 마음을 움직이는 데 한계가 있습니다. 진나라의 상앙은 힘과 이익이 동시에 작동할 때 사람의 마음을 움직일 수 있다고 역설했습니다. 그리고 이때 이익의 효과를 극대화하려면 손해의 효과도 동시에 작동해야 합니다. 예를 들어 포상과 처벌을 동시에 시행하면 사람은 처벌의 손해를 두려워해 더욱 포상의 이익에 매달리게 됩니다. 상앙은 이러한 정치를 '법치法治'라고 했습니다. 사람들은 자신을 다스리는 힘이 불공평하다고 여기면 불만을 갖지만, 반대로 그 힘이 공정하다고 여기면 진심으로 그 힘에 복종합니다. 상앙은 엄격하게 법의 기준을 마련하는 것이 바로 그 힘의 공정성을 담보한다고 믿었고, 기준에 따라 공정하게 적용하면 모든 사람이 진심으로 복종하게 된다고 여겼습니다. 이처럼 강력하고 엄격한 법 집행은 당사자 이외 다른 많은 사람들에게도 강력한 메시지를 전달합니다.

「상군열전」에는 상앙이 어떻게 힘과 이익으로 사람의 마음을 움직여, 진나라를 서쪽 변방의 나라에서 천하를 호령하는 강대국으로 변화시켰는지 밝히고 있습니다. 위衛나라 출신인 상앙은 효공이 부국강병과 패업霸業을 위해 천하에서 현명한 인재를 찾는다는 소식을 듣고 진나라로 들어갔습니다. 효공을 만난 상앙은 제왕이 힘, 곧 권세와 위엄을 갖춰야 자신의 의지대로 백성의 마음을 움직일 수 있다고 주장했습니다.

더불어 제왕이 권세와 위엄을 독단적으로 사용하거나 특정 세력의 이익만 지키는 데 쓴다면 백성은 진심으로 복종하지 않을 것이라는 사실도 지적했습니다. 백성이 진심으로 복종하지 않으면 농사와 전쟁에 온 힘을 쏟지 않을 것이며, 그렇게 되면 효공이 원하는 부국강병과 패업은 불가능하다고 역설한 것입니다.

상앙의 유세에 설복당한 효공은 마침내 그를 좌서장左庶長으로 삼아 새로운 법을 세우는 변법 개혁變法改革을 단행했습니다. 그런데 상앙은 법령을 다 만든 다음에도, 곧바로 백성들에게 알리지 않았습니다. 법령을 공표해도 백성들이 믿지 않을까 염려했기 때문입니다. 그래서 상앙은 한 가지 조치를 취했습니다.

그는 도성 저잣거리 남쪽 문에 세 길 높이의 나무를 하나 세웠습니다. 그리고 나무를 북쪽 문으로 옮겨놓은 사람에게는 10금의 포상금을 주겠다고 말했습니다. 백성들은 별 이상한 소리를 다 한 다는 식으로 받아들일 뿐 아무도 그 나무를 옮기려고 하지 않았습 니다. 상앙은 다시 포상금을 50금으로 올렸습니다. 그러자 백성들 중 한 사람이 나무를 옮겼고, 상앙은 즉시 그에게 50금을 줬습니다. 자신이 세운 법이 백성들을 결코 속이지 않는다는 사실을 보인 것 입니다. 자연스레 백성들은 새로운 법령을 신뢰하게 됐습니다.

그런데 상앙이 새 법을 시행한 지 한 해가 지나자 백성들이 도 성까지 올라와 새 법령의 불편함을 호소하는 일이 끊이지 않았습 니다. 이대로 두면 자칫 법을 통한 힘의 행사가 무너질 위기였습니 다. 상앙은 어떻게 했을까요? 법을 통한 힘의 행사에는 양면성이 있습니다. 한 면은 포상, 즉 이익입니다. 하지만 이것만으로는 백 성이 법을 가볍게 여길 수 있습니다. 다른 면은 처벌, 즉 손해입니 다. 법을 어겼을 때 처벌하면 비록 불평하고 원망해도 법을 두려워 하게 됩니다. 법을 두려워한다는 말은 그 법을 집행하는 권력의 힘 을 두려워한다는 뜻입니다. 권력이란 근본적으로 '두려움'에 힘의 기반을 둡니다. 권력에 대한 두려움이 있어야 비로소 포상과 처벌 은 효과를 발휘하는 것이죠. 상앙은 바로 이 점을 간파하고 이용했 습니다. 새로운 법령에 대한 백성들의 불평이 들끓던 바로 그 무렵, 태자가 법을 어기는 일이 발생했습니다. 상앙은 법에 따라 즉시 태 자를 처벌하려 했지만, 차마 차기 왕위 계승권자인 태자를 처벌할 수는 없었습니다. 대신 상앙은 태자의 스승인 공자 건의 코를 베고 공손고의 이마에는 글자를 새기는 형벌을 가했습니다.

당시 사회는 왕과 귀족 중심 사회였습니다. 그들은 법을 어겨도 처벌받지 않았고, 설령 처벌을 받는다고 해도 가벼운 처벌에 그치는 경우가 대부분이었습니다. 그런데 태자의 스승인 공자 건과 공손고가 처벌받은 것은 백성들 사이에 큰 두려움을 일으켰습니다. 그다음 날부터 진나라의 모든 백성은 새로운 법령을 지키는 데 앞장설 뿐 불평을 늘어놓지 않았습니다. 이후 상앙은 법을 통해 백성의 마음을 자신의 의지대로 움직일 수 있게 됐습니다. 그의 법령이 시행된 지 10년 만에 진나라는 집집마다 풍족해지고, 백성들은 나라를 위한 싸움에는 용감하고 사사로운 싸움에는 겁을 먹게 됐습니다.

상앙의 리더십은 힘과 이익, 처벌과 보상, 공포와 안정을 통해 사람의 마음을 움직일 수 있다는 것을 보여줬습니다. 여기에는 명확한 기준, 즉 공정성이 중요합니다. 누구나 같은 기준에 따라 처벌을 받거나 보상을 받아야, 그 기준을 믿고 따를 수 있기 때문입니다.

인과 덕, 맹자의 리더십

상앙이 힘과 이익을 강조했다면, 맹자는 인과 덕을 중시했습니다.

맹자는 힘과 이익으로 사람의 마음을 움직이는 것은 마음에서 우러난 진정한 복종이 아니라고 비판하면서, 인과 덕이야말로 사람의 마음을 진심으로 움직일 수 있다고 역설했습니다. 힘과 이익으로 사람을 움직이는 정치는 수많은 적을 양산하지만, 인과 덕으로 사람의 마음을 움직이는 정치는 적이 없다는 것이지요. 실제로 상앙은 효공의 사후, 자신의 정적들에 의해 비참한 최후를 맞게 됩니다. 하지만 당대 제왕들은 어땠을까요? 힘과 이익의 정치를 중시했을까요, 아니면 인과 덕의 정치를 중시했을까요? 사마천은 「맹자·순경열전孟子荀卿列傳」에서 맹자가 살았던 당대를 이렇게 기록하고 있습니다.

> 진나라가 상앙을 크게 써서 나라를 부유하게 만들고 군세를 키웠다. 초나라와 위나라 역시 오기를 등용해 전쟁에서 승리를 거두고 적국을 약화시켰다. 제나라 위왕과 선왕은 손빈孫臏과 전기田忌 같은 인물을 중용해 세력을 넓힘으로써 제후들이 제나라에 조공을 바치게끔 만들었다. 천하는 그야말로 합종과 연횡에 힘을 기울이고, 남을 침략하고 정벌하는 것만을 현명하게 여겼다.
>
> -『사기』「맹자순경열전」

제왕들은 맹자와 같이 인과 덕으로 사람의 마음을 움직여야 한다고 주장하는 사람들을 달가워하지 않았습니다. 당장 가시적인 성과를 거두기에는 비효율적이라고 보았기 때문입니다. 제후들과 맹자의 대화는 서로 목적 자체가 달랐기 때문에 대개 동문서답으로 이뤄졌습니다. 그 대표적인 일화가 「위세가魏世家」와 「맹자·순경 열전」에 전합니다.

진나라 효공과 상앙이 변법 개혁으로 부국강병에 성공하자 국경을 맞댄 위나라는 큰 위협을 받았습니다. 실제 진나라의 공격으로 많은 영토를 빼앗긴 위나라는 도읍을 진나라와 가까운 안읍安邑(지금의 산시성 남부에 위치했던 도시)에서 멀리 떨어진 대량大梁(지금의 허난성 카이펑시)으로 옮기는 치욕과 수난까지 겪었습니다. 혜왕은 자신도 힘을 길러 진나라에 복수하겠다는 일념으로 국적을 불문하고 현명한 인재들을 초빙해 자문을 구했습니다. 이때 맹자 역시 혜왕의 초빙을 받았습니다. 혜왕은 즉시 지난날의 치욕과 수모를 토로하면서 위나라를 부국강병한 나라로 만들 수 있는 비결을 물었습니다. 하지만 맹자는 혜왕을 크게 힐책하며 전혀 엉뚱한 답을 내놓았습니다.

대왕께서는 어찌 이로움에 대해 말하십니까? 왕께서 이로움을 바라시면 대부들도 이로움을 바랄 것이고, 대부들이 이로움을 바라면 백성들 또한 이로움만 얻으려고 할 것입니다. 이렇게 되면 위와 아래를 막론하고 모두가 이로움을 다투게 되어 나라는 곧 위태롭게 될 것입니다. 왕의 덕목은 오직 인과 의에 있을 뿐인데 어찌 이로움을 좇는다고 말하십니까?

-『사기』「위세가」

힘과 이익만으로 사람의 마음을 움직이면, 사람의 마음은 매번 더 큰 힘과 이익을 좇아 움직일 것입니다. 그러면 나라는 극심한 혼란에 빠지기 쉽지요. 그런데 인과 덕으로 사람의 마음을 움직이는 정치를 하면 백성이 진심으로 복종하기에 나라 역시 더욱 안정된다고 맹자는 주장합니다.

이러한 주장은 논리적으로 매우 타당하지만, 현실적으로 보면 세상 물정 모르는 황당한 이야기로 들리기도 합니다. 당시 모든 나라가 힘과 이익을 앞세운 정치로 백성들을 움직여 다른 나라를 침략하고 정복하려는 야욕을 품고 있는 마당에, 인과 덕을 앞세운 정치로 나라를 부흥시키는 것은 상대적으로 많은 시간과 비용이 필요한 일이었기 때문입니다. 이 때문에 사마천은 위나라 혜왕이 "겉으로는 맹자의 주장에 찬성했지만 실제로는 받아들이지 않았다. 그의 주장이 너무 이상적이어서 실제 현실에 들어맞지 않는다고 여겼던 것이다"라고 비평했습니다.

맹자와 유가가 주장하는 인덕의 리더십은 춘추전국시대가 종식되고 천하가 하나로 통일되어 정치적 안정이 이룬 한나라 이후에야 인정을 받게 됩니다. 힘과 이익이 난세亂世의 정치라면 인과 덕은 치세治世의 정치입니다. 전자는 혼란과 분열, 도전의 시대에,

후자는 통일과 안정의 시대에 더 적합하다는 뜻입니다.

힘과 이익, 인과 덕을
모두 활용하는 것이 최고의 리더십이다

그런데 과연 힘과 이익, 그리고 인과 덕의 리더십은 서로 화합할 수 없는 걸까요? 사마천은 아니라고 말합니다. 진秦나라 목공은 임금의 자리에 오른 지 15년이 되는 해 진晉나라의 공격을 받아 목숨을 잃을 위기에 처한 적이 있습니다. 이때 적군에게 포위당해 부상까지 당한 목공을 구해낸 사람들은 기산 아래에 살던 야인野人 300명이었습니다. 이들 덕분에 포위망을 빠져나온 목공은 마침내 적국의 임금까지 사로잡는 큰 승리를 거둘 수 있었습니다. 도대체 야인 300명은 왜 목숨까지 내던져가면서 목공을 구했을까요?

예전에 목공은 기산 부근에서 자신이 아끼는 말을 잃어버린 적이 있었습니다. 말을 찾아다니던 목공의 신하들은 기산 아래 사는 야인들이 굶주림을 견디다 못해 말을 잡아먹었다는 사실을 알게 됐습니다. 목공의 신하들은 감히 군주의 애마를 잡아먹었다면서, 이들을 법에 따라 가혹하게 처벌하려고 했습니다. 하지만 목공은 짐승 때문에 사람을 해치는 일은 있을 수 없다면서 이렇게 말했습니다.

내가 듣기로 좋은 말고기를 먹은 뒤에 술을 마시지 않으면 건강
이 상한다고 하오.

−『사기』「위세가」

목공은 야인들을 처벌하기는커녕 오히려 술을 내려줬습니다.
야인들은 죄를 사면받는 것도 감지덕지할 일인데 뜻하지 않게 술
까지 내려받는 은혜를 입었습니다. 그래서 이들은 목공이 포위당
하는 큰 위기에 놓이자 모두 목숨을 걸고 싸워 지난날의 은덕에 보
답했습니다. 사마천은 목공의 사례를 통해 어떤 메시지를 우리에
게 남겨주려 했을까요?

힘이 없는데 덕만 앞세우면 사람들은 겉으로는 존경하면서도
속으로는 나약하고 무능하다며 업신여기게 마련입니다. 반면 힘이
있으면서 덕이 없으면 겉으로는 두려워하면서도 속으로는 난폭하
고 잔혹하다며 증오하게 됩니다. 그렇다면 목공처럼 힘이 있으면
서도 덕까지 갖췄다면 어떻게 생각할까요? 겉으로는 두려워하지만
속마음으로는 존경하게 됩니다. 사마천은 바로 이러한 리더십이야
말로 사람의 마음을 온전히 사로잡는 진정한 리더의 덕목이라고
말하고 있는 것입니다. 그런 의미에서 만약 리더가 힘을 지니고 있
다면 덕을 갖추려고 해야 하고, 덕을 갖추었다면 힘을 가지려고 노
력해야 합니다.

지나치게 엄격하면
규율이 무너진다

「혹리열전」의 교훈

사마천은 『사기』를 완성한 다음, 자신이 죽은 뒤 책이 훼손되지 않을까 몹시 걱정했습니다. 이 때문에 정본正本 한 벌 외에도 힘들여 다시 부본副本 한 벌을 베껴 써서, 정본은 명산 깊은 곳에 숨겨두고 부본만 수도 장안에 뒀습니다. 책이 훼손돼 자신의 본뜻이 왜곡당할 것을 우려한 것입니다. 그래서 자신의 자전적 기록인 「태사공자서」에서도 『사기』의 전체 내용은 '52만 6500자'로 구성되어 있다고 그 숫자까지 정확하게 밝혀뒀습니다. 그렇다면 왜 그는 『사기』의 훼손과 왜곡을 걱정했을까요? 『사기』에 남긴 권력에 대한 신랄한 고발과 날카로운 비판 때문입니다. 특히 사마천은 무제의 리더십에 매우 비판적이었습니다. 그 대표적인 기록 중의 하나가 「혹리열전^{酷吏列傳}」입니다.

가혹한 리더십의 그늘

「혹리열전」은 말 그대로 혹독하고 무자비한 관리들의 행적을 기록한 책입니다. 여기에는 열두 명의 혹리가 등장하는데, 두 명을 제외한 나머지 열 명이 모두 사마천이 살았던 당대인 무제 때의 혹리입니다. 무제의 강압적인 리더십과 통치가 얼마나 백성들에게 가혹한 고통을 주었는지 고발하고 비판하기 위해서입니다.

사마천은 백성들 사이에서 잔혹하고 무자비하다고 원성이 자자할수록 오히려 유능한 관리로 극찬받고 승승장구하는 현실을, 권력자들에게 받을 수 있는 위협을 무릅쓰고 철저하게 파헤쳐 보여주고 있습니다. 『사기』에 담긴 역사가 사마천의 정신을 일컬어 '사필소세(역사가의 붓이 세상을 밝히다)'라고 표현하는데, 그 이유를 바로 여기서 찾을 수 있습니다.

당시 한나라의 황제인 무제는 강력한 중앙집권 체제의 완성에 혼신의 힘을 쏟았습니다. 그리고 자신의 목적 달성을 위해 선봉에 세운 것이 바로 혹리들이었습니다. 무제는 혹리를 비호하는 방식으로 자신에게 반대하는 세력을 제압했고, 그들이 가혹하고 무자비한 방법으로 짜낸 백성들의 고혈로 황권 강화와 대외 전쟁에 필요한 막대한 비용을 충당했습니다. 이를 위해 무제는 자신의 뜻에 헌신하고 충성하는 사람이라면 과거 전력이나 출신 배경을 따지지도 않고 무조건 중용했습니다. 이 때문에 사기와 범죄에 능숙한 간악한 이들 상당수가 관리가 될 수 있었습니다.

「혹리열전」에 등장하는 혹리 중 가장 무자비한 인물인 왕온서王溫舒 역시 그런 인물이었습니다. 그는 젊었을 때 무덤을 도굴하는 등 온갖 간악한 짓을 일삼았던 사람입니다. 그 뒤 여러 곡절을 거치다가 혹리로 구경九卿의 직위에 오른 장탕張湯을 섬긴 덕분에 어사御史가 될 수 있었습니다. 왕온서는 특히 도둑을 잡아들이는 데 탁월한 재주를 발휘했는데, 그 방법은 공적을 세우기 위해서 무고한 백성까지 제멋대로 죽이고 해치는 것이었습니다. 왕온서는 먼저 도둑들을 자세히 살핀 뒤 자신이 잡고 싶을 때 그들을 잡아들였습니다. 자기 요구를 들어주면 아무리 많은 죄를 지어도 처벌하지 않은 반면, 자기 요구를 거절하면 과거의 죄까지 들춰내 죽이고 일족까지 몰살했습니다. 이 때문에 도둑들은 모두 두려워하며 그의 부임지에는 가까이 가지도 못했습니다. 도적 무리 때문에 골머리를 앓던 무제는 이 소식을 듣고 그를 유능한 관리라고 크게 신임해 하내군河內郡 태수로 삼았습니다.

하내군 태수가 된 후 왕온서는 백성의 고혈을 짜는 혹리의 본색을 유감없이 드러냈습니다. 부임하자마자 먼저 개인 소유의 말 50필을 마련한 그는, 수도 장안에 이르는 각 역에 말을 배치해 황제에게 주청하는 글을 신속하게 전달하고 비준을 받을 수 있는 시스템을 갖추었습니다.

그리고 하내군 내의 호족과 백성들을 철저하게 감시해 죄를 지은 사람과 죄가 없는 사람을 가리지 않고 자신이 잡아들이고 싶은 사람은 마구 처벌했습니다. 역참 체계를 이용해 상소문을 올리면 이삼일 만에 황제의 승인을 받을 수 있었고, 그만큼 일을 빨리 처리했기 때문에 죄인으로 몰린 사람은 변론의 기회도 제대로 얻지 못했습니다. 이렇게 처형된 사람의 피가 무려 십여 리까지 흘렀고, 그가 하내군 태수로 임명된 지 겨우 3개월 만에 하내군 내에서는 그를 원망하는 소리조차 더 이상 들리지 않게 됐습니다. 무제는 점점 더 왕온서를 신임했습니다.

왜 그랬을까요? 왕온서가 하내군 일대의 도적을 소탕한 데다가, 호족과 백성으로부터 빼앗은 재물로 무제의 창고를 채워줬기 때문입니다. 당시 무제는 황권 강화와 대외 전쟁에 쓰일 비용을 모으는 데 혈안이 되어 있었습니다. 이 때문에 수단과 방법을 가리지 않고 백성들의 고혈을 빨아 자신이 필요한 비용을 충당해주는 혹리를 크게 신임할 수밖에 없었습니다. 겉으로는 도적도 소탕하고, 백성의 불만도 없앴으며, 국가의 창고까지 채워주니 이보다 완벽할 수가 없지요. 왕온서는 거듭 승진해 형옥^{刑獄}을 관장하는 책임자인 정위^{廷尉}의 자리까지 올랐습니다. 그는 훗날 부정부패가 드러나 스스로 목숨을 끊게 됐는데, 그때 집안에 쌓인 재산이 무려 천 금이나 될 정도로 부유했다고 합니다.

엄격함은 균형이 중요하다

왕온서 등의 무리가 황제의 신임을 받아 크게 출세하고 거금의 재산을 모아 떵떵거리게 되자, 수도 장안과 각급 지방 고을에서 직접 백성을 다스리는 자들은 너나없이 그 방법을 따라 했습니다. 관리라면 누구라도 혹리가 되려고 했습니다. 혹리가 되어야 유능한 인재로 대접받을 수 있었기 때문입니다. 반면 '순리循吏'는 무능하고 나약한 인재에 불과했습니다. 백성들은 혹리들이 곳곳에 쳐놓은 법망을 피할 길이 없었고, 한번 법망에 걸려들면 순식간에 범법자로 전락해 모든 것을 잃었습니다. 백성들이 선택할 수 있는 길은 부랑자가 되거나 도적이 되는 방법 외에는 없었습니다.

이로 인해 혹리가 아무리 많은 도적을 잡아들여도 오히려 도적은 갈수록 많아졌습니다. 많게는 수천에서 적게는 수십 명에 이르는 도적 무리가 전국 각지에서 창궐해 관청을 습격하고 고을을 약탈했습니다. 그런데 무제는 이러한 현상의 근본 원인을 따져서 민생을 돌보기는커녕 오히려 더욱 엄격하게 법령을 적용하고 도적 무리를 단속하려고만 했습니다. 당연히 사태는 점점 더 악화될 뿐이었습니다.

만약 이때 무제가 잘못을 깨닫고 통치의 방향을 바꿨다면 혹리의 폐단을 제거할 수 있었을 것입니다. 하지만 무제는 더욱 가혹하고 무자비한 조치를 취했습니다. 바로 '침명법沈命法'을 만든 것입니다. 이 법에 따르면 도적 떼가 일어났는데도 찾아내지 않거나, 찾아내더라도 그들을 전부 체포하지 못하면 2천 석의 고관에서 말단 관리까지 모두 사형에 처하도록 했습니다. 그렇다면 이 법이 발효된 이후 어떤 현상이 빚어졌을까요? 오히려 관리들은 도적을 찾아도 전부 체포하지 못하면 처형당한다는 두려움에 그들을 잡기는커녕 적발하려고도 하지 않았습니다. 사마천은 무제의 어리석음과 무능함을 이렇게 개탄했습니다.

> 위에서부터 아래에 이르기까지 모든 관리들이 서로 앞다투어 도적이 없다는 문서를 허위로 만들고 처벌받는 것을 피했다.
>
> -『사기』「혹리열전」

지금까지 살펴본 혹리들의 사례에서 우리는 두 가지 깨달음을 얻을 수 있습니다. 첫째는 사마천이 「혹리열전」을 지은 본뜻입니다. 그는 자신이 살았던 시대에 혹리들이 그토록 제멋대로 날뛰며 백성을 무자비하게 핍박할 수 있었던 근본적인 원인을 리더인 무제에게서 찾았습니다. 수많은 백성들이 죽임을 당하고 유랑하거나 도적으로 전락하는 현실을 크게 개탄하며 혹리들을 신랄하게 비판했던 그 붓끝은 궁극적으로 당대 권력의 중심부를 겨냥했던 것입니다. 사마천은 역사가가 현실 참여적이어야 한다고 믿었습니다. 백성의 삶과 고통을 직시하는 동시에, 현실 권력을 날카롭게 비판하는 사필소세의 정신이 「혹리열전」에 담겨 있다고 할 수 있습니다.

둘째는 위력에만 의존해 구성원들의 원망을 억지로 틀어막고 내부로부터 아무런 비판의 목소리가 나오지 않도록 하는 조직은 잘되는 조직이 아니라 도리어 망하는 조직이라는 것입니다. 왕온서와 혹리들의 정치는 백성들의 고혈을 짜내고 공포로 억박질러 어떤 불만도 함부로 꺼내지 못하도록 만들었습니다. 이렇게 된 조직이나 사회는 겉으로는 평화롭고 조용하게 보이지만 속으로는 불만이 쌓여 점점 심하게 곪게 됩니다. 따라서 훌륭한 리더는 언제나 언로를 트고 구성원들의 불만을 새겨들어야 합니다.

때로는 다스리지 않는 것도
방법이다

태평성대를 이끈 명재상, 소하와 조참

한나라 개국의 일등 공신으로 대개 장량, 한신, 소하, 조참蕭參, 진평, 주발周勃, 여섯 사람을 꼽습니다. 그렇다면 유방은 이들 중에서도 어떤 사람을 최고로 꼽았을까요? 책사 장량일까요? 명장 한신일까요? 둘 다 아닙니다. 바로 소하입니다.

유방은 항우를 패배시키고 천하를 통일한 후, 여러 신하들의 공적을 논할 때 소하에게 가장 많은 봉읍을 내리고 공신의 순서에서도 첫 번째로 삼았습니다. 심지어 소하에게만 허용되는 특전까지 베풀었습니다. 허리에 칼을 차고 신을 신은 채 궁전에 오를 수 있게 하고, 입조해 황제를 만날 때도 작은 걸음으로 빨리 가는 예의를 차릴 필요가 없도록 한 것입니다. 유방은 왜 이렇게 소하를 높이 평가했을까요?

소하의 네 가지 업적

「소상국세가蕭相國世家」를 보면, 소하의 공적은 모두 네 가지 정도로
정리할 수 있습니다. 첫 번째는 유방이 다른 제후의 군대를 제치고
가장 먼저 함양을 함락했을 때 진나라 승상부, 어사부의 법령과 각
종 도서, 지도 들을 거둔 일입니다. 이로써 유방은 천하에 있는 험
준한 요새들의 위치와 전국 각 지역의 인구와 물자의 많고 적음은
물론, 백성들이 어떤 정책에 고통스러워하는지도 모두 알 수 있었
습니다. 이때 얻은 방대한 자료와 정보는 훗날 유방이 항우와 초한
전쟁을 치르고, 통일 후 제국을 다스릴 때 아주 유용하게 활용됐습
니다.

　두 번째 공적은 파촉으로 내쫓겼던 유방이 다시 동쪽으로 나아
가 항우와 천하를 다툴 때, 한나라의 호적과 인구를 관리하고 식량
을 징수해 군대에 공급하고, 병졸을 징발해 보충한 일입니다. 보급
은 직접 전투를 치르는 것은 아니지만, 전쟁에서 승리하기 위해 그
무엇보다 중요한 일입니다. 소하가 후방에서 보급과 병참을 잘해
준 덕분에 유방은 항우에게 번번이 패하고도 신속하게 전력을 복
구해 다시 맞설 수 있었습니다.

세 번째 공적은 한신을 유방에게 추천해 대장군으로 삼아 초한 전쟁을 승리로 이끌고, 훗날 한신이 모반을 꾸밀 때에는 계책을 써서 그를 제거한 일입니다. 천하를 평정할 때 한신이 자신의 능력을 백분 발휘하도록 도운 사람도 소하였고, 천하를 평정한 직후 그를 제거해 정치적 안정을 이룬 사람도 소하였습니다. 이 때문에 당시 세간에서는 "성공하는 것도 실패하는 것도 모두 소하에게 달려 있다"라는 말이 유행했다고 합니다.

　네 번째 공적은 진나라의 엄격하고 까다롭고 번잡한 법령을 모두 폐지하고 오직 약법삼장約法三章만으로 천하를 다스리고 안정시킨 일입니다.

　그럼 소하의 이 네 가지 공적 가운데 으뜸은 무엇일까요? 바로 네 번째 공적입니다. 천하의 민심이 진나라와 항우를 떠나 유방에게 오도록 하는 데 가장 큰 역할을 했기 때문입니다.「고조본기」에 따르면, 유방이 소하의 건의를 받아들여 진나라의 법령을 모두 폐지하고 "사람을 죽인 자는 사형에 처하고, 사람을 다치게 하거나 물건을 훔친 자는 죄의 경중에 따라 처벌한다"라는 내용의 법령을 선포하자, 천하의 민심이 크게 기뻐하며 오직 유방이 천하의 주인이 되지 못할 것을 걱정했다고 합니다.

무위자연 리더십의 효과

그렇다면 소하는 어떻게 약법삼장만으로 천하의 민심을 유방에게 돌릴 수 있다고 확신했을까요? 소하는 일찍이 패현의 하급 관리로 있을 때 가장 낮은 곳에서 통일 제국 진나라가 멸망해가는 현장을 목격했습니다. 진나라는 왜 멸망했습니까? 혹독한 법령으로 일상을 옥죄고, 대규모 공사와 과도한 공역 등을 끊임없이 일으켜, 백성들의 삶의 안정을 해쳤기 때문입니다. 진나라의 멸망을 지켜보면서 소하는 백성을 괴롭히지 않는 정치야말로 천하를 얻고 천하를 지킬 수 있는 도리라는 사실을 깨달았습니다. 바로 '무위자연無爲自然의 리더십'입니다.

무위자연의 리더십이란 인위적으로 무언가 벌이는 것이 아니라 자연의 이치에 따라 세상을 다스리는 것을 말합니다. 이 사상에 따르면 법령과 제도 등은 간략할수록, 부역과 군역 등으로 백성들을 괴롭히는 일은 적을수록 훌륭한 정치입니다. 우리가 앞서 살펴본 것처럼 리더십의 핵심이 사람의 마음을 얻고 움직이는 것이라면, 정치의 측면에서는 백성이 바라는 정치를 하면 됩니다. 그들이 편안하게 생업에 종사하고 안정되게 생활할 수 있도록 다스리는 것입니다. 이렇게 하면 '좌조문도 수공평장坐朝問道垂拱平章', 즉 제왕은 그저 조정에 앉아서 정치의 도리를 묻고 옷자락을 늘어뜨리고 팔짱만 끼고 있어도 세상은 저절로 밝게 다스려지게 됩니다. 이러한 소하의 정치철학으로 백성들은 편안한 생활을 누릴 수 있었습니다.

이러한 정치는 소하의 사후에도 그대로 이어졌습니다. 소하가 병에 걸려 죽음에 이르렀을 때, 혜제는 그를 찾아가 후임 자리를 물었습니다. 그러자 소하는 평소 자신의 정치적 라이벌이었던 조참을 추천했습니다. 공적인 이익을 위해 사적인 감정을 버릴 줄 알았던 것입니다. 결국 소하가 죽자 조참이 뒤를 이어 한나라의 상국이 됐습니다. 조참은 소하가 예측한 대로 나라를 잘 다스렸습니다.

조참은 소하 이후 한나라의 상국이 됐다. 그러나 모든 일을 소하가 세운 법령에 따를 뿐 따로 바꾸거나 고치는 일이 없었다.

－『사기』「조상국세가曹相國世家」

조참은 일찍이 황로학설黃老學說(도가 사상의 한 유파로 노자의 사상을 기반으로 묵가, 명가, 법가 등의 사상을 융합한 것)에 정통한 갑공蓋公이라는 사람에게 정치의 이치를 배웠습니다. 황로학설은 한나라 개국 초기 많은 정치가를 사로잡았는데, 이 학설에 따르면 조직이나 나라를 다스릴 때 가장 훌륭한 이치는 '맑고 고요한 정치'입니다. 애써 일을 만들어 사람들을 수고롭게 하지 않으면, 저절로 안정되고 편안해져서 다스리려고 하지 않아도 저절로 다스려진다는 것입니다.

실제로 조참은 상국이 되자 벼슬아치 중에 말이 질박하고 중후한 선비들을 곁에 두고, 말이 가볍고 명성을 좇는 자들은 모두 배척했습니다. 게다가 정사도 돌보지 않은 채 밤낮으로 술만 마셨습니다. 다른 사람에게 사소한 잘못이 있으면 숨기고 덮어주니, 상국부에서는 별다른 일을 거의 벌이지 않았습니다.

상황이 이렇게 돌아가자, 혜제는 정사를 전혀 돌보지 않는 조참의 행위가 혹시 자신을 하찮게 여겨서 그런 것이 아닌가 의심하기 시작했습니다. 혜제는 조참의 속마음을 알아보기 위해 그의 아들 조줄曹窋을 불러 한 가지 지시를 내렸습니다. 황제의 지시를 받았다는 사실은 숨긴 채, 아버지 조참에게 상국이 된 후 술만 마시고 황제께 아무것도 아뢰지 않는 이유를 물어보게 한 것입니다. 휴가를 얻어 집에 간 조줄은 기회를 엿보다가 황제의 지시대로 조참에게 간언했습니다. 하지만 조참은 크게 노여워하며 오히려 조줄을 200대나 채찍질을 하며 "천하의 대사는 네가 입에 담을 것이 못 된다"라고 꾸짖었습니다.

그 뒤 조회 때 조참을 만난 혜제는 조줄의 일은 자신이 시킨 것인데 어찌해서 그렇게 다스렸냐고 물었습니다. 조참은 관을 벗고 혜제에게 사죄하면서 말했습니다. "폐하께서는 스스로 살피시기에, 폐하와 고제(유방) 중 어느 분이 더 영특하고 민첩하십니까?" 혜제는 "짐이 어찌 감히 선제의 영민함과 비교할 수 있겠는가?"라고 답했습니다. 그러자 조참이 다시 물었습니다. "폐하께서 신을 보시기에 저와 소하 중 누가 더 현명합니까?" 혜제는 "그대가 소하에게는 미치지 못하는 것 같소"라고 답했습니다. 그러자 조참은 비로소 자신의 속마음을 털어놓았습니다.

> 참으로 폐하의 말씀이 옳습니다. 고제께서 소상국과 함께 천하를 평정하셨고, 법령도 이미 명확하게 세웠습니다. 그러니 폐하께서는 그저 팔짱을 끼고 계시면 되고, 저를 비롯한 신하들도 직책을 지키며 옛 법을 따르고 바꾸지 않는 것이 옳지 않겠습니까?
> —『사기』「조상국세가」

다스리지 않는 다스림이 필요할 때

조참의 참뜻을 알아챈 혜제는 더 이상 그를 추궁하지 않았습니다. 사마천은 조참이 한나라의 상국이 되어 천하를 다스릴 때 오직 "청정무위淸淨無爲를 온 힘으로 말해 도가의 이치와 합치시켰다"라고 하면서, "천하의 백성들이 진나라의 잔혹한 정치와 형벌에서 벗어난 이후 조참은 아무 일도 하지 않고 쉬도록 했다. 그러므로 천하 사람들이 모두 조참의 미덕을 찬미했다"라고 평했습니다. 심지어 백성들은 조참의 미덕을 찬양하는 노래까지 만들어 불렀습니다.

소하가 법령을 제정하니 / 뚜렷하게 한 획을 그었네 / 조참이 소
하를 대신했는데 / 법령을 그대로 지키며 바꾸지 않았네 / 그 맑
고 고요함으로 나라를 다스리니 / 백성들은 한결같이 편안할 뿐
이네

- 『사기』「조상국세가」

천하를 통일한 지 얼마 안 되는 한나라가 민심을 얻고 정치적
안정을 이룬 배경에는 이렇듯 소하와 조참의 무위자연의 리더십이
자리하고 있었습니다. 그렇다면 이러한 리더십이 성공할 수 있었
던 이유는 무엇일까요? 당시 천하는 진나라의 혹독한 법 집행과 오
랜 전란으로 극도로 피폐해져 있었습니다. 이러한 사람들에게 필
요한 것은 또 다른 혹독한 법 집행이나 새로운 규율이 아니라 휴식
과 안정입니다. 소하와 조참의 리더십은 바로 사람들이 안정을 찾
고 기력을 재충전할 수 있게끔 이끌었던 것입니다.

명성을 얻고 성과를 내고 싶은 리더들은 대개 이런저런 일을
벌이는 것만 좋아합니다. 하지만 이미 지쳐 있는 이들에게 무언가
새로운 일을 계속 시키면, 성과가 나기는커녕 구성원들이 고통만
겪게 됩니다. 따라서 훌륭한 리더는 상황 변화에 따라 자신이 다스
리는 구성원들에게 정말 필요한 것이 무엇인지 명확한 판단을 통
해 적절한 리더십을 발휘할 수 있어야 합니다.

5부

휘둘리지 않고 부를 다스리는 법

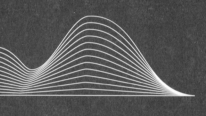

범려, 백규 등 역사 속
부자들이 말하는 부의 법칙

20강

나아갈 때와 물러설 때를
알아야 한다

최고의 정치가에서 최고의 상인으로, 범려와 백규

정치가에서 군사 지휘관으로, 그리고 다시 대상인으로, 자유자재로 직업을 바꾸고 그 바꾼 직업마다 큰 성공을 이룬 사람이 있습니다. 바로 『사기』에서 가장 수수께끼 같은 인물로 「월왕구천세가」와 「화식열전貨殖列傳」에 등장하는 범려입니다. 멸망의 수렁에 빠진 월나라를 일으켜 마침내 패업까지 이루게 한 그의 능력은 제나라 환공을 패자로 만든 관중에 버금간다는 평가를 받을 정도로 단연 돋보입니다. 더욱이 최고의 정치가와 군사 지휘관의 자리를 과감히 버린 뒤에는 일약 최고의 대상인으로 변신했다는 점에서 관중보다 훨씬 다재다능한 면모를 가지고 있습니다.

월나라 왕 구천을 패왕으로 만든 다음 범려는 자신이 누릴 수 있는 모든 권력과 부귀영화, 그리고 명성을 미련 없이 내던지고 홀연히 월나라를 떠났습니다. 자신을 따르는 무리와 함께 제나라에 도착한 그는 성과 이름까지 '치이자피鴟夷子皮'로 바꿨습니다. 그리고 아들과 함께 바닷가 근처에서 농사를 지으며 수십만 금의 재산을 축적한 거부가 됐습니다.

제나라에 온 뒤 범려는 자신의 능력을 다른 사람들에게 보이지 않고 최대한 조용히 살았지만 뛰어난 재능과 어진 성품은 도저히 감출 수가 없어서, 여러 사람들이 너나없이 조정에 천거하는 바람에 제나라의 재상이 됐습니다. 그러나 얼마 지나지 않아 범려는 "천금의 재산을 얻고, 가장 높은 관직에 이르러 부귀영화와 권력과 명성을 동시에 누리는 것은 재앙에 가까운 일"이라고 하면서, 월나라 왕 구천에게서 떠날 때처럼 홀연히 떠나버렸습니다. 재물과 권력 그리고 명성을 동시에 거머쥐는 일은 세상 모든 사람의 시기와 원망의 대상이 되기 쉽다고 여겼기 때문입니다.

제나라를 빠져나온 범려는 이번에는 교통과 교역의 중심지였던 도陶 땅에 도착했습니다. 거기서 다시 이름을 '주공朱公'으로 바꾸고 이후 19년 동안 상업 활동에 전념하면서 모두 세 차례에 걸쳐 천금에 달하는 재물을 모았습니다. 그리고 그 재물을 모을 때마다 그것을 가난한 친구들과 먼 친척들에게 아낌없이 나눠줬습니다. 이때부터 천하에서 부富를 말하는 사람은 모두 도주공이 천하제일이라며 칭송했습니다.

미다스의 손, 범려의 성공 비법

그렇다면 월나라를 떠나기 전 평생 행정가, 정치가, 군사 지휘관으로만 살았던 범려는 어떻게 월나라를 떠난 지 얼마 되지 않아 천하 제일의 부자가 될 수 있었을까요? 범려가 거금의 재물을 그토록 손쉽게 모을 수 있었던 비결은 도대체 무엇일까요? 그 비결은 사마천이 중국 고대 부자들에 관한 이야기를 모아놓은 「화식열전」에서 찾아볼 수 있습니다.

「화식열전」에 따르면 범려의 스승은 계연計然입니다. 계연은 제자 범려가 월나라 왕 구천에게 등용됐을 때 나라를 다스리는 이치와 군대를 지휘하는 이치, 재물을 다루는 이치는 서로 다르지 않다며 다음과 같은 계책을 일러줬습니다. 바로 여기에 범려가 이룬 부의 수수께끼를 풀 수 있는 열쇠가 숨어 있기에 다소 길지만 인용해 보겠습니다.

전쟁이 일어날 것을 알면 미리 방비를 한다. 때에 따른 쓰임을 알면 그때그때 필요한 물건이 어떤 것인지 안다. 이 두 가지를 확실하게 아는 사람은 재물의 이치도 깨닫게 된다. 별자리를 보면 풍년과 수해, 기근, 가뭄 여부를 미리 알 수 있다. 가뭄이 들 것 같으면 미리 배를 준비하고, 수해가 들 것 같으면 미리 수레를 준비하는 것이다. 풍년, 가뭄, 흉년은 주기적으로 반복되는데, 6년마다 한 차례씩 풍년과 가뭄이 들며, 12년마다 한 차례 흉년이 든다. 대풍년이 들어 쌀값이 한 말에 20전으로 떨어지면 농민이 고통받고, 큰 흉년이 들어 쌀값이 한 말에 90전으로 오르면 상인이 고통받는다. 상인이 고통받을 땐 상품이 잘 유통되지 않고, 농민이 고통받을 땐 논밭이 황폐하게 된다. 쌀값은 비싸도 80전을 넘지 않도록 조절하고, 쌀 때에도 30전 아래로 떨어지지 않도록 관리하면 농민과 상인 모두가 이롭다.

이처럼 쌀값을 안정시키고 물자가 고르게 유통되게 해 관문과 시장에 물건이 풍족하도록 만드는 것이 곧 나라를 잘 다스리는 법이다. 물자를 축적하는 목적은 그것을 온전히 보존하는 데 있지 그저 오래 쌓아두려는 게 아니다. 재물을 사고팔며 유통할 때는 부패하기 쉬운 것을 남기면 안 되고, 물건을 쌓아두고 값이 오를 때까지 너무 오래 기다려도 안 된다. 물건이 많은지 부족한지 살피면 그것의 귀천을 알 수 있다. 물건의 값이 오를 대로 오르면 도리어 헐값이 되고, 떨어질 대로 떨어지면 다시 비싸진다. 값이 오를 때 오물을 배설하듯이 팔고, 값이 떨어질 땐 귀한 구슬을 손에 넣듯이 사들인다. 이처럼 물자와 돈은 마치 흐르는 물처럼 활발하게 유통되도록 해야 한다.

- 『사기』「화식열전」

계연의 계책에는 정치를 할 때나 군대를 지휘할 때, 재물을 유

통시킬 때 모두 현실의 흐름과 변화 과정을 살피는 일을 중시한다는 것을 알 수 있습니다. 나라와 군대와 재물을 다스리는 이치가 서로 다르지 않은 것입니다. 계연의 말대로, 범려는 현실의 흐름을 모두 꿰뚫고 있었기 때문에 자유자재로 직업을 바꾸면서도 매번 자신의 목표를 이룰 수 있었습니다.

월나라를 떠나 제나라를 거쳐서 도 땅으로 옮겨 간 범려는 계연의 가르침에 따라 상업에 종사했습니다. 다른 상인들과 달리 사람의 힘과 노력에 의지하지 않고, 오직 시세의 흐름과 변화를 살핀 뒤 물건을 사들이거나 내다 파는 방법으로 장사를 했습니다. 사마천은 범려의 이러한 장사 비법을 가리켜 "거래 상대를 고른 뒤 자연스러운 시세의 흐름과 변화에 맡겼기 때문에 상업을 잘 운영할 수 있었다"라고 했습니다. 범려는 늘 최적의 거래 상대를 골라 물건을 사고팔아서 큰 이익을 남길 수 있었습니다.

범려가 정치인으로, 군사 지휘관으로, 그리고 대상인으로 일할 때 가장 중요하게 여긴 시세의 흐름과 변화는 이렇게도 해석할 수 있습니다. 세 직업 모두 사람의 마음이 어떻게 변하는지, 또 그것을 어떻게 움직여 얻을 것인지 알아야 성공할 수 있다고 말입니다.

정치와 군사와 상업은 모두 사람의 마음을 움직이고 그것을 얻어야 그 뜻을 이룰 수 있습니다. 그러려면 무엇보다 먼저 사람의 마음을 읽어야 합니다. 시세, 그러니까 현실의 흐름과 변화의 추이를 살필 줄 알면 거기에 따라 움직이는 사람의 마음을 읽을 수 있습니다.

이것을 상업에 적용하면, 사람들이 어떤 상황에서 어떤 물건을 원하는지 그 마음을 쉽게 파악할 수 있습니다. 예를 들면, 사람들은 가뭄이 들어 경제적으로 궁색해지면 식량에 마음이 쏠리고, 풍년이 들어 여유로워지면 사치품에 마음을 빼앗기게 됩니다. 이렇듯 범려는 오직 시세의 흐름과 변화를 살펴, 그 이치에 따라 물건을 사들이거나 내다 팔았기 때문에 다른 상인들이 범접하기 힘들 정도로 큰 재물을 모을 수 있었습니다.

또한 그는 결코 자신이 거둔 몇 가지 성공 비법에만 치우치지 않았습니다. 가장 성공했을 때에도 늘 환경의 변화와 그에 따른 위기를 예측하고 능동적이고 유연하게 대처했습니다. 그래서 월나라 왕 구천이 패자가 되자 미련 없이 그를 떠났고, 남아 있던 문종처럼 토사구팽兎死狗烹당하는 일을 면했습니다. 제나라의 재상이 됐을 때에도 주변에 적이 생기기 전에 그곳을 떠났고, 재물을 여러 번 모았을 때에도 번번이 주변과 나눠 원망을 사는 일을 피했습니다. 그 덕분에 범려는 큰 실패 없이 손대는 일마다 성공할 수 있었습니다.

흐름을 따라가지 말고, 한발 먼저 예측하라

범려와 더불어 고대 중국 최고의 부자로 일컬어지는 사람은 '상업의 신'이라 불린 백규^{白圭}입니다.「화식열전」을 보면 흥미롭게도 백규가 이룬 부의 비결 역시 범려의 비결과 크게 다르지 않음을 알수 있습니다. 백규는 자신의 비법이 이윤^{伊尹}과 여상이 나라를 다스리는 계책, 손자와 오자가 군대를 지휘하는 용병술, 그리고 상앙의 법치 비결을 좇는 데 있다고 말했습니다. 그는 큰 부자가 되려면 장사하는 방법만 알아서는 안 되고, 반드시 앞선 세 가지 이치를 알아야 한다고 역설했습니다. 백규 역시 자연의 변화와 시세의 변동을 살펴서 재물을 사들이거나 내다 팔았습니다.

재미있는 것은 백규가 사람들의 상식과는 완전히 다른 방식으로 상업 활동을 했다는 점입니다. 그는 물건을 세상 사람들이 버리고 돌아보지 않을 때 사들이고 반대로 세상 사람들이 사들일 때는 팔아넘겼습니다. 예를 들어 풍년이 들어 모두가 곡식을 팔려고 할때, 그는 오히려 곡식을 사들이고 실과 옻을 팔았습니다. 반대로 흉년이 들어 모두가 곡식을 사려고 할 때에는 곡식을 팔고 비단과 풀솜을 사들였습니다. 백규는 풍년과 흉년이 순환하는 자연의 이치를 살펴서 시세와 인심의 변화를 꿰뚫고 있었기에, 다수를 좇는 대신 반대로 행동해 늘 최고의 이익을 남겼습니다.

태음(목성 뒤의 세성)이 동쪽에 있으면, 그해에는 풍년이 들지만 이듬해에는 흉년이 찾아온다. 또 태음이 남쪽에 있으면, 그해는 가뭄이 들지만 이듬해에는 풍년이 찾아온다. 또 태음이 서쪽에 있는 해에는 풍년이 들고, 그 이듬해에는 흉년이 찾아온다. 홍수가 나면 태음은 다시 동쪽으로 돌아와 풍년이 든다.

—『사기』「화식열전」

이 기록을 보면, 백규는 천문에 정통해 큰 부자가 됐음을 알 수 있습니다. 천문이 때에 따라 달라지는 것처럼, 변화를 예측해 유동적으로 대처했습니다. 그는 거친 음식을 달게 먹고, 욕망을 억누르며 의복을 검소하게 하고 자신이 부리는 하인들과 어려움과 즐거움을 함께하면서도, 때를 보아 일을 추진할 때는 마치 사나운 짐승이나 새처럼 민첩했습니다. 풍년과 흉년, 가뭄과 홍수 등 자연의 순환에 따라 달라지는 물건의 수요와 공급을 정확하게 예측해 장사를 했기에, 다른 상인들과는 비교할 수 없을 정도의 큰 이익을 거둘 수 있었습니다.

우리는 대개 한두 가지 방법으로 성공을 거두면 그 방법만을 절대적인 것으로 여기기 쉽습니다. 그래서 변화하는 현실에 적응하지 못하고 같은 방식만 고집하다가 실패의 늪에 빠지기도 합니다. 범려와 백규의 부자 되는 비결은 그와 달랐습니다. 그들은 모두 현실의 변화를 먼저 살펴, 기민하게 방법을 달리해 계속된 성공을 거뒀습니다.

옛말에 "작은 부자는 노력이 만들지만, 큰 부자는 하늘이 만든다"라고 했습니다. 이 말의 진정한 뜻은 무엇일까요? 큰 부자가 되려면 운이 따라야 한다는 말일까요? 아닙니다. 바로 하늘의 이치를 살필 줄 알아야 한다는 뜻입니다. 하늘의 이치란 곧 만물이 때에 따라 변하고 유동한다는 것인데, 그 흐름을 좇아 지속적으로 변화할 수 있는 사람만이 성공을 지속할 수 있다는 뜻이지요. 바로 범려와 백규처럼 말입니다.

21강

돈을 버는 다양한 방법들

「화식열전」이 말하는 부의 비결 ①

「화식열전」에 등장하는 범려와 백규의 이야기는 너무나 매력적입니다. 하지만 누구나 범려와 백규처럼 세상의 흐름을 단번에 꿰뚫는 날카로운 지혜를 지닐 수는 없기에 보통 사람이 이를 따라 하기는 쉽지 않지요. 사마천 또한 "대개 천하에서 사업을 하는 사람들은 모두 백규를 그 원조"로 높게 평가하지만, "이것은 아무렇게나 되는 게 아니다"라고 말했습니다. 그렇다면 범려와 백규의 지혜에 미치지 못하는 보통 사람이 적용할 수 있는 부의 비결은 없을까요? 당연히 있습니다.

「화식열전」에 등장하는 서민 부자들의 비결은 크게 두 가지로 살펴볼 수 있습니다. 사마천은 "부자가 되는 데는 정해진 직업이 없고, 재물에는 정해진 주인이 없다"라고 하면서도, "부자가 된 사람은 반드시 남과 다른 기이한 방법을 사용했다"라고 역설했습니다. 다른 사람과 다른 자신만의 기이한 방법, 그것이 바로 사마천이 전하는 서민 부자들의 첫 번째 부의 비결입니다.

다른 사람의 능력을 활용하라

먼저 제나라 사람 조간刀閒이 어떤 방법으로 부자가 됐는지 살펴보겠습니다. 제나라 사람들은 오랜 풍속에 따라 노예를 업신여기고 짐승처럼 대했습니다. 하지만 조간은 사람들이 멸시한 노예들을 발탁해 생선 장사와 소금 장사를 맡겼습니다. 진심으로 믿지 않았다면 할 수 없는 일이었습니다. 더욱이 조간은 그들을 사랑으로 대하고 귀하게 대접했습니다.

당시 제나라 사람들이 모두 '미친 놈'이라고 손가락질하며 비웃었지만, 조간은 전혀 아랑곳하지 않고 노예들을 더욱 신임했습니다. 노예들 또한 조간을 진심으로 따르며 그의 이익을 위해 모든 것을 바쳤고, 결국 조간은 수천만 금의 재물을 모을 수 있었습니다.

당시 제나라에서는 "차라리 벼슬살이를 하지 조간의 노예가 되지 않겠다"라는 말까지 떠돌았다고 합니다. 노예가 되어 조간에게 마음을 빼앗기면 자기 이익은 돌보지 않은 채 평생 조간을 위해 모든 것을 바치게 된다는 것입니다. 조간은 모든 사람들이 멀리한 이들의 마음을 얻고, 그들이 가진 장사 능력을 잘 이끌어냄으로써 부를 거둘 수 있었습니다.

조간이 노예의 힘으로 부자가 된 것처럼, 주나라 사람 사사師史는 가난한 사람들의 힘을 이용해 7천만 금의 막대한 재산을 모은 부자가 됐습니다. 당시 낙양에는 전국 각지에서 일거리를 찾아 모여든 가난한 사람들이 많았는데, 대부분 상인에게 장사하는 방법을 배우기를 좋아하고 상업에 종사하는 것을 자랑으로 여겼습니다. 이들은 돈을 벌 수 있는 곳이라면 어디든 찾아갔고, 고향 마을을 지날 때 자신의 집에 들르지 않을 정도로 오직 장사를 해 돈을 모으는 데 혈안이 되어 있었습니다.

사사는 이들의 욕망을 꿰뚫어 보았습니다. 먼저 가난한 사람들에게 장사하는 방법을 가르쳐주고 오랜 기간 일을 맡긴 뒤, 신뢰가 쌓이면 수레 수백 대에 물건을 실어 나르며 전국 각지에서 장사하도록 했습니다. 장사하는 방법을 배우기 좋아하고, 상업에 종사하는 것을 명예롭게 여기며, 전국을 돌아다니며 물건 파는 일을 즐거워하는 사람들의 습성과 욕망을 잘 알고 그 힘을 끌어냈기에, 사사는 큰 부자가 될 수 있었습니다.

눈앞의 작은 이익보다 먼 곳의 큰 이익을 꾀하라

반면 다가올 일을 예측하는 방법으로 부자가 된 사람도 있습니다. 바로 선곡의 임씨任氏입니다. 진섭의 봉기에 백성들도 호응해 진나라 각지에서 반란이 일어났을 때였습니다. 거병한 호걸들은 모두 앞다투어 금은보화를 차지하는 데 몰두했습니다. 그런데 당시 독도督道의 창고를 관리한 임씨는 금은보화는 거들떠보지도 않은 채 호걸들이 별반 관심을 두지 않은 창고의 곡식만 몰래 굴속에 감춰뒀습니다. 호걸들은 금은보화만 있으면 곡식이야 얼마든지 살 수 있는데, 구태여 보관하기 힘들고 값어치도 떨어지는 곡식에 욕심을 낼 이유가 없었습니다. 하지만 임씨는 천하가 혼란스러워지면 백성들이 농사를 제대로 지을 수 없어 식량이 모자라게 될 것을 예측했습니다.

과연 진나라가 멸망하고 항우의 초나라와 유방의 한나라가 천하 패권을 다투자 백성들은 밭을 갈고 씨를 뿌릴 수 없게 됐고, 쌀 한 섬 값이 1만 전까지 뛰었습니다. 결국 임씨는 예전 호걸들의 차지였던 금은보화를 모두 차지할 수 있었습니다. 눈앞의 작은 이익보다 훗날 얻게 될 큰 이익을 예견하는 것이 임씨의 부의 비결이었습니다.

이후에도 임씨는 부자들이 너나없이 사치스러운 생활을 할 때 근검절약하며 농사와 목축에만 힘을 썼습니다. 그리고 사람들이 오직 값이 싼 것만 따져 전답과 가축을 사들일 때, 반대로 아무리 값이 비싸도 질만 좋으면 두말하지 않고 구입했습니다. 결국 단기적으로 거둘 수 있는 작은 이익보다 훨씬 큰 이익을 장기적인 안목으로 거둘 수 있었습니다. 그 덕분에 임씨는 당대는 물론 자손에 이르기까지 여러 대에 걸쳐 부를 누릴 수 있었습니다.

또한 전쟁 포로가 되어 강제 이주를 당한 일생의 위기를 오히려 기회로 삼아 부귀영화를 누린 사람도 있습니다. 조나라 사람 탁씨卓氏가 그런 경우입니다. 진나라가 조나라를 공격해 멸망시켰을 때, 탁씨는 전쟁 포로가 되어 재물을 모두 빼앗기고 강제 이주를 당했습니다. 이때 남은 재산이 조금이라도 있는 사람들은 앞다투어 진나라 관리에게 뇌물을 바치면서 되도록 고향에서 멀리 떨어지지 않은 가까운 곳에 갈 수 있게 해달라고 사정했습니다. 하지만 탁씨만은 다르게 생각했습니다. 오히려 아무도 가지 않으려는 촉 땅의 민산 기슭으로 자청해서 가겠다고 했습니다.

그곳은 기름진 들판이 있어 큰 감자가 생산되는 데다가, 교역의 중심지여서 잘하면 큰 재물도 모을 수 있었기 때문입니다. 결국 탁씨는 고향에서 가장 멀리 떨어진 촉 땅의 임공臨邛(지금의 쓰촨성 린충)으로 이주하게 됐습니다. 탁씨가 임공으로 간다는 소식에 모든 지인들이 슬퍼했지만 오히려 그만은 매우 기뻐했습니다.

그는 임공에 가서도 현지인조차 쉽게 찾아가지 않는 깊은 산으로 들어갔습니다. 사마천은 탁씨가 조나라에서 무엇을 하고 살았는지 기록하지 않았지만, 임공으로 옮겨가자마자 철이 생산되는 깊은 산으로 들어갔다고 한 것으로 보아, 그가 조나라에서 철을 캐고 제련하는 기술자였다는 사실을 알 수 있습니다. 산으로 들어간 탁씨는 철을 캐서 그릇을 만들었고 그것을 좋은 가격에 내다 팔았습니다. 또한 촉 땅의 백성들을 고용해 기술을 가르치고 그릇을 생산해 사업을 점점 거대하게 확장해나가, 마침내 노비가 1천 명에 이르고, 전답과 연못에서 사냥하고 고기잡이하는 즐거움이 임금에 견줄 만했다고 합니다.

사마천이 「화식열전」을 기록한 이유

사마천은 이 부자들을 어떻게 바라봤을까요? 그는 『사기』에 등장하는 어떤 계층의 사람들보다 이들 서민 부자를 긍정적으로 평가했습니다. 이들은 모두 작읍이나 봉록이 없는 평민에 불과했습니다. 하지만 권력을 이용해 손쉽게 돈을 갈취하지 않았고, 법률을 교묘하게 이용하거나 남에게 나쁜 짓을 해서 부자가 되지도 않았습니다. 모두 세상과 사물의 이치를 살펴서 행동하고, 시세의 변화를 헤아려 이익을 얻고, 상업으로 재물을 쌓고 농업으로 재물을 지켰습니다. 다시 말해 이들은 모두 자신의 능력으로 부자가 됐습니다.

「화식열전」에 나타난 사마천의 부자 철학은 인의도덕을 앞세우는 유가儒家의 가치관에서 크게 벗어나 있다는 특징을 갖고 있습니다. 특히 부자가 되는 데에는 정해진 직업도 없고 정해진 방법도 없다는 대목에 이르러서는, 재물을 인의도덕 문제가 아니라 철저하게 생업의 현실 문제로 바라봤던 사마천의 현실주의적 경제관을 읽을 수 있습니다.

이 때문일까요? 사마천은 도굴과 도박이 나쁜 것이라고 하면서도 도굴꾼 전숙田叔과 도박꾼 환발桓發의 이름을 「화식열전」에 올려놓는 파격도 보여줍니다. 선악과 인의의 관점에서 보면, 전숙이나 환발 같은 이들은 사회 풍속과 윤리를 어지럽히는 불온한 자들에 불과합니다. 하지만 사마천은 그러한 비판에 오히려 이렇게 맞받아칩니다. "오랫동안 가난하고 천하게 살며 인의를 말하는 것만 즐기는 것은 아주 부끄러운 일이다."

일찍이 제나라의 관중은 "창고가 가득 차야 예절을 알고 의식이 풍족해야 영화와 치욕을 안다"라고 말했습니다. 입으로만 인의와 도덕을 앞세우며 백성들이 하루하루 살아가는 비참한 현실을 외면하고 냉소하는 정치가들의 위선과 기만을, 사마천은 「화식열전」을 통해 비판했던 것입니다. 사마천이 밝히고 있는 서민 부자들의 두 번째 부의 비결은 다음 강의에서 계속 이어가도록 하겠습니다.

22강

한 우물만 파서
부자가 된 사람들

「화식열전」이 말하는 부의 비결 ②

앞선 강의에 이어 전통적인 가치관과 윤리관을 뒤흔드는 사마천의 재물관에 대해 좀 더 살펴보겠습니다.

첫째, 그는 부에 대한 갈망을 사람의 타고난 본성으로 보았습니다. 따라서 누구나 배우지 않아도 자신이 부유하기를 바라고, 부자가 되기 위해 힘쓰는 것은 자연스러운 일입니다.

둘째, 재물에는 신분이나 귀천貴賤이 없다고 주장했습니다. 대개 사람들은 "재산이 자신보다 열 배 많으면 상대방에게 몸을 낮추고, 자신보다 백 배 많으면 두려워하며 삼가고, 천 배 많으면 상대방의 일을 힘써 하고, 만 배 많으면 그의 하인이 된다"라고 했습니다. 심지어 사마천은 이것이 사물의 이치요, 세상이 돌아가는 원리라고 말합니다.

셋째, 사람은 부자가 되기 위해서라면 말단의 천한 일도 마다하지 않는다고 주장했습니다. 사마천이 살던 시대는 농업이 중시되는 사회였습니다. 농본 사회에서는 농업으로 부를 얻는 것을 으뜸으로 여기고, 공업으로 부를 얻는 것을 그다음으로 하고, 상업으로 부를 얻는 것을 가장 낮게 보았습니다.

농업과 공업은 생산 활동이지만 상업은 유통과 교역을 통해 이익만 차지하는 일로 본 것입니다. 모두가 생산 활동은 하지 않고 상업 활동에 나서면 농업과 공업이 피폐해진다고 여겼기 때문에 농민과 기술자를 중시한 반면 상인은 천시했습니다.

하지만 사마천은 "가난에서 벗어나 부자가 되는 방법에는 농업이 공업만 못하고, 공업이 상업만 못하며, 비단에 수를 놓는 일이 저잣거리에서 장사하는 것만 못하다"라고 했습니다. 부자가 되는 방법으로는 당대 사회가 가장 천하게 여긴 상업을 최고로 꼽은 것입니다.

넷째, 빈부의 법칙은 누군가 빼앗거나 안겨준다고 되는 게 아니고, 교묘한 재주가 있는 사람은 부유해지고 그러지 못한 사람은 가난해진다고 여겼습니다. 재물에는 본래 정해진 주인이 없기에, 누구나 재주와 능력과 지혜만 있다면 재물의 주인이 되고, 그러지 못하면 재물의 노예가 될 뿐입니다.

이렇듯 출생과 신분과 지위가 아닌 재주와 능력과 지혜에 따라 달라지는 재부財富의 이치는 공고한 신분 질서 사회에서 상대적으로 공정하고 평등한 영역이라는 게 사마천의 견해입니다. 사마천이 볼 때 귀족 중심의 신분 사회에서 재부는 출생과 신분이 미천한 사람이 상류 계급으로 진입할 수 있는 거의 유일한 사다리였습니다.

다섯째, 사람은 모두 재물을 따라 기꺼이 모여들고 떠난다는 것입니다. 재물에 따른 이익은 사람의 가장 원초적인 감정인 싫어하거나 좋아하는 마음까지 넘어선다는 뜻입니다. 그런 의미에서 재물은 곧 권력입니다. 재물만 있으면 다른 사람의 감정까지도 자신의 뜻대로 움직이고 지배할 수 있기 때문입니다.

부는 자기 운명을 개척할 수 있는 통로

사마천에 따르면 부자가 되는 길은 모든 사람에게 공평하게 주어집니다. 신분 질서가 지배하는 사회에서는 개인의 재주보다 출신이 더 중요하지만, 재물만큼은 그 모든 것을 초월해 공평한 것이지요. 사마천은 대다수 서민이 궁색한 현실에서 탈출할 수 있는 가장 빠른 길이자 거의 유일한 방법이 부자가 되는 것이라고 말합니다.

사마천이 「화식열전」을 저술한 이유도 바로 여기에 있습니다. 사마천은 「화식열전」을 통해 가난하고 천하고 힘없는 대다수 서민

들에게 스스로의 힘으로 자기 앞에 놓인 운명을 개척하고 극복할 수 있는 길을 열어 보였습니다. 계급이나 이념의 편견 없이 지극히 현실적인 시각에서 재부를 다룬 사마천의 혁신적인 사고를 엿볼 수 있는 대목입니다. 바로 이러한 시선 덕분에 사마천은 다른 역사서에는 결코 등장하지 않은 수많은 평범한 사람들의 이야기를 「화식열전」에 남길 수 있었습니다.

「화식열전」의 서민 부자들을 통해 사마천은 「진섭세가陳涉世家」에서 그랬던 것처럼 다시 한번 역사 무대의 구경꾼에 불과했던 민중을 주인공으로 등장시킵니다. 그들 가운데 가장 파격적인 경우가 "졸렬하고, 나쁘고, 천하고, 부끄럽고, 보잘것없고, 단순하고, 하찮은 방법"으로 부자가 된 사람들입니다.

가장 먼저 소환할 사람은 진나라의 양씨揚氏입니다. 사마천은 밭농사를 지어 재물을 모으는 방법은 졸렬하지만 양씨는 이것으로 자신이 사는 지방에서 제일가는 부호가 됐다고 전합니다. 그는 축재의 방법이 단순할 뿐 사람들에게 손가락질을 당할 만한 일로 부자가 되지는 않았습니다.

그에 반해 전숙과 환발은 정말로 파격 중의 파격입니다. 전숙은 "무덤을 파서 보물을 훔치는 나쁜 일"을 발판 삼아 몸을 일으켜 부호가 됐고, 환발은 "도박이라는 나쁜 놀이로 재물을 모아" 부자가 되어 떵떵거리며 살았기 때문입니다.

사마천은 부자가 되는 현실적인 방법에 대해 언급할 뿐 그것에 대해 도덕적인 평가를 하지 않습니다. 왜 그랬을까요? 재물은 먹고 사는 현실의 문제이지 옳고 그름을 따지는 도덕의 문제는 아니라고 보았기 때문입니다. 이러한 까닭에 사람들은 항상 재물에 대해 이중적인 태도를 보입니다. 전숙과 환발이 부자가 된 방법에 대해서는 손가락질하며 비웃고 조롱하면서도, 그들이 가진 재물에 대해서는 부러워하며 머리를 숙입니다.

당시에 세상을 떠돌아다니며 행상하는 일은 천한 일이었습니다. 하지만 옹낙성_{雍樂成}은 이 방법으로 부자가 되어 세상에 이름을 알렸습니다. 또한 남자가 여성이 화장할 때 사용하는 연지를 파는 일은 부끄럽다고 여겼습니다. 하지만 옹백_{雍伯}은 이렇게 해서 천금의 재물을 얻었습니다. 술장사는 하찮은 일이었습니다. 하지만 장씨_{張氏}는 술을 팔아서 무려 천만 금의 재산을 쌓았습니다. 칼을 가는 일은 보잘것없는 기술이었습니다. 하지만 질씨_{邪氏}는 오로지 칼을 갈아서 한 나라를 다스리는 제후처럼 반찬 솥을 늘어놓고 식사할 만큼의 재물을 모았습니다. 양의 내장을 삶아 말리는 것은 기술이라고 하기에도 부끄러울 만큼 단순하고 하찮은 일로 여겨졌습니다. 그러나 탁씨_{濁氏}는 이 일로 부호 소리를 들으며 기마행렬을 거느리는 위세를 부릴 수 있었습니다. 또한 말의 병을 치료하는 일은 자랑할 만한 대단한 의술로 여겨지지 않았습니다. 하지만 장리_{張里}는 그 의술로 종을 쳐서 하인을 부릴 만한 부귀영화를 누렸습니다.

사마천은 이들이 "졸렬하고, 나쁘고, 천하고, 부끄럽고, 보잘것없고, 단순하고, 하찮은 방법"으로 재물을 모았지만 "모두 오직 한 가지 일에 온 힘과 마음을 써서 부자가 될 수 있었다"라고 했습니다. 마침내 천한 신분에서 탈출해 세상 사람들이 부러워할 만한 존귀한 자리에까지 올랐으니, 자신의 운명을 스스로 개척한 것입니다.

차별을 딛고 부자가 되다

당시 여성은 신분 차별에다 성차별까지 이중 차별의 고통을 겪었습니다. 서민 여성이 자신의 이름을 역사에 남길 수 있었던 경우는 낙타가 바늘구멍에 들어가는 것보다 더 힘든 일이었습니다.

그런 여성 가운데에서도 세상에서 가장 천대받던 이들 중 하나가 과부였습니다. 그런데 「화식열전」에는 과부의 처지로 재물을 모아 진시황에게 "천자와 견줄 만한 예를 받고 이름을 천하에 드날린 여성"이 등장합니다. 그가 부자가 된 방법 역시 다른 서민 부자와 별반 다르지 않았습니다. 파촉에 사는 과부 청淸이 바로 그 주인공으로, 그는 조상이 발견한 단사丹沙 동굴을 잘 관리해 헤아릴 수 없을 만큼 엄청난 양의 재물을 모았습니다. 청이 과부의 신세였기에 수많은 사람들이 그 재산을 넘봤지만, 그는 가업을 보존했을 뿐만 아니라 조상들조차 상상할 수 없는 만큼의 큰 부를 쌓았습니다.

단사는 수은과 유황이 섞인 붉은색의 광석입니다. 당시 도술과 신선술을 하는 사람들은 모두 이 단사를 원료로 수은을 추출해 죽지 않고 영원히 살 수 있다는 단약丹藥을 제조했습니다. 앞서 진시황의 수은 사랑에 대해 말씀드린 적 있습니다. 이 때문에 과부 청은 진시황의 총애까지 받아, 오직 그를 위한 건물인 '여회청대女懷淸臺'를 지어줄 정도로 빈객으로 극진한 대우를 받았습니다. 시골뜨기 오지현烏氏縣 사람 나倮와 외딴 산골 파촉의 과부 청淸 같은 서민 부자가 신분 차별과 성차별까지 뛰어넘어 황제의 빈객으로 대우받을 수 있었던 까닭은 단 하나였습니다.

> 나는 시골뜨기 목장지기에 불과하고 청은 궁벽한 산골의 의지할 데 없는 과부였지만 천자에 견줄 예우를 받고 그 명성을 세상에 널리 떨쳤으니, 모두 그들이 부유했기 때문이다.
>
> -『사기』「화식열전」

사마천이 말하는 부의 비결은 이렇듯 굉장히 다양합니다. 그런데 재주만 있으면 누구나 재물을 모아 부귀해질 수 있다는 것은, 오늘날 우리 사회가 「화식열전」을 통해 되새겨야 할 중요한 시사점을 던지고 있습니다. 바로 재물은 사회적 불평등을 조장하기도 하지만, 그 재물을 모으는 과정만 모든 사람에게 열려 있으면, 역설적으로 모든 사람들에게 공평한 기회를 제공할 수 있는 계기도 된다는 것이지요. 이는 바꿔 말하면, 부를 모을 수 있는 기회마저 닫힌 사회는 사회적 불평등을 해소할 길이 아예 사라진 사회라는 것을 뜻합니다. 부자가 되고 싶은 것이 인간 누구나 가지고 있는 욕망이라면, 그 기회의 평등만큼은 사회적으로 보장하는 것이 필요합니다. 그것이 우리가 살아가는 사회를 조금이나마 더 나은 사회, 평등한 사회로 만드는 길이기 때문입니다.

6부

권력을 가질 때
주의해야 할 것들

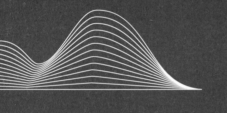

이사, 진섭, 여태후가 보여주는
권력의 본질

상대의 역린을
건드리지 않도록 주의하라

진시황이 한비자를 죽인 이유

『사기』에는 굉장히 다양한 인물들이 등장합니다. 거기에는 빼어난 영웅호걸도 있지만, 지극히 평범한 사람도 있고 어딘가 문제가 있거나 간악한 사람까지, 그야말로 모든 종류의 사람들이 있습니다. 그 백미는 아무래도 「열전」에 있지만, 그 외에도 우리는 흥미로운 인물들을 곳곳에서 만날 수 있습니다. 『사기』를 가리켜 괜히 '인간학의 교과서'라고 일컫는 것이 아니지요.

이번 장에서는 인간이라면 누구나 태어나 살아가면서 피할 수 없는 것, 바로 인간관계에 대해 이야기해 볼까 합니다. '인간人間'이라는 단어 자체가 타인과의 관계를 전제로 하는 만큼 우리는 살아가면서 이 관계를 통해 성장하고 위로받고 행복을 느끼는 동시에 상처받고 위협을 느끼기도 합니다. 『사기』는 비록 어떻게 하면 우리가 좋은 인간관계를 맺을 수 있을지 정답을 알려주지는 않지만, 몇 가지 사례를 통해 최악의 오답을 피하는 노하우 정도는 얻을 수 있을 것 같습니다.

이사가 한비자를 모함한 이유

첫 번째로 살펴볼 것은 바로 한비자의 이야기입니다. 앞서 우리는 그가 법가를 집대성한 위대한 사상가라는 것을 살펴보았는데요. 안타깝게도 그는 재주를 펼치기도 전에 같은 스승인 순자 아래에서 함께 공부했던 동문인 이사에게 모함을 받고 죽게 됩니다. 그렇다면 한비자는 왜 친구에게 죽임까지 당해야 했을까요?

한비자는 진나라의 위협을 받던 한나라의 왕족이었습니다. 말솜씨가 서투르고 더듬기까지 했지만, 워낙 탁월한 식견과 뛰어난 글솜씨로 세상에 큰 명성을 떨쳤습니다. 한비자는 청렴 정직한 인재들이 간악한 이들 때문에 중용되지 못하는 것을 슬퍼하고, 옛 왕들이 펼친 정치의 성공과 실패를 살폈습니다. 모두 십여만 자의 글로 구성된 그의 책은 전국시대 말기 여러 제후국으로 퍼져나가 큰 인기를 끌었습니다. 진시황도 그의 글에 마음을 사로잡힌 이들 중의 하나였습니다. "이 책을 지은 사람을 만나 사귈 수 있다면 죽어도 한이 없겠다"라고 탄식할 정도였습니다.

이때 진시황의 탄식을 들은 이사가 그 글을 쓴 사람이 친구인 한비자라고 알려줬습니다. 진시황은 한비자를 진나라로 불러들여 만나기 위해 한나라를 공격했습니다. 당시 한나라 왕 한안韓安은 평소 정치와 국방 개혁을 간언하는 한비자를 부담스러워했는데, 진나라의 공격으로 위기에 놓이자 다급하게 한비자를 등용해 진나라에 사신으로 보냈습니다.

진시황은 과연 한비자를 만나보고 매우 좋아했습니다. 하지만 신임해서 등용하지는 않았습니다. 그때 이사가 나서 한비자를 모함했습니다. 한비자가 한나라의 왕족이기 때문에 절대로 진나라를 위해서 일하지 않을 것이며, 또한 한비자를 그대로 살려서 돌려보내면 후환이 된다면서 죄를 뒤집어씌워 죽여야 한다고 간언했습니다.

이사는 왜 한비자를 모함해 죽이려고 했을까요? 사마천은 그 답을 「노자·한비열전老子韓非列傳」에 이렇게 남겨 놓았습니다.

한비는 이사와 함께 순경苟卿(순자)에게서 가르침을 받았다. 그러나 이사는 늘 자신의 재주가 한비에 미치지 못한다고 여겼다.

－『사기』「노자한비열전」

자신보다 뛰어난 한비자가 중용되면, 이사 본인의 정치적 입지가 사라질까 봐 두려워했다는 것입니다. 결국 이사의 모함에 넘어간 진시황은 한비자를 체포해 감옥에 가두고 옥리에게 넘겼습니다. 이사는 이 기회를 틈타 관리를 시켜 한비자에게 독약을 보내 스스로 목숨을 끊게 만들었습니다. 진시황은 뒤늦게 한비자를 옥리에게 넘긴 자신의 잘못을 후회하고 사람을 보내 그를 석방하도록 했지만 상황은 이미 늦었습니다.

이사는 본래 초나라 하급 관리 출신으로 어려서부터 큰 야망을 갖고 있었습니다. 스스로 고향을 떠나 당대의 명사인 순자 밑에서 천하를 다스리는 제왕의 기술을 공부했고, 마침내 진나라에까지 가서 출세를 한 입지전적인 인물이지요. 자연스레 자신이 이룬 입지에 늘 불안을 느끼고 있었는데, 자신보다 재능과 출신 신분에서 모두 뛰어난 한비자가 진나라로 오자 그 불안은 더욱 증폭된 것이죠. 결국 순자의 문하에서 함께 공부할 때부터 이사가 품고 있던 오랜 열등감과 불안을 눈치채지 못한 것이 한비자가 죽임을 당한 첫 번째 이유가 됐습니다.

『사기』에는 이와 비슷한 사례가 한 가지 더 나옵니다. 바로 손무의 후손으로 또 한 명의 '손자'라고 일컬어지는 손빈과 방연龐涓의 사례가 그것입니다. 손빈과 방연은 귀곡자 밑에서 동문수학한 사이였습니다. 그런데 방연 역시 이사처럼 자신의 재주가 손빈에 미치지 못한다고 여겨 시기했습니다. 병법 공부를 마친 방연은 손빈보다 먼저 위나라에서 벼슬을 해 장군이 됐습니다. 장군이 된 방연은 늘 자신보다 뛰어난 손빈이 세상에 나와 자신의 명성이 묻히지나 않을까 두려워했습니다. 그래서 몰래 사람을 보내 손빈을 위나라로 부른 다음 죄를 뒤집어씌워 앉은뱅이로 만들고 얼굴에 글자를 새기는 만행을 저질렀습니다. 손빈은 비록 훗날 방연에게 원한을 되갚았다는 차이가 있지만, 한비자와 손빈 모두 오랜 친구의 속마음조차 헤아리지 못한 것이 화의 근원이 됐습니다.

상대의 속마음을 아는 것이 중요하다

사마천은 뛰어난 능력에도 불구하고 스스로 재앙을 피하지 못한 한비자의 죽음을 매우 안타까워하면서도, 그 죽음의 원인을 한비자가 지은 '세난說難'에서 찾았습니다. 세난이란 '유세의 어려움' 혹은 '설득의 어려움'으로 해석할 수 있습니다.

한비는 다른 사람을 설득하는 일의 어려움을 알고 그것을 <세난> 편에서 매우 상세하게 다뤘다. 그러나 결국 진나라에서 죽어 자신도 오히려 그 위험을 피할 수 없었다. 나는 한비가 스스로 「세난」 편을 쓰고도 자신은 그 재앙을 피하지 못한 것이 슬플 따름이다.

-『사기』「노자한비열전」

250

한비자는 사람 사이의 관계에서 상대방을 설득하기란 쉽지 않다는 것이 단지 자신의 지식으로 상대방을 설득하거나, 조리 있는 말솜씨와 논리로 자신의 뜻을 밝히거나, 혹은 대담하게 자기 할 말을 마음껏 펼치는 일이 어렵다는 뜻은 아니라고 강조합니다. 다른 사람을 설득하는 일은 상대방의 속마음을 잘 파악해, 자신의 주장을 그 속마음에 얼마나 잘 맞춰 전달할 수 있는지에 달려 있기 때문입니다.

예를 들어 상대방이 속마음으로는 이익을 얻기를 바라면서도 겉으로는 명예와 의리를 내세워 고결한 척한다면 어떨까요. 그에게 명예와 의리의 말만 늘어놓으면 겉으로는 좋아하는 척하겠지만 속마음으로는 멀리할 것입니다. 그러면 그 사람의 속마음대로 많은 이익을 얻을 수 있는 방법을 이야기하면 좋아할까요? 아닙니다. 속마음으로는 그 의견을 받아들이겠지만 겉으로는 그 말을 하는 사람을 멀리할 것입니다. 자신이 애써 숨긴 속마음을 들키고 싶지 않기 때문입니다.

그렇다면 도대체 어떻게 해야 할까요? 한비자는 다른 사람과 관계를 맺고 그를 설득할 때는 상대방의 겉모양과 속마음을 모두 파악해야 한다고 말합니다. 그런 다음 "상대방이 자랑스러워하는 것은 은근하게 칭찬을 하고, 부끄럽게 여기는 것은 덮어주어야 한다"라고 말합니다. 한비자는 설득하는 사람이 단지 겉으로 드러난 일은 물론 상대방이 비밀스레 추진하는 일까지 알아차리게 되면 오히려 그 처지가 위태로울 수 있다고 경고했습니다. 그러면서 한비자는 정鄭나라 관기사關其思의 고사를 인용합니다.

정나라의 군주 무공武公은 평소에 호胡나라를 정복하고 싶었습니다. 그래서 먼저 자신의 딸을 호나라 군주에게 시집보내 환심을 샀습니다. 그런 뒤 여러 신하들을 모아놓고 물었습니다. "내가 군사를 일으키려고 하는데, 어느 나라를 공격하면 좋겠소?" 그러자 대부 관기사가 나서 호나라를 정벌하는 것이 좋겠다고 말했습니다. 관기사의 말을 들은 무공은 그를 칭찬하기는커녕, 형제 같은 호나라를 공격하라고 했다면서 그를 즉시 죽여버렸습니다. 이 소식을 들은 호나라 군주는 정나라를 철석같이 믿고 아무런 방비도 취하지 않았고, 무공은 그 기회를 틈타 호나라를 공격해 함락시켰습니다.

관기사가 죽은 까닭은 바로 감추고 싶은 무공의 속마음을 만천하에 드러냈기 때문입니다. 이 고사를 언급하면서, 한비자는 이렇게 말합니다. "상대방의 속마음을 안다는 것은 어려운 일이 아니다. 그것을 어떻게 사용하느냐가 어려운 것이다."

그런데 아이러니하게도 한비자의 죽음은 자기가 인용한 관기사의 죽음과 매우 흡사합니다. 진시황을 만난 한비자는 천하를 차지할 수 있는 계책을 펼쳐놓았습니다. 진시황은 한비자의 유세에 겉으로는 감탄했지만 속으로는 강한 위협을 느꼈습니다. 한비자가 진나라를 위해 헌신한다면 모르겠지만, 만약 적이 될 경우 그 계책은 곧 큰 위협이 될 수밖에 없기 때문입니다.

한비자가 진시황의 마음을 얻기 위해 현명한 계책을 거듭해 말할수록 오히려 그의 목숨은 점점 더 위태롭게 됐습니다. 결국 진시황의 이런 마음을 깨달은 이사는 한비자를 참소했고, 진시황 역시 적국인 한나라의 왕족인 한비자를 신뢰하는 대신 그를 죽이는 길을 택했습니다.

「세난」 편에는 이와 관련된 이야기가 하나 더 나옵니다. 바로 '역린逆鱗'에 대한 고사입니다.

용이란 짐승은 잘 길들이면 그 등에도 올라탈 수 있다. 그러나 그럴 때에도 반드시 조심할 점이 있다. 턱 밑에 지름이 한 자나 되는, 다른 비늘과 달리 거슬러서 난 비늘이 하나 있는데 그것을 주의해야 한다. 만일 그 역린을 건드리면 용은 그 사람을 반드시 죽인다.

-『한비자』「세난」

사람에게는 누구나 이러한 역린이 있다는 것을 한비자는 누구보다 잘 알고 있었습니다. 하지만 안타깝게도 정작 자신의 일에는 그것을 적용하지 못했습니다. 그래서 이사와 진시황의 속마음에 숨겨진 역린을 건드렸고, 결국 죽임을 당하게 된 것이죠. 이런 까닭에 사마천은 한비자의 죽음을 가리켜 "설득의 어려움을 누구보다 잘 통찰하고 있었지만 정작 자신에게 닥친 재앙은 피하지 못했다"라고 말했습니다.

상대방의 속마음을 아는 것은 어려운 일이지만, 설령 안다고 해도 그것을 어떻게 활용할지는 매우 신중해야 합니다. 때에 따라 약이 되기도 하고 독이 되기도 하기 때문입니다. 사마천 자신도 황제의 속마음을 알아채지 못하고 역린을 건드린 탓에 궁형의 고통과 치욕을 당했기 때문인지, 그 누구보다 한비자의 죽음에 동병상련의 정을 느꼈습니다. 「노자·한비열전」 곳곳에는 한비자의 최후에 대한 안타까움이 절절히 배어 있습니다.

그렇다면 우리가 이러한 어려움에서 벗어날 방법은 없을까요? 상대방의 진짜 속마음을 완벽하게 다 알 수 있는 방법은 안타깝게도 없습니다. 하지만 그것을 조금이나마 파악해 잘 대처할 수 있는 방법은 있습니다. 바로 그 사람의 말이 아니라 그 사람의 상황을 믿는 방법입니다. 사람은 자신의 말은 숨길 수 있지만, 상황은 완벽하게 감추기 어렵습니다. 한비자 역시 이사와 진시황이 처한 상황을 좀 더 신중하게 살폈더라면, 그 속마음을 파악해 화를 당하는 일을 피할 수 있었을 것입니다. 다음 강의에서는 이 부분에 대해 좀 더 살펴보겠습니다.

24강

지위와 환경이 사람을 좌우한다

출세와 성공의 민낯, 「이사열전」

난세에는 벼락같이 출세하고 벼락같이 몰락한 인물들이 숱하게 나타납니다. 신분의 제약이 상대적으로 낮아지는 반면 부귀와 권세를 얻을 수 있는 기회는 상대적으로 넓어지기 때문입니다. 하지만 『사기』에 등장하는 모든 인물 가운데에서도 이사만큼 벼락같이 출세했다가 벼락같이 몰락한 사람은 찾아보기 어렵습니다.

이사는 출세와 권력을 향한 욕망이 타의 추종을 불허한 인물입니다. 이 욕망이 그의 출세와 몰락의 원인이 됐지요. 「이사열전」을 보면 그의 욕망은 고향 관청의 말단 관리였을 때부터 불타오르기 시작했다는 사실을 알 수 있습니다. 그렇다면 그는 왜 그렇게 출세하고 권력을 얻는 데 집착했던 걸까요?

출세주의자 이사의 깨달음

이사는 초나라 상채上蔡에서 태어났습니다. 관청의 말단 관리로 일하면서, 평소 관청의 변소에 가면 그곳의 쥐들이 더러운 것을 먹다가 사람이나 개가 가까이 가기라도 하면 깜짝 놀라 벌벌 떨며 무서워하는 모습을 자주 보게 됐습니다. 그런데 창고에 가면 그곳에 사는 쥐들은 가득 쌓인 곡식을 마음껏 먹을 뿐 사람이나 개가 가까이 가도 전혀 두려워하지 않았습니다. 더럽고 먹을 것도 없는 곳에 살면서도 변소의 쥐들은 항상 벌벌 떨며 두려워하는 반면, 깨끗하고 풍족한 곳에 사는 창고의 쥐들은 항상 당당하고 여유가 있었습니다. 이 모습을 지켜보던 이사는 문득 이렇게 탄식했습니다.

> 사람이 어진 성품을 가졌거나 못난 성품을 가졌다는 것은 모두 이들 쥐와 같은 것이구나. 단지 자신이 처한 환경에 달렸을 뿐이구나!
>
> ―『사기』「이사열전」

이사는 사람이 가진 품성이나 사람 사이의 관계가 모두 그 사람이 가진 천성이나 재주가 아니라 지위와 환경에 달린 것을 깨닫게 됐습니다. 제아무리 뛰어난 재주가 있어도 낮은 지위와 열악한 환경에 있으면 '을'이 되고, 아무런 재주가 없어도 지위가 높고 환경이 좋으면 '갑'이 됩니다. 이사가 생각하기에 자신이 몸담고 있던 상채의 지방 관청은 '변소'나 다름없었습니다.

그곳에서 아등바등 출세하려고 해봤자 더럽고 먹을 것도 없는 변소에 살면서 항상 두려움에 벌벌 떨며 사는 쥐와 같은 신세를 벗어나기 어렵다고 판단한 이사는 한 치의 망설임도 없이 고향을 탈출해 '창고'와 같은 환경을 찾아 나섰습니다. 그리고 당대 최고의 사상가 순자를 찾아가 천하를 다스리는 제왕의 기술을 배웠습니다. 천하의 가장 높은 지위와 가장 좋은 환경에 거처하기 위해서는 그만한 힘을 가진 제왕에게 유세해 신임을 얻어야 했기 때문입니다.

순자 문하에서 공부를 하던 이사는 천하를 차지할 만한 공을 세울 수 있는 나라는 자신의 고향 초나라가 아니라 진나라라고 판단했습니다. 그리고 스승 순자를 찾아갔습니다.

저 이사는 적절한 때를 얻으면 머뭇거리지 말라는 말씀을 새겨들었습니다. … 비루하고 미천한 위치에 있으면서 그곳을 벗어날 계획을 세우지 않는 것은 마치 짐승이 먹을 것을 눈앞에 두고도 사람들이 자신을 쳐다보는 것이 두려워 참고 그냥 지나가는 것과 같습니다. 사람이 가장 크게 부끄러워할 일은 낮고 천한 위치에 처해 있는 것이며, 가장 크게 슬퍼해야 할 일은 경제적으로 곤궁한 것입니다. 오랜 세월 비루하고 미천한 위치와 곤란하고 궁색한 처지를 겪으면서 세상의 부귀를 비난하고 영리를 좇는 이들을 미워하며 스스로 아무것도 하지 않는 것이 어찌 제대로 된 선비의 마음이라 할 수 있겠습니까.

―『사기』「이사열전」

이사에게는 갑이 아닌 을로 사는 것, 갑이 되기 위해 아무 노력도 하지 않는 것이야말로 용납할 수 없는 일이었던 것입니다. 스승 순자를 떠난 이사는 당시 진나라의 권력을 장악하고 있던 승상 여불위를 찾아갔습니다. 하지만 여불위 역시 이사가 향한 최종 목적지는 아니었습니다. 그가 바라보는 곳은 바로 천하에서 가장 높은 곳에 자리하고 있는 제왕, 즉 진시황이었습니다. 여불위의 식객이 된 이사는 일찍이 순자에게 배운 제왕의 학문으로 그의 두터운 신임을 얻었습니다. 여불위는 이사가 매우 현명한 인물이라고 여겨 진시황의 시위관으로 임명했습니다. 진시황에게 유세할 기회를 얻게 된 이사는 기회를 놓치지 않았고, 단번에 진시황의 마음을 사로잡았습니다.

그 뒤 이사는 진시황을 보좌해 천하를 통일했고, 자신의 바람처럼 신하된 자로서 자신보다 더 윗자리에 있는 사람이 없을 최고의 지위에 올랐습니다. 그렇다면 그의 삶은 성공하고 안락한 삶이라고 평가해야 할까요? 물론 아닙니다. 이사는 최고의 지위에 오른 뒤에도 필사적으로 자기 위치를 지키려고 했습니다. 늘 초조한 마음이었기에 결국 진시황 사후에는 환관 조고의 꼬임에 넘어가 유언장 조작 사건에 가담해 자신이 세운 통일 제국을 멸망의 구렁텅이로 밀어넣기에 이릅니다.

이사가 환관 조고와 결탁해 어질고 현명한 진시황의 맏아들 부소를 죽이고 어리석고 무능한 막내아들 호해를 2세 황제로 삼은 까닭은 오직 자신의 지위와 환경을 지키기 위해서였습니다. 부소는 평소 이사와 같이 권세와 부귀를 위해서라면 수단과 방법을 가리지 않는 인물을 좋아하지 않았습니다. 그가 제위에 오르면 황제를 보좌하는 승상의 자리는 몽염이 유력했습니다. 그렇게 되면 이사는 한순간에 애써 쌓아올린 모든 권세와 부귀를 다 잃을 수 있었지요. 이사의 선택은 자신의 자리를 지키기 위한 불가피한 선택이었지만, 역설적이게도 바로 이 선택이 이사의 몰락도 재촉했습니다.

호해가 2세 황제로 즉위한 이후 정치 상황은 이사가 바라는 대로 진행되지 않았습니다. 조고는 황제를 마음대로 휘두르는 것도 모자라, 자기 권력의 최대 걸림돌인 이사를 가만두지 않았기 때문입니다. 결국 이사는 조고의 모함에 걸려들어 반역죄의 누명을 뒤집어쓴 채 감옥에 갇히는 신세가 됐고, 결국 함양의 시장 바닥에서 허리가 잘리는 형벌을 받게 됐습니다. 평생 '변소의 쥐' 신세에서 벗어나 '창고의 쥐'로 살고자 했던 이사의 처참한 최후였습니다. 최후의 순간 감옥에서 나와 처형장으로 향하던 이사는 함께 잡혀온 둘째 아들을 돌아보면서 이렇게 탄식합니다.

언제고 다시 한번 너와 함께 누런 개를 이끌고 상채 동쪽 문밖
교외로 나가 토끼 사냥을 즐기고 싶었다. 하지만 여기서 죽으면
두 번 다시는 그렇게 할 수 없겠구나.

-『사기』「이사열전」

갑질의 시대를 돌아보다

우리는 이사의 출세와 몰락을 어떻게 평가할 수 있을까요? 평생 갑
이 되려고 한 출세주의자의 일시적인 성공과 비참한 몰락이라고
봐야 할까요? 사회에서 한 사람의 평가 기준이 되는 것은 개인의
품성과 재주도 있지만, 그보다는 환경과 지위가 더 큰 위력을 발휘
합니다. 이것은 누구도 부정하기 힘든 냉정한 현실입니다. 이사가
조고의 손에 죽임을 당한 까닭 역시 그 재주가 조고에 못 미쳐서가
아니라, 절대 권력자인 황제와의 거리, 그러니까 환경과 지위가 그
에게 못 미쳤기 때문입니다. 조고는 자신보다 재주가 뛰어나 위협
이 될 수 있는 모든 라이벌을 자신의 지위를 이용해 도륙했습니다.

2세 황제는 조고의 말만 듣고 법률을 고쳤으며, 신하와 공자 중
에 죄가 있다고 하는 이들의 처벌을 모두 조고에게 맡겨 신문하
고 다스리게 했다. 몽의蒙毅 등 현명한 신하들은 쫓겨나고, 공자

열두 명은 함양의 시장 바닥에서 죽었으며, 공주 열 명은 기둥에 묶인 채 창으로 찔려 죽임을 당했다. 그들의 재산은 모두 현의 우두머리가 거둬들였는데, 이런 일에 연좌돼 처벌받은 자는 이외에도 셀 수 없이 많았다.

－『사기』「이사열전」

간악한 품성과 하찮은 능력을 가진 환관 조고가 역사상 최초의 통일 제국인 진나라의 권력을 한 손에 쥐고 농단할 수 있었던 까닭은 오직 그가 호해 황제를 이용해 최고의 지위와 환경에 있었기 때문입니다. 안타까운 현실은 이것이 신분 질서와 약육강식의 논리가 지배하던 2천 500년 전 이사와 조고의 시대에만 국한된 것이 아니라는 점입니다. 오늘날에도 정치인, 기업 회장 등 사회 고위층의 추악한 '갑질' 행위가 빈번하게 발생하는 것은 물론, 보통 사람들도 자신의 지위가 조금만 높아도 그 아래 있는 사람에게 '갑질'을 하는 행태를 반복하기 때문입니다.

하지만 우리는 자신의 지위나 환경만 내세우는 이들이 거둔 성공만큼이나 그들이 얼마나 처참하게 몰락했는지도 분명히 되새겨야 합니다. 이사는 조고에게, 조고는 지난날 진시황의 유언장을 조작해 죽게 한 부소의 아들 자영에게 처참하게 죽임을 당한 것처럼, 타인을 짓밟으며 자기 지위와 환경, 권세와 부귀를 평생 누린 사람은 거의 없습니다. 그런 점에서 사마천이 이사의 출세와 몰락을 통해 폭로한 각자도생의 시대의 민낯은 오늘날의 우리에게도 많은 시사점을 안겨줍니다.

25강

지나친 믿음이
때로는 독이 된다

춘신군의 속임수와 소하의 속임수

『사기』의 가장 독보적이고 탁월한 특징 가운데 하나는 바로 권력과 인간 사이의 관계를 근본적인 지점에서 통찰하고 있다는 점입니다. 이 때문에 다른 역사서에서는 잘 드러나지 않는 권력과 인간 사이에 벌어진 수많은 사건들의 실체가 『사기』에서는 적나라하게 폭로되곤 합니다.

그 대표적인 경우가 씨 도둑질로 한 나라를 훔치려고 한 초나라 춘신군春申君과 간신 이원李園이 얽힌 사건입니다. 사마천은 「춘신군열전春申君列傳」을 통해 이 사건의 전말을 보여주면서, 권세와 이익에 따라 왔다 갔다 하는 인간관계의 민낯을 날카롭게 밝히고 있습니다.

속고 속이는 인간관계의 그늘

초나라 춘신군은 전국시대 말기 크게 명성을 떨친 네 공자 중 한 사람이었습니다. 변설이 뛰어나고 지혜로운 인물로 태자 완元과 함께 몇 년 동안 진나라에 볼모로 잡혀 있다가, 특유의 기지로 태자를 탈출시켜 초나라의 왕위에 오르게 하는 큰 공을 세웠습니다.

이때 탈출해 왕위에 오른 사람이 바로 초나라 고열왕考烈王입니다. 고열왕은 목숨을 걸고 자신을 도운 춘신군 덕분에 왕이 됐기에, 즉위하자마자 춘신군을 재상에 임명해 국정을 맡겼습니다. 이후 춘신군은 문하의 빈객이 3천 명이 넘을 만큼 최고의 권세와 부귀영화를 누리는 것은 물론 전국에 높은 명성까지 떨쳤습니다.

그런데 고열왕에게는 고민이 하나 있었습니다. 바로 후사를 이을 아들이 없었다는 점입니다. 초나라의 후사를 걱정한 춘신군은 왕자를 낳을 만한 여러 여인을 구해 고열왕에게 바쳤지만 끝내 왕자를 얻지 못했습니다. 이 무렵 조나라 사람 이원이 미모가 빼어난 자신의 여동생을 고열왕에게 바쳐서 권세를 얻으려고 했습니다. 하지만 고열왕이 아들을 낳을 수 없는 몸이라는 사실을 깨닫자, 이원은 한 가지 음모를 꾸몄습니다.

먼저 자신의 여동생이 춘신군을 섬기게 해 임신을 하면, 다시 왕에게 접근하자는 계략을 꾸민 것입니다. 과연 미모가 빼어난 이원의 여동생은 어렵지 않게 춘신군의 총애를 받았고, 마침내 춘신군의 아이를 임신했습니다. 그러자 이원은 기다렸다는 듯이 여동생과 함께 일을 꾸미기 시작했습니다. 춘신군이 한가한 틈을 타서 이원의 여동생은 마치 자신의 머리에서 나온 계책인 것처럼 속여서 이렇게 말했습니다.

지금 왕께서 당신을 소중하게 여겨 아끼고 사랑하는 것이 친형제보다 더했으면 더했지 덜하지 않습니다. 그런데 지금 당신이 20년간 초나라의 재상으로 있었다고 해도, 왕께는 아들이 없습니다. 만약 왕이 돌아가시고 그 형제가 왕위에 오르게 된다면, 새로운 왕은 자신과 친했던 이들과 친척을 믿고 중용할 것입니다. 그렇게 되면 지금 당신이 받는 총애가 어찌 오래가겠습니까? 게다가 당신은 오래도록 높은 지위에 있었으니, 왕의 형제들이 볼때 예의에 어긋나는 행동을 많이 했을 것입니다. 이렇게 되면 앞으로 당신 몸에는 재앙이 이를 일만 남았는데, 어찌 재상의 인수와 강동의 봉읍을 지킬 수 있겠습니까? 지금 제가 당신의 총애를 받은 지 그렇게 오래되지 않았습니다. 이 때문에 제가 임신한 사실을 다른 사람들은 알지 못합니다. 지금 당신이 성의를 다해 저를 왕께 바친다면 반드시 저를 총애하실 것이고, 만약 하늘의 도움을 받아 사내아이를 낳는다면 당신의 아들이 초나라의 왕이 되는 것입니다. 그러면 초나라가 전부 당신 것이 되는 셈이니, 가만히 앉아 재앙을 당하는 것에 비교할 때 어찌 하는 것이 더 좋겠습니까?

-『사기』「춘신군열전」

춘신군은 애첩의 말이 그럴듯하다고 여겨, 사람들의 눈을 속일 목적으로 따로 거처를 정해 머물게 했다가 고열왕에게 추천했습니다. 고열왕은 이원의 여동생을 궁궐로 불러들인 후 무척 아꼈습니다. 이원의 여동생은 얼마 지나지 않아 아들을 낳았습니다. 뒤늦게 후사를 얻자 고열왕은 너무 기쁜 나머지 즉시 이원의 여동생을 왕후로 삼고 갓 태어난 아들을 태자로 삼았습니다. 또한 왕후의 오빠이자 태자의 외삼촌인 이원을 왕실을 지킬 사람으로 여겨서 매우 중용했습니다.

하지만 이원은 권세와 부귀가 커질수록 점점 불안해졌습니다. 만약 춘신군의 입에서 태자의 출생에 얽힌 비밀이 새어나가면 하루아침에 역적의 신세로 전락할 수 있었기 때문입니다. 또한 춘신군이 비밀을 지키더라도 태자의 친아버지라는 명분으로 권력을 계속 장악하게 되면, 자신이 누릴 권세와 부귀가 그만큼 줄어들 게 뻔했습니다. 이에 이원은 비밀리에 용맹한 병사들을 길렀습니다. 고열왕이 죽으면 즉시 춘신군을 죽여 그의 입을 막아버릴 목적이었습니다. 하지만 초나라 안의 많은 사람들은 이미 태자의 출생에 얽힌 비밀을 알고 있었습니다.

그 후 몇 년이 흘러 고열왕이 병에 걸려 죽음을 앞두게 됐습니다. 이때 태자의 출생에 얽힌 비밀을 알고 있던 사람들 중 주영^{朱英}이라는 이가 춘신군을 찾아왔습니다. 주영은 춘신군에게 세상에는 생각지도 않은 복이 있는가 하면, 생각지도 않은 재앙도 있다고 말했습니다. 이에 춘신군이 그게 무슨 말인지 물었습니다. 주영은 춘신군이 재상의 자리에 있지만 이미 초나라 왕이나 다름없다면서, 만약 고열왕이 죽고 나면 어린 태자를 대신해 정사를 장악할 수도 있고 아니면 직접 왕이 되어 초나라를 차지할 수도 있다고 말했습니다. 이것이 '생각지도 않은 복'이라는 것입니다.

또한 그는 생각지도 않은 재앙도 있다며 이렇게 말했습니다. "이원은 왕후의 오빠이자 태자의 외삼촌입니다. 당신이 살아 있으면 초나라의 권력을 독점할 수 없지요. 그래서 이미 오래전부터 당신의 눈과 귀를 감쪽같이 속인 채, 당신을 원수로 여기며 죽음을 각오한 용맹한 병사들을 기르고 있었습니다. 지금 초나라 왕이 죽으면 이원은 가장 먼저 궁궐로 들어가 권력을 장악한 다음 당신을 죽여서 입을 막아버릴 것이니, 이것이 생각하지 않은 재앙이 아니면 무엇이겠습니까?"

그러면서 주영은 자신을 낭중에 임명하면 춘신군을 위해 이원을 죽여주겠다고 제안했습니다. 하지만 너무 오랫동안 권력에 취한 탓인지 춘신군은 주영의 말을 믿지 않고 이원의 속임수를 의심하지도 않았습니다.

자신을 믿었다가 배신을 당한 고열왕처럼, 어리석게도 춘신군

역시 이원을 지나치게 믿었던 것입니다. 오히려 이원은 자신을 정성껏 섬기고 있으며 또한 나약한 사람이기 때문에 그러한 속임수와 음모가 가당키나 하느냐는 식으로 주영을 나무라며 물러가게 했습니다.

주영이 춘신군을 찾아간 지 17일 뒤 결국 고열왕은 숨을 거두고 말았습니다. 이원은 주영의 예측대로 자신이 비밀리에 기른 병사들을 이끌고 궁궐로 들어가 극문棘門 안에 매복시켰습니다. 그리고 춘신군이 극문에 들어서자, 그를 에워싸고 창칼로 찌르고 머리를 벤 다음 극문 밖으로 내던져버렸습니다. 또한 즉시 관리를 보내 춘신군의 일족을 몰살했습니다. 전국시대 네 명의 공자 중 하나로 꼽히며 초나라의 권력을 한 손에 쥐고 천하에 명성을 떨치며 일세를 풍미했던 춘신군의 마지막 모습은 이처럼 참혹했습니다. 춘신군이 비참하게 살해되고 그 일족마저 몰살당하자 초나라의 권력은 고스란히 이원의 수중에 떨어졌습니다.

사마천은 춘신군의 고사를 통해 권세와 이익에 따라 왔다 갔다 하는 사람들 사이의 관계는 본질적으로 속임수가 난무하는 위태로운 관계라는 사실을 밝히고 있습니다. 즉, 이원은 처음부터 춘신군을 이용할 속셈으로 여동생을 바쳤고, 춘신군은 이원과 그 여동생에게 현혹되어 고열왕을 속였으며, 자신도 정작 이원의 본심을 알아차리지 못해 죽임까지 당하게 됐습니다. 권세와 이익을 좇아다니는 사람들 사이의 관계는 이처럼 본질적으로 속고 속이는 관계입니다.

의심과 믿음의 재앙을 피하는 방법

살아가면서 많은 인간관계를 맺다보면 때로는 의심이 약이 되고, 믿음이 독이 되는 경우도 있습니다. 지나친 의심도 문제지만, 지나친 믿음 역시 문제를 일으키는 것이지요. 한나라 개국 이후 유방과 소하의 관계를 보면 이러한 교훈을 다시금 깨달을 수 있습니다. 한나라가 천하를 통일한 이후, 유방의 끊임없는 의심 때문에 개국에 큰 공적을 세운 인물들이 하나둘 제거됐다는 사실은 잘 알려져 있습니다. 유방의 의심에 걸려들면 어느 누구도 살아남기 힘들었습니다. 하지만 유독 소하는 유방의 의심을 사고서도 목숨은 물론 지위도 잃지 않았습니다.

유방이 소하를 수많은 공신 중 으뜸으로 삼았다는 사실은 앞서 말씀드린 적이 있습니다. 하지만 유방의 의심은 그런 소하라고 해서 비켜가지 않았습니다. 유방이 전쟁터에 나아가 항우와 천하의 패권을 다툴 때 소하가 한나라를 무척 잘 다스렸기 때문에, 개국 초기 백성들 사이에서 소하의 명성은 유방의 명성을 넘어설 정도였습니다. 이 때문에 유방은 백성의 마음을 얻은 소하가 혹시나 자신의 권력을 흔들지 않을까 염려했습니다.

그런데 그 의심의 방식은 겉보기에는 더할 나위 없는 신뢰로 보였습니다. 유방이 회음후 한신과 함께 반역을 꾀한 거록군 태수 진희의 반란을 아직 진압하지 못하고 있을 때였습니다. 여후가 소하의 도움을 받아 수도 장안의 장락궁에서 한신을 죽였다는 소식을 들은 유방은 사신을 보내 소하를 상국에 제수하고 식읍을 내려 호위대까지 거느릴 수 있게 했습니다. 그러자 소평^{召平}이라는 사람이 소하에게 조언을 했습니다. "승상에게 반드시 화가 미칠 것입니다. 황제께서는 여전히 궁궐 밖에서 온갖 고초를 겪으면서 반란군을 소탕하고 있는 마당에 승상은 큰 상을 받았으니, 이것이 어찌 좋은 일이겠습니까? 한신이 반란을 일으켜 이제 승상까지 의심하는 것입니다." 소하는 소평의 말을 옳다고 여겨 식읍을 받지 않고 호위대를 거절하는 것에서 나아가 오히려 자신의 재산을 처분해 군비로 바쳐 화를 피할 수 있었습니다.

그 이듬해에도 비슷한 일이 있었습니다. 경포가 반란을 일으키자, 유방은 다시금 직접 토벌에 나서게 됐는데, 원정 도중에도 여러 차례 사신을 보내 소하가 무엇을 하는지 도성의 민심은 어떻게 흘러가는지 살폈습니다. 또다시 소하를 의심한 것입니다. 자칫 회음후 한신과 같은 신세가 될 수도 있는 상황에 놓인 소하는 어떻게 행동했을까요? 그는 자신을 찾아와 조언을 해준 어떤 손님의 제안대로 스스로 명성을 더럽히는 방법을 썼습니다.

먼저 소하는 백성들의 밭과 집을 강제로 싼 값에 매입해 스스로 백성의 원망을 샀습니다. 또한 상인들에게 뇌물을 받았다는 의심을 자처해 자신의 명성을 더럽혔습니다. 이러한 사실을 듣게 된 유방은 크게 화를 내며 정위를 보내 소하를 족쇄와 수갑으로 묶게 했습니다. 하지만 위위(衛尉) 왕씨가 어찌 소하를 의심하느냐고 말하자, 언제 그랬냐는 듯이 그를 풀어주고 원래의 자리로 돌려보냈습니다. 스스로 명성을 더럽히면서까지 자신을 향한 백성의 마음을 멀리하려고 한 소하를 더 이상 의심할 필요가 없다고 여겼기 때문입니다.

소하는 유방이 보여준 신뢰를 곧이곧대로 믿지 않고 의심했으며, 조심스럽게 처신했습니다. 그 덕분에 소하는 한신과 경포 등 개국공신이 모두 주살될 때에도 여전히 공훈을 찬란하게 유지할 수 있었고, 지위는 군신 중 으뜸이 됐으며, 명성을 후세에까지 이어갈 수 있었습니다. 그가 유방이 겉으로 보여주는 총애를 무조건 믿지 않은 것은 제왕의 총애가 상황에 따라 얼마든지 의심과 미움으로 뒤바뀔 수 있다고 생각했기 때문입니다. 이러한 의심이 있었기에 소하는 자신을 떠보려는 유방보다 앞서, 오히려 유방을 속일 수 있었습니다.

이러한 소하의 속임수는 속임을 당하는 입장에서 봐도 기분 나쁘지 않았습니다. 소하와 유방 모두 속임수를 통해 크게 잃는 것이 없었기 때문입니다. 소하는 비록 명성은 다소 잃었지만 지위와 목숨은 보전할 수 있었고, 유방 역시 충성스럽고 유능한 신하를 자기

손으로 제거하지 않아도 됐으니까요. 이렇게 보면 조금 씁쓸하지만, 지나친 의심만큼이나 지나친 믿음도 경계하는 것이 인간관계에서는 필요한 덕목이라고 하겠습니다.

26강

애증은 동전의 양면과 같다

아첨꾼들의 역사, 「영행열전」

앞서 사마천이 『사기』를 집필한 목적 중 하나가 현재 권력에 대한 날카로운 비판에 있다는 사실을 말씀드렸습니다. 이것이 돋보이는 쾌작이 바로 「영행열전佞幸列傳」입니다. 영행은 아첨하다는 뜻의 '영佞' 자와 뜻하지 않은 행운을 뜻하는 '행幸' 자의 뜻 그대로, 아첨으로 사랑을 받아 뜻하지 않은 행운을 얻은 사람들을 일컫는 말입니다. 이 책에는 고조 유방의 사랑을 받은 미소년 적籍, 혜제 때 사랑을 받은 미소년 굉閎, 문제의 총신 등통鄧通, 경제 때 총신 주문인周文仁 그리고 무제에게 사랑을 받은 한언韓嫣과 이연년李延年 등이 등장합니다. 사마천은 이들 중에서도 특히 등통과 한언 그리고 이연년을 통해 애증의 변화에 따라 달라지는 인간관계의 민낯을 밝힙니다.

아첨으로 신임을 얻고 아첨으로 몰락하다

사마천은 「영행열전」에서 자신이 섬긴 무제의 시대에만 두 명의 영행을 등장시켰습니다. 무제 때의 정치가 정당하고 합리적인 원칙에 의해 이뤄진 것이 아니라, 단지 그때그때 달라지는 좋아하는 마음과 싫어하는 마음에 따라 제멋대로 이뤄졌다는 사실을 비판하기 위해서였습니다.

오직 좋아하는 마음에 따라 사람을 가까이하고, 싫어하는 마음에 따라 사람을 멀리한다면 그 사람의 주변에는 어떤 이들이 있겠습니까? 교활한 아첨꾼뿐입니다. 사마천이 보기에 무제 시대의 정치란 곧 이러한 아첨꾼들의 의지에 따라 아침저녁으로 흔들리는, 원칙 없는 정치였습니다. 자신이 궁형의 고통과 치욕을 당한 까닭 역시 달콤한 말만 좋아하는 황제의 비위를 거슬렀기 때문이라고 생각했기에, 비판 의식은 더욱 날카로울 수밖에 없었습니다.

무제는 황제가 되기 전부터 한언이라는 아첨꾼을 무척 아꼈습니다. 무제는 즉위한 이후 특히 흉노 정벌에 전념했는데, 한언은 흉노의 군사 사정에 정통했기 때문에 더욱 총애를 받게 됐습니다. 그 덕에 한언의 벼슬은 상대부上大夫에 이르렀으며, 무제가 그와 함께 기거할 정도였습니다. 한언은 무제의 총애만 믿고 모든 사람을 하찮게 여겨 방약무인하게 대했고, 자연스레 황제 주변 사람들의 불만 역시 점점 더 커져만 갔습니다.

그러던 어느 날 무제의 동생 강도왕江都王이 황제의 명령을 받고 왕실 사냥터인 상림원上林苑에 사냥을 하러 나갔습니다. 무제는 출발하기에 앞서 한언에게 황제를 호송하는 수레인 부거副車를 타고 기병 수백 명을 이끌고 가서 짐승이 있는지 없는지 돌아보게 했습니다. 그런데 멀리서 이 모습을 바라보고 있던 강도왕은 한언의 행렬을 황제의 행차로 착각해서, 시종들을 물리치고 길가에 엎드려 머리를 조아렸습니다. 한언은 정체를 밝히지 않고 단지 그 앞을 쏜살같이 지나가 버렸습니다.

그 뒤 강도왕은 그날 자신이 엎드려 머리를 조아린 사람이 황제가 아니라 한언이라는 사실을 알게 됐고, 한언이 자신을 무시했다는 수치심에다가 분노가 치밀어 올랐습니다. 결국 강도왕은 분한 마음에 어머니인 황태후를 찾아가 하소연했습니다. 이때부터 황태후와 그 주변 사람들은 한언을 제거할 마음을 품고 황제의 마음을 돌려놓을 꼬투리를 잡기 위해 혈안이 됐습니다.

이 무렵 한언에 대한 무제의 총애는 극도에 달했습니다. 심지어 한언이 궁녀들이 머무는 금남禁男의 구역인 영항永巷에 드나드는 것까지 허용할 정도였습니다. 그런데 한언은 황제의 총애를 너무 믿은 나머지 결코 해서는 안 될 행동을 했습니다. 궁녀와 은밀하게 정을 통한 것입니다. 결국 황태후는 황실을 기만한 죄를 물어 한언을 죽이도록 명했습니다.

한언이 이처럼 결코 해서는 안 될 행동까지 한 이유는 무엇일까요? 무제가 어떤 상황에서도 자신을 지켜줄 것이라고 믿었기 때문입니다. 하지만 자신이 겪을 곤란을 감내하고 위험을 감수하면서까지 총애하는 사람을 감싸주는 권력자는 없습니다.

무제가 한언과 함께 총애한 이연년의 사례도 비슷합니다. 이연년은 본래 집안사람 모두가 노래와 춤을 추는 사람으로, 법을 어겨 궁형을 당한 뒤 무제의 사냥개를 담당하는 관청에서 일하고 있었습니다. 그런데 무제의 누나인 평양공주平陽公主가 이연년의 여동생을 무제에게 천거했습니다. 춤을 잘 추는 데다가 미색이 출중해서 무제의 환심을 살 수 있다고 여겼기 때문입니다. 평양공주의 예상대로 무제는 이연년의 누이동생을 매우 마음에 들어 했고, 사냥개를 담당하는 하찮은 일을 하던 그의 오빠 이연년의 지위까지 높여줬습니다. 여동생 덕에 덩달아 벼락출세를 한 셈입니다.

더욱이 무제와 여동생 사이에서 사내아이가 태어나자, 이연년은 나라의 음악을 담당하는 장관인 협성률協聲律로 불리면서 2천 석의 인수를 차는 영광을 차지했습니다. 이 무렵 이연년의 권세와 부귀는 예전의 한언에 비견될 정도였습니다.

하지만 이연년 역시 무제의 총애를 지나치게 믿고 방약무인하게 행동했습니다. 무제는 이연년의 여동생이 살아 있을 때 그의 방약무인한 행동을 모른 척 눈감아 줬지만, 이연년의 여동생이 죽자 이연년에 대한 무제의 총애 역시 싸늘하게 식어버렸습니다. 결국 이연년은 물론 그 형제들의 죄까지 물어 체포해 처형해 버렸습니다.

사마천은 이렇듯 애증의 변화에 따라 하루아침에 운명이 뒤바뀐 영행들의 운명에 대해 다음과 같이 일갈했습니다.

> 지나치구나! 사랑하는 마음과 미워하는 마음이 때에 따라 변하는 것이. 옛날 미자하彌子瑕의 고사는 아첨으로 총애를 받던 자가 어떤 운명에 처하는지 여실히 보여준다. 영행이 겪었던 운명은 이러한 일이 백세가 지난 뒤에도 똑같다는 것을 알 수 있다.
>
> -『사기』「영행열전」

먹다 남은 복숭아의 죄

춘추시대 위나라 영공靈公과 미소년 미자하의 고사는 수백 년이 지난 사마천의 시대까지 사람들의 입에 오르내릴 만큼 유명한 이야기였습니다. 미자하는 잘생긴 외모 덕분에 일찍부터 영공의 총애를 받았습니다. 궁궐에 머무르면서 하고 싶은 일이라면 무엇이든 자기 마음대로 할 수 있었습니다. 어느 날 밤, 미자하가 궁궐에 있는데 어떤 사람이 그의 어머니의 병이 위중하다고 알려줬습니다. 이때 미자하는 급하게 어머니를 만나러 가기 위해 영공의 명령을 사칭해 임금의 수레를 타고 대궐 문을 빠져나갔습니다.

위나라의 법에 따르면 임금의 수레를 함부로 타는 사람은 발을 자르는 형벌에 처하도록 되어 있었습니다. 하지만 영공은 미자하를 처벌하기는커녕 오히려 그의 효성을 크게 칭찬했습니다. "미자하는 효자로구나. 발을 잘리는 끔찍한 형벌조차 감수할 정도로 어머니를 사랑한 효심이 갸륵하지 않느냐."

또한 어떤 날에는 미자하가 영공과 함께 궁궐 정원을 산책하다가 탐스럽게 익은 복숭아를 발견해 한입 먹고는, 아주 달다며 그 나머지를 영공에게 건네줬습니다. 신하들은 미자하의 행동이 임금을 무시했다며 처벌을 간언했습니다. 그러나 이때도 영공은 오히려 미자하를 칭찬했습니다. "얼마나 과인을 사랑했으면, 그 맛있는 복숭아를 다 먹지 않고 과인에게 맛보라고 권했겠는가?"

무슨 일을 해도 총애를 받던 미자하였지만, 결국 세월이 흐르고 나이가 들면서 그 미색이 쇠퇴하자 영공의 총애도 점차 식었습니다. 결국 영공은 미자하가 지난날 왕의 수레를 함부로 이용하고, 먹다 남은 복숭아를 건넨 일을 문제 삼아 그를 처벌해 내쫓아 버렸습니다. '여도지죄餘桃之罪', 먹다 남은 복숭아의 죄라는 고사성어가 여기에서 나왔습니다.

영공과 미자하의 고사는 「노자·한비열전」에도 나옵니다. 여기에서 한비자는 영공과 미자하의 일을 이렇게 평가했습니다. "미자하의 행동에는 조금도 변함이 없었지만, 예전에는 크게 칭찬을 받았고 나중에는 크게 벌을 받았다. 그 까닭은 무엇인가? 단지 사랑하고 미워하는 임금의 마음이 변했기 때문이다."

영공에게 총애를 받을 때 미자하는 어떤 행동을 하든 크게 칭찬을 받았습니다. 그런데 총애를 잃자 지난날 칭찬받았던 그 행동들이 오히려 죄가 되어 쫓겨나는 빌미가 됐습니다. 좋아하는 마음과 싫어하는 마음은 때에 따라 언제든지 변하기 때문입니다. 이러한 까닭에 예로부터 현명한 사람들은 권력과 인간, 또는 인간관계에서 상대방의 사랑이나 신뢰를 무조건 믿는 것보다 오히려 사랑받고 신뢰를 받을 때 더 경계해야 한다고 역설합니다.

그렇다면 인간관계를 맺을 때 어떻게 하는 것이 좋을까요? 우리가 앞선 25강과 이번 강의에서 살펴본 것처럼, 신뢰를 받을 때 의심을 살 것을 고려하고, 사랑을 받을 때 미움을 받게 될 것을 생각하는 것입니다. 다른 사람의 신뢰와 사랑을 맹신하지 않으면 보다 신중하게 행동하게 되고, 혹시나 상황이 변해 의심과 미움을 받게 되더라도 큰 화를 입게 되는 일을 피할 수 있습니다.

뻔뻔함도 때로는
강한 무기가 된다

음흉함과 뻔뻔함으로 권력을 얻은 합려와 평왕

보통 '정치적'이라는 말은 일상에서 부정적인 의미로 더 많이 사용됩니다. 본심을 숨긴 채 다른 사람을 속여서 뻔뻔하게 자신의 이익을 챙긴다는 뜻을 내포하고 있기 때문입니다. 그런데 현실은 어떻습니까? 다른 사람을 진솔하게만 대할 경우 해를 입기 십상입니다.

그래서 예로부터 자기 목적을 달성하거나 이익을 챙기려는 사람들은 두 가지 기술을 사용했습니다. 하나가 감쪽같이 얼굴빛을 꾸미고 속셈을 감추는 '음흉함'이라면, 다른 하나는 자신의 이익을 위해서라면 어떤 수단과 방법도 가리지 않는 '뻔뻔함'입니다. 역사적으로도 정치적 승자가 되어 권력을 차지한 사람들 중에는 이러한 음흉함과 뻔뻔함 측면에서 타의 추종을 불허하는 이들이 많았습니다.

사마천은 궁형이라는 지독한 고통과 치욕을 겪으면서 인간과 권력 사이의 관계를 깊게 들여다보고, 그 본성에 대한 날카로운 안목과 비판 의식을 갖게 됐습니다. 이 때문에 사마천은 사람들이 쉽게 보지 못하는 권력의 감춰진 속셈과 추악한 민낯을 포착해『사기』곳곳에 남겨놓았습니다. 이제부터 사마천이 들여다본 권력의 본성과 민낯 속으로 들어가 보겠습니다.

13년간 본심을 감추고 왕위를 빼앗다

자기 얼굴빛을 꾸미고 속셈을 감쪽같이 감추는 음흉함의 기술로 권력을 차지한 대표적인 인물은「오태백세가」와「오자서열전」,「자객열전刺客列傳」에 동시에 등장하는 오나라 왕 합려를 언급할 수 있습니다. 합려는 왕이 되기 전 공자 광光으로 불렸는데, 그의 아버지는 바로 오나라 왕 제번諸樊이었습니다. 제번은 오나라 왕 수몽壽夢의 첫째 아들인데, 품성이 어질었습니다. 본래 수몽이 형제 중 가장 현명한 계찰季札에게 왕위를 넘겨주려 한 뜻을 알고는 임금의 자리를 막냇동생에게 넘겨주려고 했습니다. 하지만 계찰이 한사코 사양하자, 세상을 떠날 때 둘째 동생 여제餘祭에게 임금의 자리를 물려줬습니다. 그리고 여제가 죽자, 셋째 동생 여매餘昧가 뒤이어 오나라 왕이 됐습니다. 여매는 죽으면서 다시 막냇동생 계찰에게 임금 자리를 물려주려 했지만, 계찰은 끝내 사양하고 도망쳐 버렸습니다. 이 때문에 신하들은 어쩔 수 없이 여매의 아들 요僚를 오나라 왕으로 세웠습니다. 그런데 제번의 아들 공자 광은 요가 왕이 된 것에 큰 불만과 원망을 품고 있었습니다. 공자 광은 항상 이렇게 생각했습니다.

> 우리 아버지의 형제는 네 사람으로, 임금 자리는 막내 숙부인 계찰까지 전해지는 것이 옳다. 그러나 계찰이 나라를 이어받지 않는다면, 마땅히 첫째 아들인 나의 아버지의 자리를 이어 내가 왕위에 오르는 것이 옳지 않은가.
>
> ─『사기』「오태백세가」

공자 광은 누구한테도 자신의 속마음을 드러내지 않은 채 현명한 선비와 강인한 사내들을 불러 모아 세력을 키웠습니다. 그러면서 호시탐탐 왕위를 빼앗을 적당한 때를 기다렸습니다. 이 무렵 간신의 모함을 받아 온 가족을 잃고 초나라를 탈출한 오자서가 오나라로 들어왔습니다. 오자서는 오나라 왕에게 초나라를 정벌해서 얻게 되는 이로움을 설득했습니다. 그리고 공자 광을 초나라에 보내라고 말했습니다.

이때 공자 광은 오자서의 말이 겉으로는 오나라의 이로움을 말하지만 속마음은 단지 아버지와 형의 복수를 위해 오나라를 이용하려는 것일 뿐이라면서 강하게 반대했습니다. 가만히 공자 광의 표정을 살피고 말을 듣고 있던 오자서는 그가 왕위를 탐낸다는 사실을 눈치챘습니다. 이에 오자서는 힘이 센 장사인 전제專諸를 공자 광에게 천거했습니다. 그때서야 공자 광은 크게 기뻐하며 오자서를 빈객으로 대우했습니다. 그 뒤로도 공자 광은 자신의 속셈을 철저하게 숨긴 채 겉으로는 왕에게 충성을 다했습니다.

그로부터 5년 뒤, 오나라 왕은 초나라의 국상國喪을 틈타 두 동생인 공자 갑여蓋余와 촉용燭庸에게 군대를 주어 초나라를 공격하게 했습니다. 그런데 그들이 이끈 오나라 군대는 초나라 군대에 후방이 끊겨 오도 가도 못하는 신세가 되고 말았습니다.

공자 광은 왕의 두 동생이 도성에 머무는 한, 반란을 일으켜도 군사적 열세 때문에 성공하기 어렵다는 사실을 잘 알고 있었습니다. 이 때문에 무려 13년 동안 자신의 속셈을 꼭꼭 숨긴 채 적당한 때만 노리고 있었는데, 이제서야 자신이 그토록 기다리던 때가 온 것입니다. 그는 오래전 오자서에게 천거받은 전제를 불러 오나라 왕을 암살할 것을 부탁했습니다.

공자 광은 비밀리에 만든 지하실에 무장한 병사들을 몰래 숨겨두고 왕에게 잔치를 열어 술을 마시자고 청했습니다. 왕 역시 두 동생이 군대를 이끌고 도성을 떠나 있었기 때문에 만일의 사태에 대비하기 위해, 왕궁에서부터 공자 광의 집에 이르는 도로는 물론 공자 광의 집 안과 술자리까지 무장한 친위병들을 곳곳에 배치했습니다. 그걸로도 모자라 자신을 호위할 수 있도록 양옆으로 긴 칼을 찬 친척들을 가득 자리하게 했습니다.

술자리가 무르익자 공자 광은 발을 다친 척 연기를 해 몰래 지하실로 들어갔습니다. 그리고 전제에게 배 속에 비수를 감춘 생선 요리를 올리는 척하다가 요를 찔러 죽이라고 일러줬습니다. 전제는 요를 시해하면 자신도 주변의 친위병에게 죽임을 당한다는 사실을 잘 알고 있었습니다. 하지만 한 치의 주저함도 없이 요를 찔러 죽였습니다. 전제는 왜 이렇게 행동했을까요?

오자서로부터 추천을 받은 뒤부터 공자 광은 자신의 속셈을 감춘 채 전제를 오랜 시간 빈객으로 정성껏 대접했기 때문입니다. 전제와 같은 협객俠客은 진심으로 자신을 알아주는 사람을 위해서는 기꺼이 죽을 수 있다는 보은報恩 사상에 투철했습니다. 이에 자신의 목숨을 기꺼이 바치면서까지 공자 광을 위해 요를 시해했던 것입니다. 어떤 면에서 보면 전제 역시 요와 마찬가지로 공자 광의 음흉한 권력욕에 이용당한 희생자였다고 하겠습니다.

아무튼 요가 죽자 오나라 사람들은 자그마치 13년 동안이나 얼굴빛을 꾸미고 속셈을 감춘 공자 광의 음흉함에 경악했습니다. 하지만 이미 공자 광은 권력을 한 손에 쥐고 오나라의 왕이 된 뒤였습니다.

뻔뻔함과 거짓말로 점철된 삶을 살았던 평왕

그렇다면 수단과 방법을 가리지 않는 뻔뻔함으로 권력을 차지한 대표적인 인물에는 누가 있을까요? 「초세가」와 「오자서열전」에 동시에 등장하는 초나라 평왕을 빼놓을 수 없을 것입니다. 평왕은 초나라 왕이 될 때도 뻔뻔한 거짓말로 임금의 자리에 올랐습니다.

초나라 영왕靈王은 일찍이 채蔡나라 대부 관기觀起를 죽인 일이 있었습니다. 관기의 아들 관종觀從은 아버지의 복수를 위해 오나라의 간첩이 됐습니다. 그런 다음 오나라, 월나라 군대와 함께 초나라 수도로 쳐들어갔습니다. 이때 영왕은 수도를 떠나 간계乾谿에서 향락에 취해 있었습니다. 관종은 영왕의 아들인 태자 녹祿을 죽이고 공자 비比를 새로운 왕으로 세운 후 다시 간계로 쳐들어갔습니다.

관종은 간계의 초나라 병사들에게도 유언비어를 퍼뜨렸습니다. 이미 영왕을 대신해 새로이 왕이 즉위했다며, 빨리 돌아가는 사람만이 관직과 봉읍, 전답과 집을 지킬 수 있고 늦게 돌아가는 사람은 쫓겨날 것이라는 위협이었습니다. 이 유언비어에 속은 초나라 병사들은 모두 영왕을 버려둔 채 뿔뿔이 흩어져버렸습니다. 영왕은 태자가 죽었다는 소식을 듣고 비통한 마음에 홀로 굶주리며 산속을 방황하다가 신해申亥의 집에서 비참하게 죽고 맙니다.

당시 초나라 사람들은 공자 비를 새로운 왕으로 세웠지만 영왕이 죽었다는 사실은 아직 모르고 있었습니다. 이 때문에 만약 영왕이 다시 살아 돌아오면 어떻게 처신할지 몰라 전전긍긍했습니다.

이때 공자 기질棄疾은 수도로 돌아오면서 끊임없이 영왕이 돌아온다는 거짓말을 퍼뜨려 민심을 혼란하게 만들었습니다. 그리고 마지막 순간 자기 휘하의 장수 만성연曼成然을 보내 새로 왕으로 즉위한 공자 비와 초나라의 재상인 영윤令尹 자석子晳에게 "영왕이 돌아오면 치욕을 당할 것"이라고 겁박했습니다. 공자 비와 영윤 자석은 역적으로 몰려 잔혹하게 죽임을 당할까 두려운 나머지 스스로 목숨을 끊고 말았습니다.

공자 비와 영윤 자석이 자살하자, 공자 기질은 수도로 무혈 입성해 새로운 왕이 될 수 있었습니다. 그가 바로 평왕입니다. 그는 일찍이 공자 비가 새로운 왕이 될 때, 관종과 맹약을 맺고 사마司馬의 벼슬에 올라 군사권을 장악한 인물입니다. 평왕은 비밀리에 관종과 손을 잡고 뻔뻔하게 자신이 섬기던 영왕을 배신했고, 더욱 뻔뻔하게도 죽은 영왕을 이용해 초나라 사람들을 속였으며, 공자 비와 영윤 자석을 거짓말로 속여 죽음으로 몰아넣었습니다. 사마천은 평왕을 가리켜 "거짓말로 무려 두 명의 왕을 죽이고 스스로 임금의 자리에 오른 뻔뻔한 인물"이라고 평했습니다.

그런데 왕위에 오르기 전 평왕이 보여준 뻔뻔함은 왕위에 오른 후 보여준 것에 비하면 새 발의 피였습니다. 그가 자행한 수많은 악행 가운데 단연 최악은 태자의 신부, 즉 자신의 며느리를 중간에서 가로챈 사건입니다.

평왕이 왕위에 오른 지 2년째 되는 해, 신하인 비무기費無忌가 진나라에 가서 태자 건建의 신부가 될 공주를 데리고 왔습니다. 그런데 뻔뻔한 군주가 총애하는 신하 중에는 반드시 그에 못지않게 파렴치한 신하가 있게 마련입니다. 비무기가 바로 그런 자였습니다. 그는 진나라 공주의 미모를 보고 먼저 평왕에게 알려서 직접 아내로 삼고, 태자 건에게는 다른 신부를 찾아주라고 권했습니다. 음란한 성정으로 여색을 좋아하던 평왕은 비무기의 말을 듣고 실제로 자기 아들의 신부를 빼앗아 아내로 삼았습니다.

그런데 비무기의 뻔뻔한 행동은 여기서 멈추지 않았습니다. 그는 훗날 평왕이 죽고 태자 건이 왕위에 오르면 처벌을 받을 것이 두려워 밤낮을 가리지 않고 틈만 나면 태자 건이 평왕을 원망하고 있다고 모함했습니다.

평왕은 비무기의 말만 믿고 태자의 스승 오사伍奢를 불러 크게 질책했지만, 오사는 하찮은 신하의 말만 듣고 골육인 태자를 멀리해서는 안 된다고 간언했습니다. 비무기는 오사가 있는 한 태자를 쫓아내기 어렵다고 판단하고는 오사를 모함해 감옥에 가뒀습니다. 태자 건은 부왕이 자신의 스승 오사를 감옥에 가두고, 자신까지 죽이려 한다는 소식을 듣고 송나라로 달아나버렸습니다.

태자가 송나라로 달아나자, 평왕은 감옥에 갇힌 오사에게 책임을 물어 처형하려고 했습니다. 그리고 후환을 없애기 위해 오사의 두 아들 오상伍尚과 오자서도 죽이려 했습니다. 평왕은 비무기의 조언을 듣고, 아버지를 살려주겠다는 거짓말로 오사의 두 아들을 불러들이도록 했습니다. 오사는 자애롭고 효성스러운 큰아들 오상은 오겠지만, 지혜롭고 계략에 뛰어난 둘째 아들 오자서는 오지 않을 것이라고 탄식했습니다. 실제로 큰아들 오상은 죽게 될 것을 알면서도 동생에게 이렇게 말하고는 아버지를 찾아갔습니다. "나는 아버지 곁에서 죽으러 갈 테니 너는 도망쳐서 복수를 해다오!" 결국 오자서는 홀로 오나라로 달아났습니다.

평왕은 뻔뻔한 거짓말로 권력을 빼앗아 임금의 자리에 올랐습니다. 초나라 왕이 된 후에는 자기 자식의 신부를 가로채는 낯 두꺼운 짓을 아무렇지도 않게 자행했습니다. 게다가 적반하장으로 자신의 음란함과 후안무치함을 가리기 위해 태자를 죽이려고 했습니다. 또한 아무 죄 없는 충신을 가두고 거짓말로 그 아들을 유인해 죽였습니다. 평왕에게 뻔뻔함이란 권력을 얻고 유지하는 가장 큰 정치적 무기였습니다.

권력, 어떻게 얻고 유지하는 것이 올바른가?

사마천이 오나라 왕 합려와 초나라 평왕의 사례를 통해 우리에게 전달하고자 했던 메시지는 무엇일까요? 그것은 권력과 '음흉함' 그리고 '뻔뻔함'이 상당히 밀접한 관계에 있다는 비판일 것입니다. 음흉하면 음흉할수록 또한 뻔뻔하면 뻔뻔할수록 권력을 얻거나 지키는 데 유리하다는 것이 사마천이 본 정치와 권력 세계의 현실입니다.

그런데 흥미롭게도 20세기에 들어와 사마천이 『사기』를 통해 보여준 음흉함과 뻔뻔함의 기술을 정치와 권력의 본성으로 파악해 하나의 개념을 만든 사람이 있습니다. 바로 '후흑厚黑'이라는 개념을 만든 중국의 사상가 리쭝우李宗吾입니다.

후흑은 두꺼운 얼굴을 뜻하는 '면후面厚'와 시커먼 속셈을 뜻하는 '심흑心黑'을 합친 말입니다. 면후가 앞서 살펴본 뻔뻔함에 가깝다면, 심흑은 음흉함에 가깝다고 할 수 있습니다. 리쭝우는 면후와 심흑이라는 개념을 통해 중국사를 살펴본 다음, 역사상 승리한 정치가와 권력자는 모두 후흑의 달인이었다고 평했습니다. 다시 말해 면후와 심흑은 권력의 본성이기 때문에, 정치적으로 승리하기 위해서는 반드시 뻔뻔하고 음흉해야 한다는 뜻입니다.

또한 면후와 심흑이라는 개념은 권력 투쟁에서 승리하는 기술과 방법이기도 하지만, 반대로 그 민낯을 가장 적나라하게 폭로하고 신랄하게 비판하는 개념이기도 합니다. 실제로 그런 뻔뻔함으로 권력을 쥔 이들은 최후가 비참한 경우가 많습니다. 합려 역시 과욕을 부리며 전쟁을 벌이다 부상을 당해 목숨을 잃었고, 평왕은 죽은 뒤에 오자서에 의해 무덤이 파헤쳐지고 시신이 훼손당하는 치욕을 맛보게 됩니다. 무엇보다 그들의 후안무치하고 파렴치한 행적은 역사에 새겨져 오늘날까지 그 악명을 남기게 됐습니다. 우리는 이들의 사례를 되새기며 정치와 권력의 본성이 뻔뻔함과 음흉함의 기술과 매우 밀접하게 관련돼 있는 현실을 직시해야 합니다. 그래야 비로소 정치가와 권력자의 기만술을 경계하고, 그것들에 속수무책으로 당하는 일을 피할 수 있기 때문입니다.

28강

권력의 주체가 된 여성

여태후에 대한 또 하나의 진실

『사기』가 가진 여러 독창적인 특징 중 하나가 다른 역사서에서는 수동적인 존재로만 다뤄지는 여성과 민중을 역사를 만들어가는 능동적인 존재인 주인공으로 다루고 있다는 점입니다. 여기서는 먼저 그 대표적인 사례로 「여태후본기呂太后本紀」를 살펴보겠습니다.

황제의 역사를 담은 「본기」는 모두 12편으로 구성돼 있습니다. 일반적인 역사서의 기준으로 보면 황제의 지위에 오른 사람만 「본기」에 이름을 올릴 수 있지만, 사마천은 이러한 일반적인 체재를 벗어난 일종의 파격을 시도합니다. 실제로 황제의 지위에 오르지 않은 두 인물을 「본기」에 넣었기 때문입니다. 바로 항우와 여태후가 그 주인공입니다. 사마천이 이들을 「본기」에 버젓이 올려놓은 까닭은 무엇일까요? 항우와 여태후가 실질적으로 황제의 권력을 행사했기 때문입니다. 황제가 가진 권력 중 가장 막강하고 상징적인 것은 제후왕을 임명하고 땅을 나눠주는 분봉分封입니다. 스스로 서초패왕에 오른 항우는 허수아비 의제義帝 대신 자신이 직접 제후왕을 임명하고 영토를 분할했습니다.

> 항우는 스스로 서초패왕이 됐다. 모든 명령을 주관하고 천하를 분할해 제후들을 봉했으니, 끝내 진나라는 멸망에 이르고 말았다.
>
> ─『사기』「진본기」

이렇듯 사마천은 명목상의 황제가 아닌 실질적으로 천하를 다스리는 권력을 수중에 쥔 인물을 중심으로 황제의 계보를 기록했습니다. 정치적·역사적 정통성을 따지는 명분론적 역사관에서 벗어난 사마천의 현실주의적 역사관을 읽을 수 있는 대목입니다.

「항우본기」에 나타난 이러한 사마천의 독특한 역사관은 「여태후본기」에서도 드러납니다. 여태후는 한고조 유방의 아내이자 유방을 황제로 만든 숨은 공신이었습니다. 사마천은 여태후가 "인물 됨이 의지가 굳세고 쉽게 꺾이지 않는 기상이 있었다. 고조를 도와 천하를 평정했으며, 반역을 도모한 대신들을 죽일 때에도 여후가 큰 역할을 했다"라면서 여태후의 공적을 강조했습니다. 실제로 통일 이후 유방에게 가장 큰 위협이 된 회음후 한신을 제거한 사람도 여태후였습니다.

그런데 「여태후본기」를 꼼꼼하게 읽다 보면 흥미로운 사실 하나를 발견할 수 있습니다. 바로 기록 안에 여태후에 관해 서로 충돌하는 두 개의 진실이 공존하고 있기 때문입니다. 그 하나가 당대는 물론 후대까지 널리 알려져 있던 '진실'이라면, 다른 하나는 사마천이 바라본 새로운 '진실'입니다. 이번 강의에서는 이 두 개의 진실을 하나하나 추적하면서 「여태후본기」에 담긴 사마천의 메시지를 읽어보도록 하겠습니다.

여태후의 첫 번째 진실, 잔혹한 폭군

여태후는 유방이 미천한 신분일 때 결혼한 정실부인입니다. 유방과의 사이에서 아들 하나와 딸 하나를 낳았는데, 그중 한 아들이 훗날 한나라 2대 황제에 오르는 혜제입니다. 유방이 천하를 평정하자, 여태후는 당연히 다음 황제는 자신의 아들 차지라고 생각했습니다. 하지만 유방은 혜제의 사람됨이 어질기만 하고 나약한 것이 마음에 들지 않았습니다.

게다가 유방은 한나라 왕이 된 후 척희戚姬(척부인)를 총애했는데, 그녀와의 사이에서 아들 여의如意를 낳았습니다. 유방은 여의가 성장하자 그 모습과 성격이 자신을 꼭 빼닮았다면서 무척 사랑했고, 마침내 태자를 폐위하고 여의를 새로운 태자로 삼겠다는 생각까지 품게 됐습니다.

하지만 천하를 평정한 지 얼마 되지 않아 정치적으로 안정되지 않은 때 태자의 자리를 바꾸는 것은 바람직하지 않다는 신하들의 반대와, 여태후의 부탁을 받은 개국공신 장량의 계책까지 더해져, 다행히 혜제는 태자의 자리를 지킬 수 있었습니다. 결국 유방은 여의를 새로운 태자로 세우려던 자신의 뜻을 이루지 못하고 세상을 떠났고, 혜제가 황제의 자리에 올랐습니다.

자신의 아들이 황제가 되자 그동안 잠자고 있었던 여태후의 권력욕이 수면 위로 드러나기 시작했습니다. 여태후는 유방의 총애를 업고 자신과 혜제에게 수모를 안긴 척희와 그의 아들 여의에게 인간으로서 상상할 수 없을 정도로 참혹한 복수를 했습니다.

여태후는 먼저 척희를 영항에 가두고 조나라로 사람을 보내 여의를 불러들여 죽이고자 했습니다. 하지만 혜제는 성품이 어질고 자애로운 사람이었습니다. 미리 여태후의 생각을 알고는 친히 마중을 나가 여의를 궁궐로 데리고 온 다음 침식을 같이하면서 그를 보호했습니다. 하지만 어느 날 혜제가 새벽 일찍 활을 쏘러 나가는데 나이가 어린 여의가 미처 따라가지 못했습니다. 여태후는 그 틈을 타 여의에게 짐독을 탄 술을 보내 강제로 마시게 했습니다. 동틀 무렵 혜제가 다시 돌아왔을 때 여의는 이미 죽은 뒤였습니다.

여태후의 잔혹한 행동은 여기에서 멈추지 않았습니다. 여의를 죽인 후 여태후는 영항에 가둔 척부인의 손과 발을 자르고 눈알을 뽑고 귀를 태우고 벙어리가 되는 약을 먹인 다음 돼지우리에 살게 했습니다. 그리고 인체人彘, 즉 '사람 돼지'라고 이름을 지어 불렀습니다. 사람으로서 차마 하지 못할 끔찍한 행동이었지만, 이것으로도 모자랐던지 여태후는 혜제를 불러서 이 '사람 돼지'를 구경하게 했습니다. 눈앞에 벌어진 참혹한 광경도 충격적인데 '사람 돼지'가 다름 아닌 척희라는 사실을 알아본 혜제는 결국 대성통곡하고 말았습니다. 이후 그는 정신적 충격에 정사는 내팽개친 채 술을 마시고 방탕한 생활만 즐겼습니다.

혜제가 정치에서 손을 떼자 여태후는 실질적으로 한나라를 다스리게 됐습니다. 이 때문에 사마천은 「고조본기」 다음에 「혜제본기」를 기록하지 않고 「여태후본기」를 올려놓았습니다. 혜제는 자리만 지킨 명목상의 황제에 불과할 뿐, 당시 천하를 다스리는 권력을 실제로 행사한 사람은 여태후라고 본 것입니다.

혜제는 황제가 된 지 7년째 되는 해, 겨우 약관을 조금 넘긴 이른 나이에 세상을 떠나고 맙니다. 혜제의 뒤를 이어 어린 태자가 황제가 되자, 여태후는 공식적으로 황제의 직권을 행사하겠다고 선포하고 천하를 다스렸습니다. 사마천은 이 시대를 "천하의 모든 명령이 전부 여태후에게서 나왔다"라고 기록하고 있습니다.

온 나라에 황제의 직권을 행사하겠다고 선포한 여태후는 유씨들을 제후왕에서 내쫓고 자신의 집안인 여씨 일족을 제후왕으로 세웠습니다. 한나라는 점점 유씨의 나라가 아니라 여씨의 나라로 변모했습니다. 유방을 도와 한나라를 세운 공신들은 마음속에 큰 불만을 품고 있었지만, 여태후와 여씨 일족의 권세와 위엄에 눌려 복종할 뿐 어찌할 도리가 없었습니다. 결국 혜제가 죽고 한나라가 여태후와 여씨 일족의 손에 넘어간 지 8년째 되는 해, 마침내 여태후가 세상을 떠난 뒤에야 진평과 주발 등 개국공신 세력은 여씨 일족을 모반죄로 처단할 수 있었습니다.

여태후의 두 번째 진실, 백성들의 명군

지금까지의 이야기가 당대는 물론 후대까지 널리 알려졌던 여태후의 '진실'입니다. 여기에 따르면, 여태후는 권력욕으로 똘똘 뭉친 잔혹한 사람으로, 사리사욕을 위해 여씨 세력을 앞세워 한나라를 위기에 빠뜨린 간악한 여인에 불과합니다. 사마천 역시 「여태후본기」 거의 대부분을 할애해 이러한 여태후의 '진실'을 기록하고 있습니다.

그런데 「여태후본기」의 마지막 부분, 즉 언제나 "태사공은 말한다"로 시작하는 사마천의 비평 부분을 읽어보면, 그때까지 기록된 것과는 완전히 다른 또 하나의 '진실'을 마주하게 됩니다.

효혜황제(혜제)와 고후(여태후)가 천하를 다스리는 시절이 되어서야 백성들은 마침내 전국시대의 오랜 고통에서 벗어날 수 있었다. 군주와 신하가 모두 휴식을 취하면서 아무것도 하지 않았다. 혜제는 팔짱만 끼고 있었고, 고후는 여주인으로 황제의 직권을 행사해 정치가 방 안을 벗어나지 않았는데도 천하는 평화롭고 안정됐다. 가혹한 형벌이 거의 사라지니 죄인이 드물게 됐고, 백성들은 농사짓고 생업에 전념할 수 있었으니 옷과 음식이 더욱 풍족해졌다.

-『사기』「여태후본기」

여태후가 다스리던 시기가 그야말로 태평성대로 그려진 것입니다. 그렇다면 왜 이렇게 완전히 다른 두 개의 진실이 「여태후본기」에 동시에 등장하게 됐을까요? 그것은 황족과 공신, 고관대작 등 지배계급이 바라본 진실과 일반 백성 같은 피지배계급이 바라본 진실이 달랐기 때문입니다. 당시의 지배계급에게 여태후는 '유씨' 왕조와 자신들의 생명과 재산을 위협하는 악마 같은 여인에 불과했지만, 백성들에게 여태후는 정치적 안정을 이루고 편안하고 풍요로운 생활을 가능하게 해준 자애롭고 유능한 정치가였습니다.

그렇다면 사마천이 보기에 진실은 어느 쪽에 가까웠을까요? 후자에 가깝습니다. 여태후는 척부인과 여의에게 행한 일처럼 몹시 잔혹한 면을 가지고 있었지만, 동시에 탁월한 정치가이기도 했습니다. 남성 중심 사회였던 고대에 여성으로 살아야 했지만, 여태후는 역사 속 그 어떤 남성보다 뛰어난 능력을 발휘해 훌륭하게 천하를 다스렸다는 것이 사마천이 전하려고 한 여태후의 진실입니다. 심지어 사마천은 정치가로서 여태후의 능력이 천하를 통일한 유방보다 뛰어났다고 평가했습니다. 백성들이 전국시대의 혼란과 고통에서 벗어난 것이 고조 유방의 시대가 아니라, 여태후의 시대였다고 기록하고 있기 때문입니다.

그렇다면 왜 우리는 백성이 바라본 진실보다 지배계급이 바라본 진실로 여태후를 기억하게 됐을까요? 여기에는 남성 중심의 역사관, 즉 남성만이 정치와 권력을 다루는 능력을 가지고 있다는 독선과 편견이 자리하고 있습니다. 오늘날에도 '여성이 정치를 하면 나라가 망한다'는 식의 잘못된 편견을 가지고 있는 사람이 적지 않은데, 2천 년 전 고대 사회야 오죽하겠습니까?

남성 중심의 지배계급이 알리고자 한 여태후의 진실은 여자와 외척이 날뛰면 세상이 어지러워지고 나라가 망한다는 것입니다. 그것은 여성 천시, 여성 혐오가 낳은 왜곡입니다. 이 때문에 백성들이 바라본 여태후의 진실은 철저하게 배척됐습니다. 사마천은 「여태후본기」 마지막 부분에 백성이 바라본 여태후의 진실을 은근하게 끼워넣는 방식으로 지배계급이 바라본 여태후의 진실과는 완전히 다른 여태후가 존재했다는 사실을 전하고 있습니다. 사마천이 여성인 여태후를 한 시대를 호령한 역사의 주인공으로 기록한 것은 남성 중심의 역사, 정치, 권력 구조에 대한 최초의 도전이자 거부였다고 할 수 있습니다.

29강

민중이 역사의 중심에 서다

「진섭세가」로 읽는 민중의 힘

앞서 『사기』가 다른 역사서와 달리 여성과 민중을 역사의 주인공으로 부각시켰다는 점을 말씀드렸습니다. 사마천의 민중 중심 역사관은 천민 출신의 제왕 진섭(진승)의 행적을 기록한 「진섭세가」에 잘 나타나 있습니다. 앞서 항우와 여태후를 황제의 기록인 「본기」에 올린 사마천의 파격적인 역사관에 대해서 말씀드린 적이 있는데, 제후왕의 기록인 「세가」에서도 이러한 파격적인 역사관을 다시 확인할 수 있습니다.

　고대 중국의 법과 제도, 그리고 신분 질서와 예법에 따르면 제후왕은 오로지 천자인 황제만 임명할 수 있습니다. 하지만 사마천은 이러한 '규칙'을 파괴합니다. 미천한 머슴 출신의 수자리 병사에서 스스로 제후왕에 오른 진섭을 당당히 「세가」에 올린 것입니다.

사마천이 진섭을 통해 민중 중심의 역사를 바라보기 이전까지 민중은 역사와 정치 무대의 주인공이 됐던 적이 단 한 번도 없었습니다. 민중은 단지 지배계급의 통치를 받는 대상이자 동원 대상으로만 인식됐을 뿐, 그들의 힘이 세상을 변화시킬 수 있다는 생각은 상상조차 할 수 없던 시대였습니다. 그런 점에서 왕조 체제의 근간을 부정하는 '불온한' 사상을 품고, 민중을 역사의 주인공으로 격상시킨 사마천의 행동이 얼마나 용감한 일이었는지 알 수 있습니다.

진섭, 최초의 농민 봉기를 이끌다

진섭은 원래 남의 집에서 고용살이를 하던 머슴 출신이었습니다. 당시의 신분 질서로 볼 때 노예를 제외하면 가장 미천하고 가난한 신분이었습니다. 진시황이 죽고 호해가 2세 황제에 오른 해, 진나라는 곤궁하고 미천한 신분의 사람들을 강제로 동원해 어양 땅에 가서 변경 수비를 하도록 시켰습니다. 진섭 역시 오광吳廣과 함께 무리를 이끄는 둔장屯長이 되어 수자리 병사 900명과 함께 길을 가던 중 대택향大澤鄕(지금의 안후이성 쑤저우시)에 머무르게 됐습니다. 그런데 큰 비가 내리는 바람에 길이 막혀 나라에서 명령한 기일 안에 도저히 도착할 수 없게 됐습니다.

진나라 법에 따르면 기일 안에 도착하지 못한 자는 처형을 당하게 됩니다. 결국 진섭과 오광은 이래 죽으나 저래 죽으나 마찬가지라고 여기고 반란을 일으키기로 뜻을 모았습니다. 이때 진섭이 오광에게 한 말을 살펴보면, 그가 민심을 움직여 세력을 모으는 심리전에 매우 탁월한 능력을 지니고 있었다는 사실을 알 수 있습니다.

당시 진섭은 세 가지 계책을 써서 다른 사람의 마음을 흔들었습니다. 그것은 첫째, 억울하게 죽은 진시황의 맏아들 부소와 초나라 장군 항연(항우의 할아버지)의 이름을 빌리는 것이었습니다.

천하의 모든 사람들이 진나라의 폭정으로 고통을 받은 지 너무도 오래됐다. 황상(진시황)은 단지 여러 차례 쓴소리로 간언한다는 이유로 죄 없는 맏아들 부소를 도성 밖으로 내쫓았고, 2세 황제는 그를 죽였다고 한다. 백성들은 모두 부소가 어질고 유능한 것을 알고 있지만, 그가 벌써 죽은 것은 알지 못한다. 또한 항연은 초나라의 장군으로 무수한 공을 세웠고 병사들을 몹시 아껴 지금도 초나라 사람들은 하나같이 그의 처지를 안타깝게 여긴다. 혹자는 그가 죽었다고 하고, 혹자는 그가 살아서 달아났다고 한다. 지금 우리가 공자 부소와 장군 항연을 사칭해 일어선다면 천하에 우리를 반기고 호응하는 이들이 많을 것이다.

—『사기』「진섭세가」

두 번째 계책으로 진섭은 비단에 붉은 글씨로 '진승왕陳勝王'이라는 글자를 써서 물고기의 배 속에 미리 넣어뒀습니다. 병사들이 물고기를 사서 삶아 먹을 때, 그 글자를 보고 매우 해괴한 일로 여겼습니다. 진섭이 보통 인물이 아니라는 소문이 퍼지면서 많은 병사들이 마음속으로 그를 따르기 시작했습니다.

세 번째 계책으로 진섭은 오광을 시켜 밤에 숲속 사당에 가서 불을 피워 놓고 여우 소리를 내면서 "위대한 초나라가 일어나고 진승은 왕의 자리에 오른다"라고 외치게 했습니다. 당시 진섭과 함께 수자리 병사 무리에 참가한 이들의 고향은 대부분 초나라였습니다. 진섭은 병사들의 마음속에 멸망한 초나라에 대한 향수를 불러일으켜서 진나라를 배반하고 자신을 따르도록 했던 것입니다. 게다가 한밤중 숲속 사당에서 들려오는 이상한 소리에 병사들은 놀라고 두려워하며 진섭을 더욱 주목했습니다.

위의 세 가지 계책 덕분에 대다수 병사들의 마음을 단박에 사로잡은 진섭은 오광과 함께 마침내 인술 책임자인 장위將尉 두 명을 죽이고 병사들에게 처형을 당할 바에는 차라리 진나라에 맞서 싸우자고 호소했습니다. 이때 진섭은 두고두고 역사에 전해지는 명언을 남깁니다. 바로 "세상에 어찌 왕후장상의 씨가 따로 있겠느냐?"라는 말입니다.

진섭은 봉기가 성공하면 자신들과 같은 빈민이나 천민도 왕후장상이 되어 부귀영화를 누릴 수 있다고 선동했습니다. 병사 무리들이 모두 크게 호응하자, 진섭은 공자 부소와 장군 항연의 이름을 가탁해 의거를 일으켰습니다. 진섭은 스스로 장군이 되고, 오광은 도위都尉가 되어서 무리를 이끌고 대택향을 공격하고 기성箕星을 함락했습니다. 여러 성을 차례로 공격해 모두 손에 넣고 진현陳縣(지금의 허난성 화이양시)에 도착할 무렵, 이미 진섭의 무리는 수레가 600~700대에 기병이 1천 명, 병사가 수만 명에 이르는 대군이 됐습니다.

이렇듯 진섭이 순식간에 큰 세력을 모을 수 있었던 까닭은 진나라의 폭정에 견디다 못한 백성들이 죽음을 각오하고 너나없이 그를 찾아왔기 때문입니다. 백성들의 분노는 어느 누구도 막을 수 없을 만큼 그 기세가 무서웠습니다. 이 때문에 진섭은 진현을 손쉽게 수중에 넣을 수 있었고, 그곳의 부로父老와 호걸을 모두 불러들여서 회의를 열었습니다. 당시 진현의 부로와 호걸은 모두 흉악한 진나라를 제거하고 초나라의 사직을 다시 세운 공이 있다면서 진섭에게 왕위에 오를 것을 권유했습니다. 이에 진섭은 국호를 '장초張楚'라 하고 스스로 제왕이 됐습니다. 중국 역사상 최초의 농민 봉기를 이끈 진섭이, 마침내 제왕의 자리에까지 오른 역사적 순간이었습니다.

진섭은 지배계급의 시각에서 보자면 불온한 농민 반란군의 수괴에 불과했습니다. 그런 그를 사마천은 제후왕으로 삼아 당당히 「세가」에 이름을 올렸습니다. 사마천은 진섭이 이끈 농민 봉기를 통해 민중의 힘이 무도한 권력을 무너뜨리고 정치와 역사를 바꾸는 현장을 목도했습니다.

> 진섭이 비록 이미 죽었지만, 그가 임명해 각지로 파견한 미천한 출신의 왕후장상들이 결국 진나라를 멸망시켰다. 모두 진섭이 처음으로 폭정에 맞서 봉기한 것에서 비롯된 일이다.
>
> ─『사기』「진섭세가」

민중의 힘이 거대한 제국 진나라를 멸망시키고 새로운 시대, 새로운 역사를 열어젖힐 수 있도록 물꼬를 튼 사람이 바로 진섭이기에 그 공적을 높이 사지 않을 수 없다는 것입니다. 실제로 진섭이 봉기한 이후 초한 전쟁을 거쳐 유방이 다시 천하를 통일한 7년여 동안 시대를 움직였던 실질적인 주인공은 민중이었습니다. 그들의 마음이 어떻게 움직이고 누구를 선택하느냐에 따라 천하 패권의 향방이 달라졌기 때문입니다. 그런 의미에서 난세는 지배계급에게는 권력의 주인 자리를 잃을 수 있는 위기의 시대였지만, 민중에게는 권력의 주인 자리를 결정지을 수 있는 절호의 기회였습니다. 실제로 유방을 따라 거병해 훗날 왕후장상의 자리에 오른 대다수 사람들은 난세가 아니면 평생 왕조체제의 가장 낮은 곳에서 살아야 했던 평민이나 빈민, 천민 출신이었습니다.

사마천, 민중을 역사의 중심에 세우다

진섭이 진나라에 맞서 새로운 나라를 세우고 스스로 제왕이 되자, 오랫동안 원망을 품고도 진나라가 두려워 함부로 저항하지 못했던 수많은 사람들이 전국 각지에서 동조해 반란을 일으켰습니다. 특히 진섭은 자기 휘하의 사람들을 왕후장상으로 삼아 군대를 이끌게 하고 전국 각지로 파견해 민중 봉기를 독려하며 진나라에 맞서 싸우도록 했습니다. 이 때문에 거대한 제국이었던 진나라는 미처 손 쓸 틈도 없이 급격하게 붕괴하기 시작했습니다.

그러나 진섭이 왕 노릇을 한 기간은 불과 6개월밖에 되지 않았습니다. 그는 왕이 된 후 권세와 위엄을 세우기 위해 생사고락을 함께한 옛 동료들은 멀리한 채 간신들을 신임했습니다. 진섭은 점점 주변의 원망을 사게 됐고, 결국 자신의 마부인 장고莊賈에게 살해되는 비참한 최후를 맞았습니다. 그러나 사마천은 불과 6개월밖에 왕 노릇을 하지 못한 진섭의 업적을 매우 높게 평가했습니다. 진섭이라는 인물 그 자체보다, 그를 통해 상징되는 민중의 힘을 꿰뚫어 보았기 때문입니다. "진섭이 세상에 나타나자 마침내 백성들이 바람이 불고 구름이 피어오르는 것 같은 기세로 반란을 일으켜 기어이 진나라를 멸망시켰다."

그렇다면 사마천이 진섭을 통해 바라보게 된 민중 중심의 정치와 역사란 무엇일까요? 그것은 진섭이 봉기할 때 표명한 말에 집

약되어 있습니다. 이것은 이전까지 정치와 권력, 역사의 구경꾼에 불과했던 민중을 주인공으로 부상시키는 말입니다. 아무리 난세가 찾아온다고 해도 그것이 지배계급 내부의 권력 투쟁으로만 끝난다면, 여전히 민중은 구경꾼에 머물게 됩니다. 진섭이 등장하기 이전까지의 왕조 교체나 오랜 춘추전국시대의 혼란, 그리고 진시황의 통일 제국 수립이 그랬던 것처럼 말이죠. 하지만 진섭이 봉기하면서 비로소 역사는 한 지배계급이 다른 지배계급을 대체하는 데서 그치지 않고, 피지배계급인 민중이 스스로 그 중심에 서는 새로운 역사로 발돋움하게 됩니다.

이는 초한 전쟁을 대표하는 두 인물, 항우와 유방의 차이만 보아도 알 수 있습니다. 항우는 초나라 최고의 명문 귀족 출신인 반면, 유방은 자기 아버지의 성과 이름도 제대로 알 수 없는 보잘것 없는 집안 출신입니다. 더욱이 유방을 따라나서 공을 세우고 훗날 한나라의 왕후장상까지 된 수많은 공신들은, 사마천의 말처럼 짐승을 잡아 팔던 백정이거나, 말을 기르고 수레를 몰던 마부이거나, 저잣거리에서 물건을 팔던 장사치거나, 할 일 없이 지내던 건달이었습니다. 기존에 혈통 중심으로 흘러가는 역사대로라면 항우는 유방의 무리가 감히 쳐다볼 수조차 없는 인물이었습니다.

그러나 난세를 평정한 새로운 나라는 항우의 초나라가 아니라 유방의 한나라, 즉 평민과 빈민, 천민이 세운 나라였습니다. 한나라의 개국시조 유방은 중국 역사상 최초의 평민 출신 황제입니다. 진섭이 봉기를 일으키면서 수자리 병사들을 향해 외친 "어찌 왕후장상의 씨가 따로 있겠느냐?"라는 선언이 정말로 현실이 된 것입니다. 2천 년 전의 위대한 역사가 사마천은 바로 이러한 통찰을 생생한 기록으로 남겨, 스스로 새로운 역사와 새로운 시대를 만든 민중의 힘을 후세에 길이길이 전하려 했던 것입니다.

이 책을 집필하는 데 참고한 『사기』 원서 및 번역서는 아래와 같습니다.

1 │ 司馬遷 撰, 裴駰 集解, 司馬貞 索隱, 張守節 正義, 『史記』 「紀(1)」, 中華書局, 1959.

2 │ 司馬遷 撰, 裴駰 集解, 司馬貞 索隱, 張守節 正義, 『史記』 「紀(2)·表(1)」, 中華書局, 1959.

3 │ 司馬遷 撰, 裴駰 集解, 司馬貞 索隱, 張守節 正義, 『史記』 「表(2)」, 中華書局, 1959.

4 │ 司馬遷 撰, 裴駰 集解, 司馬貞 索隱, 張守節 正義, 『史記』 「書」, 中華書局, 1959.

5 │ 司馬遷 撰, 裴駰 集解, 司馬貞 索隱, 張守節 正義, 『史記』 「世家(1)」, 中華書局, 1959.

6 │ 司馬遷 撰, 裴駰 集解, 司馬貞 索隱, 張守節 正義, 『史記』 「世家(2)」, 中華書局, 1959.

7 | 司馬遷 撰, 裴駰 集解, 司馬貞 索隱, 張守節 正義,『史記』「傳(1)」, 中華書局, 1959.

8 | 司馬遷 撰, 裴駰 集解, 司馬貞 索隱, 張守節 正義,『史記』「傳(2)」, 中華書局, 1959.

9 | 司馬遷 撰, 裴駰 集解, 司馬貞 索隱, 張守節 正義,『史記』「傳(3)」, 中華書局, 1959.

10| 司馬遷 撰, 裴駰 集解, 司馬貞 索隱, 張守節 正義,『史記』「傳(4)」, 中華書局, 1959.

11| 사마천,『사기』「본기」, 김원중 옮김, 민음사, 2015.

12| 사마천,『사기』「표」, 김원중 옮김, 민음사, 2015.

13| 사마천,『사기』「서」, 김원중 옮김, 민음사, 2015.

14| 사마천,『사기』「세가」, 김원중 옮김, 민음사, 2015.

15| 사마천,『사기』「열전 1」, 김원중 옮김, 민음사, 2015.

16| 사마천,『사기』「열전 2」, 김원중 옮김, 민음사, 2015.

인생의 역경을 돌파하는 3천 년 역사의 지혜

마혼에 읽는 사기 인문학

초판 1쇄 인쇄 2018년 12월 7일
초판 6쇄 발행 2021년 7월 21일

개정판 1쇄 발행 2023년 8월 18일

지은이 한정주
펴낸이 김선식

경영총괄이사 김은영
콘텐츠사업본부장 임보윤
책임편집 김민경 **책임마케터** 권오권
콘텐츠사업8팀 김상영, 강대건, 김민경
편집관리팀 조세현, 백설희 **저작권팀** 한승빈, 이슬, 윤제희
마케팅본부장 권장규 **마케팅3팀** 권오권, 배한진
미디어홍보본부장 정명찬
영상디자인파트 송현석, 박장미, 김은지, 이소영
브랜드관리팀 안지혜, 오수미, 문윤정, 이예주
지식교양팀 이수인, 염아라, 석찬미, 김혜원, 백지은
크리에이티브팀 임유나, 박지수, 변승주, 김화정, 장세진
뉴미디어팀 김민정, 이지은, 홍수경, 서가을
재무관리팀 하미선, 윤이경, 김재경, 이보람
인사총무팀 강미숙, 김혜진, 지석배, 박예찬, 황종원
제작관리팀 이소현, 최완규, 이지우, 김소영, 김진경, 양지환
물류관리팀 김형기, 김선진, 한유현, 전태환, 전태연, 양문현, 최창우
외부스태프 본문 장선혜 **표지** 디자인장마

펴낸곳 다산북스 **출판등록** 2005년 12월 23일 제313-2005-00277호
주소 경기도 파주시 회동길 490 다산북스 파주사옥
전화 02-702-1724 **팩스** 02-703-2219 **이메일** dasanbooks@dasanbooks.com
홈페이지 www.dasan.group **블로그** blog.naver.com/dasan_books
종이 신승지류 **인쇄** 민언프린텍 **코팅 및 후가공** 제이오엘엔피 **제본** 다온바인텍

ISBN 979-11-306-4529-2(03910)

다산북스(DASANBOOKS)는 독자 여러분의 책에 관한 아이디어와 원고 투고를 기쁜 마음으로 기다리고 있습니다.
책 출간을 원하는 아이디어가 있으신 분은 다산북스 홈페이지 '투고원고'란으로 간단한 개요와 취지, 연락처 등을 보내주세요.
머뭇거리지 말고 문을 두드리세요.